이것이 진짜
부동산 소송이다
I

이것이 진짜 부동산 소송 이다

이종실 지음

I

건물 제외 토지만 매각
농지취득자격증명 미발급에 대한 소송
지분 매각

두드림미디어

특수경매와 부동산 소송

건축학을 전공하고 건설회사를 운영하던 중, 부동산이 폭락한 IMF 사태를 계기로 경매 투자에 뛰어들었다. 경매로 부동산 매입이 일반화되지 않았던 시대에는 경매의 권리분석(임대차보호법 및 등기부등본상의 인수와 소멸)의 기본만 알아도 수익을 볼 수 있었다.

하지만 현재는 특수한 사람들이 아닌, 주부들까지도 경매 투자에 관심을 가지고 공부하는 것이 일반화되어가고 있다. 부동산 경매는 그동안 저렴한 가격에 매수하는 것이 매력이었으나 이제는 권리분석상 문제가 있어야 저렴하게 떨어진다.

즉, 단지 경매라는 이유로만 부동산 경매 가격이 하락하는 시대는 끝나가고 있다. 매수한 부동산을 매도하려면 공인중개사의 도움이 필요하다. 그러나 공인중개사법에 의하면, 모든 중개 물건은 매수자에게 정확히 설명해야 하며, 매수자에게 충분히 설명하지 않은 경우, 추후 공인중개사에게도 책임이 따른다(예 : 집 50M 뒤쪽 변전 철탑이 있음. 현재의 진입도로는 개인 토지로 마을 안길로 인정되어 건축허가 받은 것임 등).

특수물건(형성이 복잡한 부동산)은 공인 중개사들의 기피 물건으로 중개 자체가 거의 불가능하지만, 경매로는 현재 진행되고 있다.

형성이 복잡한 부동산이란?
첫째, 지분으로 공유한 부동산
둘째, 건물 매각 제외 토지만 매각
셋째, 현황도로는 있으나 지적도상 도로가 없는 맹지
넷째, 담당 공무원이 농지취득자격증명원(이하 농취증)을 안 해주는 농지 등이 대표적인 특수경매의 종류다. 물론 이 외에도 남의 토지를 침범한 경우, 건축하다 중단된 경우 등으로 아주 다양하다.

이제는 형성이 복잡한 부동산을 매도하려면 경매로 내놔야 한다고 하는 사람이 생기는 정도다. 매도를 도와줄 공인중개사의 기피 물건이 경매로 나오면 가격이 폭락할 수밖에 없다.

이러한 부동산을 경매로 매입해 복잡한 형성을 합의 또는 소송으로 해결한 후, 현재의 가격보다 조금 저렴하게 공인중개사를 통해 매도하는 것이 '부동산 소송과 특수경매'다.

이렇게 복잡하고 어려운 부동산을 10여 년 이상 경매로 매수 후 해결하다 보니 1년에도 수십 번의 부동산 소송을 하게 되었다. 또한, 특수경매의 해결 방법을 강의하며 유튜브로 방송하다 보니 경매가 아니어도 형성이 복잡한 부동산으로 어려움에 처한 사람들이 의외로 많다는 것을 알게 되었으며, 이러한 사람들에게도 상담까지 해주게 되었다.

건축학을 전공해서 부동산 법학은 무지렁이였던 저자가 특수경매 강의를 하며 상담까지 하는 변화에 나 스스로 놀라울 따름이다. 법무사와 변호사의 도움으로 소송의 원칙인 청구취지, 청구원인, 입증자료 등을 실전을 통해 제출하며, 또한 재판에 직접 참여하면서 가능하게 된 것이다. 법은 필요한 경우 만들어지기에 양면성도 있다.

호랑이의 입장에서 토끼를 잡아먹는 것은 생존의 수단으로, 범죄행위는 아니다. 그러나 토끼 입장에서 호랑이의 생존 수단은 범죄행위로 볼 수밖에 없다. 법의 양면성은 호랑이의 입장에서 만든 법도 있으며, 반대로 토끼의 입장에서 만든 법도 있다는 것이다.

이러한 양면성이 있는 법이 어떤 것들이 있는지를 찾아 필요한 규정의 법을 이용해 판사님을 설득하면 된다. 법은 법을 알고 이용하는 사람의 편이다. 내가 소송하는 목적은 이기는 것보다는 합의를 위한 경우가 대부분이다. 다툼이 중요한 것이 아니라 수익이 우선이다.

예를 들면, 건물 제외 토지만 경매로 나오면서 49%까지 떨어지는 경우(감정가의 50~60%로 매입 후, 건축주에게 감정가의 90%로 조정해 매도하는 것이 기본이다), 이럴 때 건축주가 토지 매입을 거절하면 건축주에게 철거와 지료 청구로 압력을 행사하는 것이 특수경매 소송이다. 즉 재판과 조정에서 가격 결정을 내가 원하는 방향으로 이끌어가기 위한 행위일 뿐이다.

그러나 세상일은 생각대로 되지 않는 경우도 많다. 소송을 하다 보면 전혀 예측하지 못한 경우도 많이 생긴다. 똑같은 내용의 소송이지만 패소한 후에 나에게 찾아와서 의논하는 경우가 많고, 궁금하게 생각하는 사람들도 많아 필자는 어떤 법규로 어떻게 승소했는지 그 사례들을 모아서 편집하게 되었다.

이 책은 다음의 3개 파트로 구성되어 있다.

PART 01. 건물 제외 토지만 매각
PART 02. 농지취득자격증명 미발급에 대한 소송
PART 03. 지분 매각

《이것이 진짜 부동산 소송이다》Ⅱ에서는 2개 파트로 구성되어 있다.

PART 01. 도로에 의한 소송(주위토지 통행권 등)
PART 02. 경매에 의한 특별한 사례 소송

마지막으로 《이것이 진짜 부동산 소송이다》Ⅲ에서는 특수사례를 구체적으로 살펴본다.

PART 01. 특수사례(경매가 아닌 경우의 복잡한 형성, 취득시효, 침범한 토지의 무허가 건물 철거 또는 토지분할, 무허가 건물 양성화 등)의 소송 전체문서(준비서면, 답변서, 판결문)

이렇게 총 3권으로 준비하고 있다.

소유한 부동산의 형성이 복잡해서 어려움에 부닥친 사람들에게 조금이나마 도움이 되었으면 하는 바람이다.

마지막으로 이러한 여러 종류의 소송을 도와주신 평택의 평남로 1029, 2층 **유종수(010-4278-3793)** 법무사님과 논현로28길 16에 위치한 법무법인 창천의 **정재윤(010-4905-5033)** 변호사님에게 다시 한번 진심으로 감사를 드린다.

이종실

Part 02 농지취득자격증명 미발급에 대한 소송

Part 03 지분 매각

Part 01

건물 제외 토지만 매각

사건 개요 _{법정지상권}

01

토지 주인 최순○에서 인효○으로 이전되었으나 주소가 같은 것은 부부 사이인 것을 짐작할 수 있다. 건물은 토지주였던 최순○의 이름으로, 건물 매각 제외로 경매가 진행되었으며, 현황 조사 결과, 2층으로 무단 증축되어 있고 담장 쪽에 무허가 창고가 건축되어 있었다.

또한, 매각물건인 1○1-70 옆 번지인 1○1-113의 토지도 인효○으로, 채무자의 경제 상태는 비교적 좋은 편이라 토지를 건축주가 매입할 것을 어느 정도 예측할 수 있었다. 다만 2층으로 무단 증축했으나 법정지상권은 인정되었다.

별지 "지적개황도 및 사진용지" 와 같이 본건 토지 지상에 등기사항전부증명서 및 일반건축물대장상 타인소유의 건물 및 제시외건물 ㉠~㉣ 소재하나 감정평가외 하였으며 타인소유건물로 소유권 등에 제한을 받는 경우의 가격을 "토지 감정평가 명세표" 에 병기하였으니, 경매진행시 참고 하시기 바람.

4 (전 8)	소유권이전	2001년9월17일 제23231호	2001년9월3일 매매	소유자 최순□ 670420-******* 당진군 우강면 송산리 94-
6	소유권이전	2004년1월2일 제36호	2003년12월23일 매각	소유자 인효□ 630227-******* 충남 당진군 우강면 송산리 94-

■건축물대장의 기재 및 관리 등에 관한 규칙 [별지 제1호서식] <개정 2018. 12. 4.>

일반건축물대장(갑)

(2쪽 중 제1쪽)

고유번호	4427037022-1-□□□□		명칭		호수/가구수/세대수	0호/1가구/0세대
대지위치	충청남도 당진시 우강면 송산리	지번	□-70	도로명주소		

※대지면적 0 m²	연면적 83.68 m²	※지역	※지구	※구역
건축면적 83.68 m²	용적률을 산정용 연면적 83.68 m²	주구조 시멘트벽돌	주용도 주택 근린생활시설	층수 지하: 층, 지상: 1층
※건폐율 0 %	※용적률 0 %	높이 m	지붕 스라브	부속건축물 동 m²
※조경면적 m²	※공개 공지·공간 면적 m²	※건축선 후퇴면적 m²	※건축선후퇴 거리	m

			건축물 현황		소유자 현황			
구분	층별	구조	용도	면적(m²)	성명(명칭) 주민(법인)등록번호 (부동산등기용등록번호)	주소	소유권 지분	변동일 변동원인
주1	1층	시멘트벽돌	주택	53.28	최순□	충청남도 당진시 우강면 슬외로 □□		2013.11.12. 등기명의인표시변경
주1	1층	시멘트벽돌	근린생활시설	30.4	670420-2******			
		- 이하여백 -	~		- 이하여백 -			

※ 이 건축물대장은 현소유자만 표시한 것입니다.

이 등(초)본은 건축물대장의 원본내용과 틀림없음을 증명합니다.

당진시장

발급일: 2023년 4월 27일
담당자:
전 화:

2018 타경 55355 (강제)		매각기일 : 2019-08-13 10:00~ (화)		경매6계 041-660-
소재지	(31754) 충청남도 당진시 우강면 송산리 -70 [도로명] 충청남도 당진시 슬미로 (우강면)			
용도	대지	채권자	코000000000000	감정가	211,968,000원
토지면적	576㎡ (174.24평)	채무자	인0	최저가	(70%) 148,378,000원
건물면적		소유자	인0	보증금	(10%)14,837,800원
제시외		매각대상	토지매각	청구금액	120,196,576원
입찰방법	기일입찰	배당종기일	2019-03-15	개시결정	2018-12-18

기일현황

회차	매각기일	최저매각금액	결과
신건	2019-07-09	211,968,000원	유찰
2차	2019-08-13	148,378,000원	매각

(행)00000000/입찰1명/낙찰149,777,000원
(71%)

	2019-08-20	매각결정기일	허가
	2019-09-23	대금지급기한 납부 (2019.09.23)	납부
	2019-10-23	배당기일	완료

☑ 물건현황/토지이용계획

우강면사무소 남동측 인근에 위치

주위는 전, 답, 단독주택 등이 소재하는 면 소재지내 농촌마대임

본건 및 인근 까지 차량 접근이 가능하며, 인근에 대중교통시설이 소재하고 있음

부정형의 평지인 토지

서측으로 소로, 남측으로 세로와 각각 접함

자연녹지지역 (송산리 -70)

※ 감정평가서상 제시외건물가격이 명시 되어있지않음. 입찰시 확인요함.

☑ 토지/임야대장
☑ 부동산 통합정보 이용
☑ 감정평가서

☑ 면적(단위:㎡)

[토지]

송산리 -70 대지
자연녹지지역
576㎡ (174.24평)
현황 "주거용 건부지"

[제시외]

송산리 -70
(ㄱ) 타인건물 제외
미상

☑ 임차인/대항력여부

배당종기일: 2019-03-15
- 채무자(소유자)점유

☑ 매각물건명세서
☑ 예상배당표

☑ 등기사항/소멸여부

소유권 | 이전
2001-09-17 | 토지
최0
매매

소유권 | 이전
2004-01-02 | 토지
인0
매각

(근)저당 | 토지소멸기준
2013-11-12 | 토지
우0000
120,000,000원

강제경매 | 소멸
2018-12-18 | 토지
코0000
청구 : 120,196,576원
▷ 채권총액 :
240,196,576원

출처 :
(이하 경매 정보지 동일)

1. 부동산의 점유관계

소재지　1. 충청남도 당진시 우강면 송산리 ▨-70

점유관계　채무자(소유자)점유

기타

2. 부동산의 현황

이건 토지는 채무자의 소유이나, 지상에 소재하는 2층 농가주택은 채무자의 처 최순▨의 소유로 조사됨. 건물 우측 담장 부분은 증축공사를 한 것으로 보이며, 증축부분에는 방이 2개 있는데 채무자의 진술에 의하면 현재는 세입자가 없다고 함. 일부 대지는 마당 및 주차장으로 사용되고 있으며, 타토지와의 정확한 경계는 측량에 의해서 밝혀질 것으로 보임

4 (전 8)	소유권이전	2001년9월17일 제23231호	2001년9월3일 매매	소유자 최순▨ 670420-***·*** 당진군 우강면 송산리 94-▨
				부동산등기법 제177조의 6 제1항의 규정에 의하여 1번 내지 4번 등기를 2002년 05월 13일 전산이기
		최순▨와 인효▨은 부부관계임		
5	임의경매신청	2002년8월26일 제21172호	2002년8월24일 대전지방법원서 산지원의 경매개시 결정(2002타경9▨)	채권자 우강농업협동조합 165036-0000180 당진군 우강면 송산리 404-▨
6	소유권이전	2004년1월2일 제36호	2003년12월23일 매각	소유자 인효▨ 630227-***·*** 충남 당진군 우강면 송산리 94-▨

[토지] 충청남도 당진시 우강면 송산리 ▨-70 대 576㎡

1. 소유지분현황 (갑구)

등기명의인	(주민)등록번호	최종지분	주　　소	순위번호
인효▨ (소유자)	630227-*******	단독소유	충청남도 당진시 우강면 솔뫼로 ▨-1	6

2. 소유지분을 제외한 소유권에 관한 사항 (갑구)

순위번호	등기목적	접수정보	주요등기사항	대상소유자
10	강제경매개시결정	2018년12월18일 제53694호	채권자 코리아▨엔지니어링주식회사 외 2명	인효▨

3. (근)저당권 및 전세권 등 (을구)

순위번호	등기목적	접수정보	주요등기사항	대상소유자
6	근저당권설정	2013년11월12일 제52761호	채권최고액 금120,000,000원 근저당권자 우강농업협동조합	인효▨

15

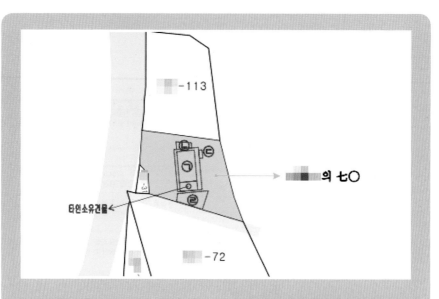

이것이 진짜
부동산 소송이다 Ⅰ

소재지	충청남도 당진시 우강면 송산리 ▩▩-70번지		
지목	대 ❓	면적	576 ㎡
개별공시지가(㎡당)	258,300원 (2022/01) 연도별보기		
지역지구등 지정여부	「국토의 계획 및 이용에 관한 법률」에 따른 지역·지구등	자연녹지지역(2023-01-13)	
	다른 법령 등에 따른 지역·지구등	가축사육제한구역(전부제한)<가축분뇨의 관리 및 이용에 관한 법률>	
「토지이용규제 기본법 시행령」 제9조 제4항 각 호에 해당되는 사항			

확인도면

범례

☐ 준보전산지
☐ 무선방위측정장치보호구역
■ 생산녹지지역
■ 자연녹지지역
☐ 가축사육제한구역
☐ 소로2류(폭 8m~10m)
☐ 법정동

☐ 작은글씨확대 축척 1 / 1000 ▼ 변경 도면크게보기

소 장

원 고 주식회사 한국부동산서비스산업협회 (110■■■■9508)

서울 강남구 테헤란로 329, 17■호 (역삼동,삼흥빌딩)

대표자 사내이사 김■■

송달장소 : 평택시 평남로 1029, 203호 (동삭동)

송달영수인 : 법무사 유종수

피 고 최순■ (670420-*******)

당진시 우강면 솔뫼로 ■■

토지인도 등 청구의 소

청 구 취 지

1. 피고는 원고에게,

　가. 당진시 우강면 송산리 ■■-70 대 576㎡ 지상의 건물을 철거하고,

　나. 위 토지를 인도하고,

　다. 2019. 9. 23.부터 위 토지인도 완료일 또는 원고의 위 토지소유권 상
실일까지 연 금10,000,000원의 비율로 계산한 돈을 지급하라.

2. 소송비용은 피고가 부담한다.

3. 제1항은 가집행 할 수 있다.

라는 판결을 구합니다.

청 구 원 인

1. 원고의 토지 소유

원고는 대전지방법원 서산지원의 2018 타경 55355호 부동산강제경매사건에서 2019. 9. 23. 강제경매로 인한 매각을 원인으로 충청남도 당진시 우강면 송산리 ■■-70 대 576㎡(이하 '이사건토지' 라 함)을 취득하였습니다(갑제1호증의 1 부동산등기사항증명서, 갑제2호증의 1 토지대장 각 참조).

2. 피고의 건물 소유

피고는 이사건 토지의 전 소유자인 소외 인■ ■■ 배우자(갑제5호증 현황조사서 참조)로서, 이사건 토지의 지상에 건축물(이하 '이사건 건물' 이라함)을 소유하고 이사건 토지 전부를 점유 사용하면서 원고의 이사건 토지 소유권을 침해하고 있습니다(갑제1호증의 2 부동산등기사항증명서, 갑제2호증의 2 건축물대장, 갑제5호증 현황조사서, 갑제7호증 지적 및 건물개황도, 갑제8호증 사진용지 각 참조).

3. 철거 및 토지인도 의무

피고는 위와 같이 이사건 건물을 소유하면서 원고의 이사건 토지 소유권을 침해하고 있으므로, 이사건 건물을 철거하고 이사건 토지를 원고에게 인도할 의무가 있습니다.

다만, 갑제1호증의 1 부동산등기사항증명서와 갑제2호증의 2 건축물대장 기재에 의하면 단층 주택 및 근린생활시설로 되어 있으나, 갑제4호증 항공사진, 갑제5호증 현황조사서, 갑제8호증 사진용지를 살피건데, 2층 농가주택으로 파악되는 바, 결국 공적장부상의 합법적 건축물에 불법으로 증 개축을 한 것으로 사료됩니다.

따라서, 향후 이사건 소송의 진행 추이에 따라 철거대상 건물의 특정을 위하여 측량감정을 신청할 것이오며 이에 따라 청구취지를 변경하겠습니다.

4. 지료상당 부당이득금 지급의무

피고가 원고의 이사건 토지 소유권을 침해하고 있는 것이 명백한 바, 피고는 원고에게 지료상당의 부당이득금을 반환할 의무가 있습니다.

원고는 우선 경매사건의 이사건 토지에 대한 감정평가액인 금211,968,000원 (갑제6호증 감정평가표 참조)에 대하여 약 연5%로 계산한 연 금10,000,000원을 청구하는 바입니다.

지료감정을 실시하더라도 우선 토지의 가액을 산정하고, 그 가액에 주택부속 토지의 경우 연5%를 적용하는 것이 통상적이므로 소송경제 상 지료감정을 생략하고 위 원고의 청구금액을 인용하여 주시기 바랍니다.

만약 피고가 이에 불복할 경우에는 지료감정을 신청하고 그 결과에 따라 청구취지를 변경하겠습니다.

5. 결어

결국, 피고는 아무런 권원없이 이사건 건물을 소유하면서 원고의 이사건 토지 소유권을 침해하여 불법행위를 구성하고 있으므로 이사건 건물을 철거하고, 이사건 토지를 인도하며, 원고가 이사건 토지의 소유권을 취득한 시점부터 토지인도완료일 또는 원고의 이사건 토지 소유권 상실일까지 지료상당의 부당이득금을 지급할 의무가 있으므로 청구취지와 같은 판결을 구합니다.

답 변 서

위 사건에 관하여 피고의 소송대리인은 다음과 같이 답변합니다.

청구취지에 대한 답변

1. 원고의 청구를 기각한다.
2. 소송비용은 원고의 부담으로 한다.

라는 판결을 구합니다.

청구원인에 대한 답변

1. 부동산의 소유관계

원고가 당진시 우강면 송산리 ▓-70 대 576㎡(이하 '이 사건 토지' 라

합니다)를 취득한 소유자이고, 이 사건 토지의 전 소유자인 소외 인효█의
배우자인 피고가 이 사건 토지 지상의 시멘트벽돌조 슬래브지붕 단층 주택
및 근린생활시설 83.68㎡'내 53.28㎡'(주택)30.40㎡'(근린생활시설)[이하
'이 사건 건물' 이라 합니다]의 소유자라는 사실은 인정합니다

2. 건물 철거 및 토지인도

피고의 시아버지인 소외 망 인영█는 이 사건 토지를 1985. 7. 10. 매수하
고 대전지방법원 당진등기소 접수 제17495호 소유권등기를 마친 후 이 사
건 토지 지상에 이 사건 건물을 신축하였고 1985. 8. 21. 대전지방법원 당
진등기소 접수 제17931호 소유권보존등기를 마쳤습니다. 따라서 이 사건 건
물의 신축당시 이 사건 토지와 이 사건 건물의 소유자는 동일인이었습니다

피고는 소외 망 인영█와 이 사건 토지 및 건물에 관하여 2001. 9. 3. 매매
계약을 체결한 후, 같은 달 9. 17. 대전지방법원 당진등기소 접수 제23231
호로 소유권이전등기를 마쳤습니다. 피고는 소외 인효█에게 이 사건 토지를
2003. 12. 23. 매각한 후 2004. 1. 12. 대전지방법원 당진등기소 접수 제
36호로 소유권이전등기를 마쳤습니다.

따라서 원고의 소유였던 이 사건 토지와 이 사건 주택은 2004. 1. 12. 매각
(매매)를 원인으로 양자의 소유자가 다르게 되었는바1! 위 일시경 피고는

이 사건 건물에 관하여 이 사건 토지의 소유자였던 소외 인영■에 대하여 관습법상 법정지상권을 취득하였다고 할 것입니다.

나아가 관습상 법정지상권은 이를 취득할 당시의 토지소유자나 이로부터 소유권을 전득한 제3자에게 대하여도 등기 없이 위 지상권을 주장할 수 있는 바, 피고는 이 사건 건물에 관한 관습상 법정지상권을 이 사건 토지를 경매로 취득한 원고에게도 주장할 수 있음은 명백하다 할 것입니다.

따라서 피고는 이 사건 건물의 점유·사용에 필요한 한도 내에서 이 사건 토지의 일부분을 점유·사용할 권리가 있으므로 이 사건 건물의 철거와 이 사건 건물의 사용에 필요한 부분, 즉 대지 부분과 통로 부분 토지의 인도 청구는 더 이상 살펴볼 필요 없이 기각되어야 할 것입니다.

4. 부당이득금

원고가 주장하는 지료상당의 부당이득금 반환청구에 대하여 인정합니다. 다만 그 범위는 앞서 살펴본 바와 같이 피고가 이 사건 주택을 점유·사용하기 위하여 필요한 이 사건 토지 부분의 부당이득에 한정되어야 할 것입니다(피고는 향후 위 토지부분에 한정하여 점유·사용을 할 예정입니다). 또한 원고의 부당이득액은 현실과 다르게 부풀려져 있으므로 대폭 감액되어야 할

---

1) 물론 그 당시 피고는 소외 인영■과 이 사건 건물을 철거한다는 약정은 한바 없습니다.

것입니다.

5. 결 어

이상에서 보는 바와 같이 피고는 이 사건 주택의 점유·사용에 필요한 한도 내에서 이 사건 토지의 일부분을 사용할 적법한 권원이 있으므로 원고의 이 사건 청구중 이 사건 건물에 대한 철거청구는 기각되어야 마땅하고, 나머지 청구 또한 대폭 축소되어 인정되어야 마땅할 것입니다.

2019. 11.   .

위 피고의 소송대리인

변호사 이 병 █

대전지방법원 서산지원 민사2단독 귀중

준 비 서 면

사　건　　2019 가단 4085 토지인도 등

원　고　　주식회사 한국부동산서비스산업협회

피　고　　최순■

위 사건과 관련하여 원고는 피고의 2019. 11. 20. 자 답변서에 대하여 다음과
같이 변론을 준비합니다.

- 다　음 -

1. 피고주장의 요지

피고의 2019. 11. 20. 자 답변서의 주장 요지는 첫째, 피고소유의 이사건 건
물은 관습상 법정지상권이 성립하므로 원고의 이사건 건물철거 및 토지인도
청구는 부당하다는 것과 두 번째, 원고가 청구하는 지료상당 부당이득금을
지급할 의무가 있음은 인정하나 원고의 청구금액은 과하다는 것입니다.

2. 관습상 법정지상권 주장에 관하여

원고도 피고소유의 이사건 건물에 관하여 법정지상권이 성립됨은 잘 알고
있습니다.
다만, 판례에 따르면 [그 이후 건물을 개축, 증축하는 경우는 물론이고 건물
이 멸실되거나 철거된 후 재축, 신축하는 경우에도 법정지상권이 성립하며,
이 경우의 법정지상권의 내용인 존속기간, 범위 등은 구 건물을 기준으로 하
여 그 이용에 일반적으로 필요한 범위 내로 제한된다](대법원 1991. 4. 26.

선고 판결 참조) 라고 합니다.

이사건 건물의 경우 관습상 법정지상권을 취득할 당시, 단층 주택 및 근린생활시설 이었던 것을 알 수 있고(갑제1호증의2 건물등기사항증명서, 갑제2호증의2 건축물대장 참조), 현재의 모습은 2층 건물로 증축 또는 신축된 것을 알 수 있습니다(갑제8호증 사진용지 참조).

위와 같이 이사건 건물은 최초 건립 및 법정지상권의 취득 이후 최근에 신축되었음이 분명하고(이 경우에도 법정지상권은 유효하나 그 범위가 문제됨) 건물의 위치와 면적, 범위, 층수 등이 모두 바뀌었으므로 이사건 건물을 위한 법정지상권은 최초의 건물에 상응하는 부분에 한해 인정되어야 합니다.

결국, 불법 증축된 2층 부분 및 최초 건물부분 외에 증축한 범위 모두는 법정지상권이 성립하지 아니하여 철거대상임이 명백합니다.

3. 석명권의 발동 및 측량감정 신청 예정

따라서, 피고로 하여금 건축물대장상의 건물도면을 제출하게 석명권을 발하여 주시기 바라오며, 피고가 제출한 그 건물도면에 따라 원고는 추후 현재의 건물과 차이점을 소명하여 법정지상권이 성립하지 않는 부분 즉, 철거대상 부분을 특정하기 위하여 측량감정을 신청하겠습니다.

4. 지료상당부당이득금에 관하여

피고의 답변서 주장에 의하면 피고는 이사건 토지 전체를 사용하고 있지 않으며 이사건 건물의 소유를 위한 한정된 부분 만에 대하여 지료계산이 되어야 한다고 주장하나, 갑제8호증 사진용지를 살펴보면 이사건 건물 부분 이외에도 담장으로 경계를 표시하여 마당, 주차장 등으로 이사건 토지 전체를 피고가 배타적으로 사용하고 있음이 명백합니다.

따라서 원고는 이건 준비서면의 제출과 동시에 이사건 토지에 대한 적정지료를 책정하고자 지료감정을 신청하는 바입니다.

5. 결어

피고소유의 이사건 건물은 법정지상권의 취득당시의 건물이 아니라 최근에 불법으로 신축 또는 증, 개축했음이 분명하므로 법정지상권의 인정범위는 애초의 건물부분에 한정되므로 그 부분을 제외한 나머지 건물부분은 위법함을 면할 수 없어 철거되어야 마땅하고, 지료상당 부당이득금에 관하여도 피고가 이사건 토지의 전체를 배타적으로 사용하고 있음이 명백하므로 지료감정 결과를 피고도 인정해야 할 것입니다.

향후 원고는 지료감정, 측량감정 결과에 따라 청구취지를 변경할 예정이오니 그 변경된 청구취지 대로 판결하여 주시기 바랍니다.

입증방법

1. 갑제9호증   대법원판례

첨부서면

1. 위 입증방법   2통
1. 준비서면 부본   1통

2019. 11.   .

위 원고 주식회사 한국부동산서비스산업협회
대표자 사내이사 김희

대전지방법원 서산지원   귀중

준비서면 피고 2차 답변

사 건   2019가단 4085 토지인도등
원 고   주식회사 한국부동산서비스산업협회
피 고   최 순 ▨

위 사건에 관하여 피고의 소송대리인은 다음과 같이 변론을 준비합니다.

다 음

1. 원고는 이 사건 건물에 관하여 관습법상 법정지상권을 인정하면서도 그 범위에 대해서는 구 건물을 기준으로 하여야 한다고 주장합니다.

2. 그러나 이 사건 건물 신축당시 평면상의 면적은 현재와 건물의 면적과 동일합니다. 다만 피고는 이 사건 건물 옥상에 면적 불상의 가건물을 증축하여 사용하고 있는바, 그 평면상의 면적은 신축당시 평면상의 건축면적에 포함되어 있습니다(을제1호증－일반건축물대장). 따라서 피고가 이 사건 건물을 위해 사용하고 있는 부분은 이 사건 건물의 유지 및 사용에 필요한 범위를 벗어나지 않음이 분명하다 할 것입니다. 따라서 위와 같이 이 사건 건물 지상에 가건물을 신축하였다 하더라도 피고는 이 사건 건물의 사용 및 유지를

위해 사용할 권한이 있는 토지부분에 대하여 관습법성 법정지상권을 계속 행사할 수 있음은 변함이 없다고 할 것입니다.

3. 한편 피고는 이 사건 건물을 유지·사용하기 위하 마당을 조성하고 그 주위에 담장을 설치하였습니다 따라서 피고는 위 담장내의 토지에 대해서 임료상당의 부당이득금을 지급할 의무가 있음은 별론으로 하더라도 위 담장내의 토지부분 또한 피고가 행사할 수 있는 관습법상 법정지상권의 목적물에 포함된다고 할 것입니다.

입 증 방 법

1. 을제 1호증   일반건축물대장

2020. 1.   .

위 피고의 소송대리인

변호사 이 병

대전지방법원 서산지원 민사2단독 귀중

원고의 2차 답변　**준 비 서 면**

사　건　　2019 가단 4085 토지인도 등

원　고　주식회사 한국부동산서비스산업협회

피　고　　최순█

위 사건과 관련하여 원고는 피고의 2020. 1. 6. 자 준비서면에 대하여 다음과 같이 변론을 준비합니다.

- 다　음 -

1. 피고주장의 요지

피고의 2020. 1. 6. 자 준비서면의 주장 요지는 **첫째**, 피고소유의 이사건 건물은 관습상 법정지상권이 이미 성립한 이후에 증축하였으나, 기존 건물 부분의 변경 없이 2층을 증축하였으므로 이사건 건물의 유지 및 사용에 필요한 범위를 벗어나지 않았으므로 2층 증축부분도 법정지상권이 성립한다는 주장과 두 번째는 지료상당 부당이득금을 지급할 의무가 있음을 인정하는 것입니다.

2. 증, 개축 시의 법정지상권 인정범위에 관하여

피고는 단순히 기존건물에 2층을 증축(불법증축)하였으므로 기존 지상권이 동일하게 적용된다는 취지이나, 다음의 판례를 살피건데, 과도한 증축의 경우 법정지상권의 용법을 크게 위반한 것이 된다고 할 것입니다.

구건물을 기준으로하여 신건물을 위한 법정지상권의 범위를 정할 때 신건물의 1층 건평만 해도 구건물의 것보다 거의 두배나 되고 또 구건물이 단층인데 비해 신건물은 2층도 있으므로 명백히 구건물을 위해 인정된 법정지상권의 용법을 크게 위반한 것이 되고, 이런 경우에 위 법정지상권을 그 원래의 용법에 따라 사용하는 방법은 결국 신건물 중 구건물을 초과하는 부분을 철거하는 도리밖에 없으므로, 신건물소유자가 신건물을 철거하고 원래의 용법에 따라 사용을 하지 아니한다면 대지소유자는 민법 제544조에 의하여 그 용법 위반을 사유로 하여 위 법정지상권의 소멸을 청구할 수 있다(대구지방법원 1991. 7. 24. 선고 90나5472 판결 참조).

결국, 대법원 판시사항인 "증,개축시 법정지상권의 내용인 범위는 구 건물을 기준으로 하여 그 이용에 일반적으로 필요한 범위내로 제한"된다는 부분과 위 하급심 판례를 종합해 볼 때, 기존 건물에 그 범위와 동일한 크기의 2층을 증축하였다면 이는 그 이용에 일반적으로 필요한 범위를 벗어났다고 하기에 충분하므로 원고는 민법 제544조에 의거하여 법정지상권의 소멸을 청구하는 바입니다.

3. 측량감정 신청

따라서, 원고는 철거대상인 피고 소유의 이사건 건물의 정확한 위치, 면적 등을 특정하여 청구취지를 변경하고자 하오니 측량감정을 실시하여 주시기 바라오며, 원고는 이미 감정신청서를 제출하였습니다.

4. 지료상당부당이득금의 감정신청

피고는 지료상당 부당이득금의 지급의무를 인정하고 있으나 원고의 청구취지를 그대로 인정하지 않고 있다고 사료되므로 지료상당 부당이득금에 대하여 이미 감정신청서를 제출하였으므로 감정을 실시하여 주시기 바랍니다.

5. 결어

피고소유의 이사건 건물은 법정지상권의 취득당시의 건물이 아니라 최근에 불법으로 신축 또는 증, 개축했음이 분명하므로 법정지상권의 인정범위는 애초의 건물부분인 1층에 한정되므로 그 부분을 제외한 나머지 건물부분은 위법함을 면할 수 없어 철거되어야 마땅하고, 판례 및 민법 제544조에 의거하여 지상권소멸을 청구하는 바입니다.

그리고 지료상당 부당이득금에 관하여도 감정결과가 나오면 그에 따라 청구취지를 변경하도록 하겠습니다.

입증방법

1. 갑제10호증   대구지방법원 판례

첨부서면

1. 위 입증방법   2통
1. 준비서면 부본   1통

2020. 1.

위 원고 주식회사 한국부동산서비스산업협회
대표자 사내이사 김희█

대전지방법원 서산지원   귀중

임료 감정평가에 대한 의견

1. 본건 임료의 평가는 평가시점 현재의 이용상황과 인근지역의 표준적인 이용상황 등을 참작하여 평가하였습니다.

2. 본 평가는 임료 산정 기준시점이 2019.04.11. 시점의 소급감정평가로서, 당시의 이용상황 등은 직접 확인할 수 없어 공부상 지목, 항공촬영사진, 평가의뢰 내용 등을 기초로 산정하였습니다.

3. 본 감정인은 본 사건(2019가단 4085 토지인도 등)의 현장 확인 결과 별첨 '사진용지'와 같이 귀 의뢰목록 외에 제시외 건물(주택 등)이 소재하는 것으로 조사되었으나 감정평가목적(민사소송)을 고려하여 이는 평가대상에서 제외 하였으며 임료산정시점은 귀 의뢰내용인 2019.09.23.~ 2020.05.31을 기준으로 산정하였습니다.

4. 본건 평가의 기초가격의 산정은 이해당사자의 주관적 가치나 특별한 이용상황 등을 상정하지 아니하고 당해 토지의 현황 및 부근의 일반적인 이용상황 등을 기준으로 호가나 투기가격이 아닌 적정한 거래가격 등을 반영하여 평가한 것인 바, 참고 바랍니다.

5. 임대기간은 일반적으로 1년 단위이므로 1년을 기준으로 산정하였으며 임료산정 기간 중 임대조건은 변경이 없는 것으로 하였습니다.

6. 시중에서의 임대료는 통상 보증금과 임료로 구성되나 본 평가에서는 보증금이 없는 상태의 임료를 산정하였습니다.

Ⅳ. 임료의 산정

1. 개요

적산법이란 대상물건의 기초가액에 기대이율을 곱하여 산정된 기대수익에 대상물건을 계속하여 대하는 데에 필요한 경비를 더하여 대상 물건의 임대료를 산정하는 감정평가방법을 말하며 이 방법에 의하여 산정된 임료를 적산임료라 합니다.

> **(적산임료 = 기초가격 × 기대이율 + 필요제경비)**

5. 적산임료 산정

임료산정기간	토지면적 (㎡)	기초가격	기대 이율	연임료	월임료	기간임료	비고
2019.09.23 ~ 2020.05.31	576	209,088,000	0.022	4,600,000	383,300	3,176,000	-

＊ 기간임료(2019.09.23.~ 2020.05.31.) : 천원미만 반올림

　전체면적 기준 : 209,088,000×0.022×252/365≒3,176,000원

＊ 월임료 : 백원미만 반올림

　전체면적 기준 : 209,088,000×0.022÷12 ≒ 383,300원

감 정 평 가 결 과

임료(부동산) 감정평가 명세표

임대기간	연임료	월임료	기간임료
2019.09.23.~ 2020.05.31	4,600,000	383,300	3,176,000

＊ 임료산정기간동안의 임대조건은 변경이 없는 것을 전제로 함.

청구취지 변경 신청서

감정평가에 의한 원고 청구취지 변경

사 건   2019 가단 4085 토지인도 등
원 고   주식회사 한국부동산서비스산업협회
피 고   최순⬛

위 사건과 관련하여 원고는 측량감정 및 지료감정이 마쳐졌으므로 그 감정 결과에 맞추어 다음과 같이 청구취지를 변경합니다.

변 경 후 청 구 취 지

1. 피고는 원고에게,

   가. 당진시 우강면 송산리 ⬛⬛-70 대 576㎡ 지상의 별지 도면 표시 1, 2, 3, 4, 5, 6, 7, 8, 9, 10, 11, 12, 13, 14, 15, 16, 17, 18, 19, 20, 1의 각 점을 순차로 연결한 선내 (ㄱ)부분 1층(벽돌)건물 159㎡, 같은 도면 표시 2, 3, 21, 5, 22, 7, 23, 24, 12, 15, 2의 각점을 순차로 연결한 선내 (ㄴ)부분 2층(슬레이트지붕 콘크리트)건물 118㎡, 같은 도면 표시 25, 26, 27의 각점을 순차로 연결한 선내 (ㄷ)부분 담장을 각 철거하고

   나. 위 토지를 인도하고

   다. 2019. 9. 23.부터 위 토지인도 완료일 또는 원고의 위 토지소유권 상실일까지 월 금383,300원의 비율로 계산한 돈을 지급하라.

2. 소송비용은 피고가 부담한다.

3. 제1항은 가집행 할 수 있다.

라는 판결을 구합니다.

변경원인

1. 철거대상 건물의 특정

원고는 귀원의 측량감정을 통하여 건물의 층별 정확한 위치와 면적, 그리고 담장의 위치를 확인하였으므로 그에 따라 청구취지를 변경합니다.

2. 지료상당 부당이득금

지료상당 부당이득금도 감정결과가 나왔는 바, 연할 계산시 금4,600,000원 월할 계산시 금383,300원 인바, 이사건 토지는 건물이 존재하는 대지에 해당하므로 민법 제633조에 의거하여 월할로 청구하고자 합니다.

첨부서류

1. 별지도면
1. 청구취지변경신청서 부본

2020. 6. 5.

위 원고 주식회사한국부동산서비스산업협회
대표자 사내이사 이종실

대전지방법원 서산지원 귀중

$\frac{7}{22}$ 9시 44 40분

피고인의 3차 답변 **준 비 서 면**

사 건 2019가단 4085 토지인도등

원 고 주식회사 한국부동산서비스협회

피 고 최 순 ▨

위 사건에 관하여 피고의 소송대리인은 다음과 같이 변론을 준비합니다.

다 음

1. 철거의 범위

원고는 피고가 당진시 우강면 송산리 ▨▨-70 대 576㎡ 지상의 청구취지

변경신청서 별지도면 표시 1, 2, 3, 4, 5, 6, 7, 8, 9, 10, 11, 12, 13, 14,

15, 16, 17, 18, 19, 20, 1의 각 점을 순차로 연결한 선내 (ㄱ)부분 1층

(벽돌)건물 159㎡, 같은 도면 표시 2,2,21,5,22,7,23,24,12,15,2의 각점을

순차로 연결한 선내 (ㄴ)부분 2층(슬레이트지붕 콘크리트)건물 118㎡, 같은

도면 표시 25,26,27의 각점을 순차로 연결한 선내 (ㄷ)부분 담장을 각 철거

할 의무가 있다고 주장합니다.

그러나 피고도 인정하고 있다시피 기존 건물을 증·개축하는 경우에 관습법

상 법정지상권의 존속기간, 범위는 기존 건물을 기준으로 하여 그 이용에 필

요한 범위내로 제한될 뿐 관습법상 법정지상권이 상실하는 것은 아닙니다. 피고는 당초 위 토지 지상에 있던 피고 소유의 시멘트벽돌조 슬래브지붕 단층 주택 및 근린생활시설 83.68㎡(이하 '기존 건물'을 생활상 필요에 따라 증축하였을 뿐 기존 건물은 그대로 두었습니다. 따라서 피고는 위 기존건물 및 기존건물 부분 2층에 신축한 건물에 대해서는 원고의 토지에 대하여 관습법상 법정지상권의 권리를 여전히 가지고 있으므로 원고 위 건물철거 주장중 기존건물(83.68㎡) 및 기존건물 부분 2층에 신축한 건물부분의 철거 주장은 이유가 없다고 할 것입니다.

2. 부당이득금 반환청구에 대하여

원고는 당진시 우강면 송산리 ■■-70 대 576㎡에 관하여 임료상당의 부당이득반환청구를 주장하나, 위 토지 중 피고가 점유하고 있는 면적은 피고 소유의 주택 1층이 차지하고 있는 159㎡와 위 토지 중 마당으로 사용하고 일부 토지일 뿐입니다. 그러므로 피고가 당진시 우강면 송산리 ■■-70 대 576㎡의 전부를 점유하고 있는 것을 근거로 한 원고의 청구는 부당합니다.

2020. 06. .

위 피고의 소송대리인

변호사 이 병 ■

대전지방법원 서산지원 민사2단독 귀중

대전지방법원 서산지원

판 결

사 건	2019가단4085 토지인도 등

원 고 주식회사 한국부동산서비스산업협회

서울 강남구 테헤란로 329, 17███호(역삼동, 삼흥빌딩)

송달장소 평택시 평남로 1029, 203호(동삭동)

(송달영수인 법무사 유종수)

대표자 사내이사 이종실

소송대리인 홍호█

피 고 최순█

당진시 우강면 솔뫼로 ████

소송대리인 변호사 이병█

변 론 종 결   2020. 7. 22.

판 결 선 고   2020. 9. 23.

주 문

1. 피고는 원고에게,

가. 당진시 우강면 송산리 ███-70 대 576㎡ 지상 별지 도면 표시 25, 26, 27의 각

점을 차례로 연결한 선내 (ㄷ)부분 담장을 철거하고,

나. 2019. 9. 23.부터 당진시 우강면 송산리 ███-70 대 576㎡의 인도완료시까지 월

383,300원의 비율에 의한 금원을 지급하라.

2. 원고의 나머지 청구를 기각한다.

3. 소송비용 중 1/3은 원고가, 나머지는 피고가 각 부담한다.

4. 제1항은 가집행할 수 있다.

청 구 취 지

주문 제1항 및 피고는 원고에게 당진시 우강면 송산리 ██-70 대 576㎡(이하, '이 사건 토지'라 한다) 지상 별지 도면 표시 1 ~ 20, 1의 각 점을 차례로 연결한 선내 (ㄱ)부분 1층(벽돌)건물 159㎡, 같은 도면 표시 2, 3, 21, 5, 22, 7, 23, 24, 12, 15, 2의 각 점을 차례로 연결한 선내 (ㄴ)부분 2층(슬레이트지붕 콘크리트)건물 118㎡(이하, 위 (ㄱ)부분 건물과 (ㄴ)부분 건물을 '이 사건 건물'이라 한다)를 각 철거하고, 위 토지를 인도하고, 2019. 9. 23.부터 원고의 토지소유권상실일까지 월 383,300원의 비율로 계산한 금원을 지급하라.

이 유

1. 사실인정

갑 제1호증 내지 제8호증의 각 기재와 영상, 이 법원의 한국국토정보공사 당진지사장과 임승██감정평가사사무소장에 대한 감정촉탁결과에 변론전체의 취지를 종합하면 다음 사실을 인정할 수 있다.

가. 이 사건 토지에 대하여, ① 1985. 8. 2. 피고의 시아버지 인영██, ② 2001. 9. 17. 피고, ③ 2004. 1. 2. 피고의 남편 인효██, ④ 2019. 9. 23. 원고 앞으로 각 소유권이전

등기가 마쳐졌다.

　나. 한편 등기부와 건축물대장에 의하면, 이 사건 토지에는 시멘트벽돌조 슬래브지붕 단층 주택 및 근린생활시설 83.68㎡(주택 53.28㎡와 근린생활시설 30.40㎡, 이하 '기존 건물'이라 한다)가 건축되어 있고, 위 건물에 대하여 1985. 8. 2. 인영태 앞으로 보존등 기가 마쳐졌고, 2001. 9. 17. 피고 앞으로 소유권이전등기가 마쳐졌다.

　다. 그러나 피고는 일자불상경 기존건물을 증축하여 이 사건 변론종결일 기준 이 사 건 토지에는 벽돌 및 콘크리트 2층 건물인 이 사건 건물이 존재하고 있으며, 같은 도 면 표시 25, 26, 27의 각 점을 차례로 연결한 선내 (ㄷ)부분 담장(이하 '이 사건 담장' 이라 한다)이 건축되어 있다.

　라. 이 사건 토지의 월 차임은 383,300원이다.

2. 주장 및 판단

가. 당사자의 주장

　원고는, 피고가 아무런 권원 없이 원고 소유인 이 사건 토지 위에 이 사건 건물과 담장을 소유하고 있으며, 가사 이 사건 건물에 대한 관습법상 법정지상권이 성립하였 더라도 과도한 면적증가와 구조변경으로 인하여 법정지상권은 소멸하였으므로 피고는 원고에게 이 사건 건물과 담장을 철거하고, 이 사건 토지를 인도하고, 2019. 9. 23.부터 인도완료시 또는 원고의 토지소유권상실일까지 월 383,300원의 비율에 의한 차임 상당 부당이득금을 지급할 의무가 있다고 주장한다.

　이에 대하여 피고는, 이 사건 건물 중 증축된 부분은 기존건물의 사용을 위한 것이 어서 관습법상 법정지상권은 존속하므로 원고의 청구에 응할 수 없다고 주장한다.

　나. 이 사건 건물과 담장의 철거와 토지의 인도 청구에 대한 판단

1) 관습법상의 법정지상권이 성립되기 위하여는 토지와 건물 중 어느 하나가 처분될 당시에 토지와 그 지상건물이 동일인의 소유에 속하였으면 족하고 원시적으로 동일인의 소유였을 필요는 없다. 민법 제280조 제1항 제1호가 정하는 견고한 건물인가의 여부는 그 건물이 갖는 물리·화학적 외력, 화재에 대한 저항력 또는 건물 해체의 난이도 등을 종합하여 판단하여야 한다. 관습법상의 법정지상권이 성립된 토지에 대하여는 법정지상권자가 건물의 유지 및 사용에 필요한 범위를 벗어나지 않은 한 그 토지를 자유로이 사용할 수 있는 것이므로, 지상건물이 법정지상권이 성립한 이후에 증축되었다 하더라도 그 건물이 관습법상의 법정지상권이 성립하여 법정지상권자에게 점유·사용할 권한이 있는 토지 위에 있는 이상 이를 철거할 의무는 없다(대법원 1995. 7. 28. 선고 95다9075,9082(반소) 판결).

위 법리와 위 인정사실에 의하여 알 수 있는 다음의 사정 즉, 이 사건 건물은 등기부상 기재와 달리 1층이 증축되었고, 2층이 신축되었으나 그 변경된 부분이 이 사건 토지 내에 위치하는 점, 이 사건 토지 자체가 대지로서 건물의 이용을 목적으로 하는 데 변경된 부분은 주거 또는 근린생활시설이므로 기존건물의 용도와 동일한 점, 이 사건 토지의 소유자였던 인효◼과 피고가 부부인데 인효◼이 피고의 증축행위에 동의하였을 것으로 보이는 점, 이 사건 건물은 벽돌이나 콘크리트로 이루어져 관습법상 법정지상권이 성립한 2004. 1. 2.로부터 아직 30년이 경과하지 않은 점을 종합하면 이 사건 건물에 대한 관습법상 법정지상권은 존속하므로 이 사건 건물의 철거와 이 사건 토지의 인도를 구하는 원고의 주장은 이유 없다.

그러나 이 사건 담장은 건물 이외의 공작물로서 그 관습법상 법정지상권의 존속기간이 5년이므로, 이에 대한 관습법상 법정지상권이 성립하였더라도 그 기간만료로 인하여 피고는 이를 철거할 의무가 있으므로, 원고의 이 부분 주장은 이유 있다.

다. 부당이득반환 청구에 대한 판단

판습법상 법정지상권이 성립하더라도 피고는 원고에게 이 사건 토지의 사용으로 인한 차임 상당 부당이득을 반환할 의무가 있고, 이 사건 토지에 대한 월 차임은 383,300원이므로, 피고는 원고에게 이 사건 토지에 대한 원고의 소유권취득일인 2019. 9. 23.부터 이 사건 토지의 인도완료시까지 월 383,300원의 비율에 의한 차임 상당 부당이득금을 반환할 의무가 있다('원고의 소유권 상실일'은 장래의 부당이득반환의무의 '임의 이행' 여부와는 직접적인 관련이 없으므로, 이를 기재하지 않는다(대법원 2019. 2. 14. 선고 2015다244432 판결)).

라. 소결

따라서 피고는 원고에게, 당진시 우강면 송산리 ▓▓-70 대 576㎡' 지상 별지 도면 표시 25, 26, 27의 각 점을 차례로 연결한 선내 (ㄷ)부분 담장을 철거하고, 2019. 9. 23.부터 당진시 우강면 송산리 ▓▓-70 대 576㎡'의 인도완료시까지 월 383,300원의 비율에 의한 금원을 지급할 의무가 있다.

3. 결론

원고의 청구는 위 인정범위 내에서 이유 있어 이를 인용하고, 나머지는 이유 없으므로 이를 기각한다.

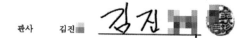

판사   김진▓

항 소 장

원심사건번호 : 대전지방법원 서산지원 2019 가단 4085 토지인도 등

항 소 인(원고) : 주식회사 한국부동산서비스산업협회
피항소인(피고) : 최순

소가 : 금32,169,600원정

인지대 : 금224,500원
송달료 : 금122,400원

항 소 이 유 서

사　　　건　　2020 나 121296 토지인도 등
원고(항소인)　　주식회사 한국부동산서비스산업협회
피고(피항소인)　　최순█

위 사건과 관련하여 원고(항소인, 이하 '원고'로 칭함)는 다음과 같이 항소
이유서를 제출합니다.

- 다　　음 -

1. 건물철거 청구에 관하여

가. 원심의 판단

원심은 불법 증축 이전의 이사건 건물이 관습상 법정지상권이 성립한다고
판단한 다음, [법정지상권자가 건물의 유지 및 사용에 필요한 범위를 벗어나
지 않은 한 그 토지를 자유로이 사용할 수 있는 것이므로, 지상건물이 법정
지상권이 성립한 이후에 증축되었다 하더라도 그 건물이 관습법상의 법정지
상권이 성립하여 법정지상권자에게 점유 사용할 권한이 있는 한 건물을 철
거할 의무는 없다]는 대법원 95다9075 판결을 인용하면서, [이사건 건물은
등기부상 기재와 달리 1층이 증축되었고, 2층이 신축되었으나 그 변경된 부
분이 이 사건 토지 내에 위치하는 점, 이사건 토지 자체가 대지로서 건물의
이용을 목적으로 하는데 변경된 부분은 주거 또는 근린생활시설이므로 기존
건물의 용도와 동일한 점, 이사건 토지의 소유자였던 인효█과 피고가 부부
인데 인효█이 피고의 증축행위에 동의하였을 것으로 보이는 점, 이사건 건
물은 벽돌이나 콘크리트로 이루어져 관습법상 법정지상권이 성립한 2004.

1. 2.로부터 아직 30년이 경과하지 않은 점을 종합하면 이사건 건물에 대한 관습법상 법정지상권은 존속하므로 원고의 주장은 이유없다] 라고 판단하였습니다.

나. 원심판결의 부당성

우선 이사건 건물의 증축부분은 합법적으로 건축허가를 득하여 증축한 것이 아니라 불법으로 허가 없이 증축하였음이 분명합니다.

법정지상권 성립에 관한 판례의 기본적인 입장은 합법, 불법을 따지지 아니하나 행정적으로는 불법을 면할 수 없어 만약 원고가 행정청에 불법건축물 철거에 관한 계고처분을 요청하면 철거대상일 수 밖에 없습니다.

원심은 피고가 증축한 부분이 기존 건물의 유지 및 사용에 필요한 범위를 벗어났는지에 관하여 전제 요건으로 반드시 판단을 했어야 함에도 불구하고 [이사건 토지가 대지이고 변경된 부분이 이사건 토지내에 위치하며, 주거 또는 근린생활시설로 용도가 동일] 하다는 이유만으로 만연히 기존건물의 유지 및 사용에 필요한 범위를 벗어나지 않았다고 판단하였으니 심리를 다하지 아니한 잘못이 있습니다.

원심 판결이유에서 인용한 대법원 95다9075 판결도 증축부분이 기존건물의 유지 및 사용에 필요한 범위를 벗어나지 않은 한 이라고 전제를 달고 있습니다.

다. 이사건 건물의 증축부분이 수인한도를 넘었는지 여부

위와 같이 기존건물의 유지 및 사용에 필요한 범위는 이 사건에 있어서 매우 중요한 판단기준이라 사료됩니다.

이사건 건물의 증축부분은 합법적으로 허가를 받지 아니하고 불법으로 증축한 점, 그리고 기존건물의 일반적인 사용을 위해 일부를 증축한 정도가 아니

라 1층과 동일한 면적의 상층부를 증축한 점을 함께 고려했을 때 이사건 증축은 기존건물의 유지 및 사용에 필요한 범위를 초과하였다고 판단하기에 충분합니다.

토지소유자는 지상 건물이 법정지상권이 성립하는 한 그 건물의 사용을 수인할 수 밖에 없으나 법정지상권이 성립한 기존 건물의 일반적인 사용을 위한 범위를 크게 벗어났다고 판단될 경우에는 하급심 판례와 같이 법정지상권의 소멸을 청구할 수 있으므로(원고는 이미 준비서면으로 대구지방법원의 하급심판례를 인용하였고 참고자료로 제출하였슴), 원고는 원심에서 피고를 상대로 법정지상권의 소멸을 청구한 바 있습니다.

이사건 건물의 경우 기존 법정지상권이 성립한 건물의 바닥면적은 동일하나 1층을 2층으로 증축을 한 것인데, 이사건 원심의 판단 논리대로 가정하면 상층부에 3층이 되었든 100층이 되었든 따지지 아니하고 기존 토지범위를 벗어나지 않는 한 토지소유자는 건물사용을 수인해야 한다는 결론에 이르게 됩니다.

따라서 이사건 건물의 증축부분이 기존건물의 유지 및 사용에 필요한 범위 내에 있는지 다시한번 심사숙고를 해주시 바랍니다.

2. 지료상당부당이득금 청구에 관하여

지료상당 부당이득금에 관하여 원심은 감정평가 결과를 그대로 인용하였습니다.

그러나 원심에서 실시한 감정평가는 너무나 저평가되었으므로 항소심 진행 중 별도의 서면으로 감정신청서를 제출하고자 하오니 다시 재감정을 실시하여 주시기 바랍니다.

이사건 토지에 관한 서산지원 2018 타경 55355 경매사건에서의 감정평가액은 금211,968,000원(갑제6호증 참조)인데, 이 사건에서의 토지 감정가는 금

209,088,000원 인바, 감정 시기가 약 2년정도 차이가 남에도 불구하고 오히려 저가로 감정된 문제가 있습니다.

또한 이 사건에서 실시한 지료감정평가서에 의하면 토지가액을 감정한 후 이에 대하여 기대이율을 연2.2%로 산정하였음을 알 수 있는데 통상 건물을 위한 대지의 경우 연3% 정도의 기대이율을 적용함이 일반적이라 사료 되므로 반드시 재감정이 필요합니다.

원고는 재 감정 결과에 따라 항소취지를 변경하겠습니다.

3. 결어

위와 같이 원심판결은 증축부분이 [기존건물의 유지 및 사용에 필요한 범위] 내인지 여부에 대하여 심리를 다하지 아니한 잘못된 판결이며, 지료감정 또한 원고에게 불리하게 너무 저가로 평가되었으므로 원심을 파기하고 원고의 항소취지대로 판결하여 주시기 바랍니다.

첨부서류

1. 항소이유서 부본   1통

2020. 11.   .

위 원고 주식회사 한국부동산서비스산업협회
대표자 사내이사 이종실

대전지방법원 귀중

준 비 서 면

사   건   2020 나 121296 토지인도 등
원고(항소인)   주식회사 한국부동산서비스산업협회
피고(피항소인)   최순█

위 사건과 관련하여 원고는 항소이유서에서 주장할 내용 중 누락한 부분이
있어 다음과 같이 추가로 준비서면을 제출합니다.

- 다   음 -

1. 건축물대장과 철거대상 건물의 측량결과

건물등기사항증명서(갑제1호증의 2 참조) 및 건축물대장(갑제2호증의 2 참조)
을 살펴보시면 기존 법정지상권이 성립된 건물의 면적은 83.68㎡ 임을 알 수
있습니다.

한편, 한국국토정보공사 당진지사가 2020. 5. 25. 제출한 건물감정도 및 원고
가 2020. 6. 8. 제출한 청구취지변경신청서에 첨부한 건물감정도(원고가 수령
한 감정서는 너무 흐리게 인쇄되어 한국국토정보공사 당진지사에 연락하여
진하게 인쇄하여 수령한 감정도임)를 살펴보시면, 철거대상인 이사건 건물의
1층 면적은 무려 159㎡ 에 이르는 바, 기존 건물면적 83.68㎡의 거의 두배에
해당하며, 2층 부분 증축 면적도 118㎡ 에 이릅니다.

그러므로 단순하게 이사건 증축 부분이 이사건 토지 내에 위치하고 있다는
것만으로 법정지상권이 증축 부분에도 존속한다는 원심의 판단은 심리미진
(위와 같이 건축물대장과 감정도 상의 면적이 2층까지 합칠 경우 3배에 이른
다는 사실을 간과했음이 분명함)으로 오판한 것이 명백합니다.

바닥면적만 비교해도 두배 가까이 늘어났고, 그 위에 2층까지 증축하여 건물

전체의 면적으로 비교하였을 때 이사건 건물은 법정지상권이 성립된 **기존건물 면적의 3배**에 해당하는 바, 이는 [기존건물의 유지 및 사용에 필요한 범위]를 벗어났다고 보기에 충분합니다.

대법원 판례들의 취지는, 위와 같이 수인한도를 넘는 증축까지 보호하고자 하는 것이 아니라 기존건물의 이용에 필요한 소부분을 증축한 경우 토지 소유자에게도 별다른 손해가 없으므로 이를 수인해야 한다는 취지로 알고 있으며, 그래서 항상 [기존건물의 유지 및 사용에 필요한 범위를 벗어나지 않는 한]이라는 단서를 달고 있는 것입니다.

따라서 대구지방법원의 하급심 판례와 같이, 원고는 피고를 상대로 재차 지상권의 소멸을 청구하오니 원고의 항소취지대로 담장은 물론이고 이사건 건물 전체를 철거하도록 판결하여 주시기 바랍니다.

첨부서류

1. 준비서면 부본   1통

2020. 11.   .

위 원고   주식회사 한국부동산서비스산업협회
대표자 사내이사 이종실

대전지방법원 귀중

대전지방법원
조 정 조 서

사 건	2020머134961(2020나121296)토지인도 등 (원심사건 대전지방법원 서산지원 2019가단4085)	
원고, 항소인	주식회사 한국부동산서비스산업협회 서울 강남구 테헤란로 329, 17■■호 (역삼동, 삼흥빌딩) 대표자 사내이사 이종실	
피고, 피항소인	최순■ 당진시 우강면 솔뫼로 ■	
상임 조정위원	안지■	기 일 : 2021. 4. 5. 16:00
법원 사무관	이용■	장 소 : 조정센터 407호 조정실 공개 여부 : 공 개

원고(항소인) 대표자 사내이사 이종실	출석
피고(피항소인) 최순■	출석

다음과 같이 조정성립

조 정 조 항

1. 원고(항소인, 이하 원고라고만 함)는 2021. 4. 5. 피고(피항소인, 이하 피고라고만 함)에게 당진시 우강면 송산리 ■■-70 대 576㎡(이하, 이 사건 부동산이라고만 함)를 매도하고, 피고는 이를 매매대금 ■■■■만 원에 매수한다.

2. 가. 피고는 원고에게, 2021. 4. 6.까지 금 3,000만 원을, 2021. 7. 5.까지 금 ■■■■만 원을 각 지급한다. 만약, 이를 지체할 경우 미지급한 각 돈에 대하여 각 지급기일 다음날부터 다 갚는 날까지 연 12%의 비율에 의한 돈을 각 가산하여 지급한다(국민은행 524901-■■■■■■ 홍홍■ 명의의 계좌로 입금한다).

　나. 원고는 2021. 7. 5.까지 이 사건 부동산에 관하여 2021. 4. 5.자 매매를 원인으

　　로 한 소유권이전등기절차를 이행한다.

　다. 위 가항 및 나항은 동시이행으로 한다.

3. 피고는 원고에게 2019. 9. 23.부터 위 2의 가항의 돈을 전부 지급하는 날까지 월 금

　383,300원의 비율에 의한 금원을 지급한다(국민은행 524 200937 홍 명

　의의 계좌로 입금한다).

4. 원고는 피고가 이 사건 매매계약과 관련하여 대출을 받는 데 협조한다.

5. 원고는 나머지 청구를 포기한다.

6. 1, 2심을 모두 포함하여, 소송비용 및 조정비용은 각자 부담한다.

청 구 의 표 시

청구취지 및 청구원인 : 별지 판결문 각 해당란 기재와 같다.

　　　　　법 원 사 무 관　　　　이용█

　　　　　상 임 조 정 위 원　　　안지█

사건 개요 법정지상권 없는 건물의 차지권 주장

한 사람의 토지를 다 상속받았으며 다시 상속받은 토지의 2/3 지분을 다른 형제들에게 상속 후, 1/3 지분만 경매로 타인에게 매도, 낙찰자가 공유물 분할 소송으로 건물 매각 제외로 경매가 진행되었다.

한 사람의 토지여서 지적도상 도로 없이 본인의 토지를 도로(현황도로)로 건축허가를 며느리 이름으로 받아 건축해 건물 매각 제외 토지 전체로 경매가 진행되었으며, 법정지상권은 없으나 건물 철거와 지료청구를 하자 피고소인의 변호사가 차지권을 주장했던 사건이다.

※ 지적도상 도로가 없으나 건축허가 시 인정된 현황도로

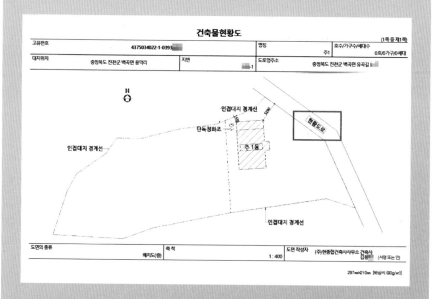

이것이 진짜
부동산 소송이다 Ⅰ

) 후첨 "사진용지"와 같이 대상토지 기호1 지상에는 등기사항전부증명서 및 일반건축물대장에 등재 되어 있는 타인소유의 건물(등기사항전부증명서상 소유자: 서영)이 소재하고, 해당 건물은 귀 제시 목록에 포함되어 있지 아니한 바, 이에 구애없이 토지만을 감정평가하였으며, 해당 건물로 인하여 토지의 사용수익 및 소유권행사의 제한 정도를 감안한 법정지상권이 성립될 경우의 토지단가를 ' 토지감정평가명세표' 비고란에 표기 하였으니, 경매진행시 참고하시기 바람.

1 (전 2)	소유권이전	1981년2월19일 제1749호	1970년3월10일 상속	소유자 이정 진천군 백곡면 용덕리 법 등 제3094호에의한등기
2	소유권이전	2010년6월9일 제8507호	1993년7월20일 협의분할에 의한 상속	소유자 이 630527-******* 경기도 고양시 덕양구 행신동 마을
3	소유권일부이전	2011년6월16일 제11019호	2011년5월23일 증여	공유자 지분 6분의 1 이 660513-******* 서울특별시 양천구 신정동 아파트 101- 지분 6분의 1 이 690120-******* 경기도 고양시 덕양구 화정동 마을 714- 지분 6분의 1 이 750226-******* 서울특별시 은평구 수색동 1단지 102- 지분 6분의 1 이 770101-******* 전라남도 장성군 삼계면 사창리 아파트
7	2번이 택지분전부 이전	2018년4월20일 제7030호	2018년4월13일 강제경매로 인한 매각	공유자 지분 3분의 1 임 640309-******* 경기도 수원시 영통구 영통로174번길 (망포동, 마을현대1차아이파크)

등기명의인	(주민)등록번호	최종지분	주 소	순위번호
이 구 (공유자)	690120-*******	6분의 1	경기도 고양시 덕양구 화정동 953	3
이 상 (공유자)	750226-*******	6분의 1	서울특별시 은평구 수색동 75	3
이 장 (공유자)	660513-*******	6분의 1	서울특별시 양천구 신정동	3
이 필 (공유자)	770101-*******	6분의 1	전라남도 장성군 삼	3
임 량 (공유자)	640309-*******	6분의 2	경기도 수원시 영통구 영통로174번길 마을현대1차아이파크)	7

2 소유지분을 제외한 소유권에 관한 사항 (갑구)

순위번호	등기목적	접수정보	주요등기사항	대상소유자
9	임의경매개시결정	2021년7월21일 제13595호	채권자 이 외 3명	이 등

일반건축물대장(갑)

고유번호	4375034022-1-▨▨▨		명칭		주1	호수/가구수/세대수	0호/0가구/0세대
대지위치	충청북도 진천군 백곡면 용덕리	지번	▨▨-1	도로명주소		충청북도 진천군 백곡면 유곡길 ▨▨▨▨	
※대지면적	660 ㎡	연면적	95.8 ㎡	※지역	생산관리지역	※지구	※구역
건축면적	95.8 ㎡	용적률을 산정용 연면적	95.8 ㎡	주구조		주용도 단독주택	층수 지하: 층, 지상 1층
※건폐율	14.515151 %	※용적률	14.515151 %	높이 4.5 m	지붕 싱글	부속건축물	동 ㎡
※조경면적 ㎡		※공개 공지 공간 면적 ㎡		※건축선 후퇴면적 ㎡		※건축선후퇴 거리	m

건축물 현황					소유자 현황		
구분	층별	구조	용도	면적(㎡)	성명(명칭) 주민(법인)등록번호 (부동산등기용등록번호)	주소	소유권 지분
							변동일 변동원인
주1	1층	경량철골구조	단독주택	95.8	서▨▨ ▨▨16-2******	경기도 고양시 덕양구 파신로 ▨호(행신동,▨마을)	1/1 2014.8.25. 소유권보존
		- 이하여백 -					
					※ 이 건축물대장은 현소유자만 표시한 것입니다.		
					- 이하여백 -		

이 등(초)본은 건축물대장의 원본내용과 틀림없음을 증명합니다.

진천군수

발급일: 2023년 2월 13일
담당자:
전 화:

고유번호	4375034022-1-▨▨▨▨▨		명칭		주1	호수/가구수/세대수	0호/0가구/0세대
대지위치	충청북도 진천군 백곡면 용덕리	지번	▨▨-1	도로명주소		충청북도 진천군 백곡면 유곡길 ▨	

구분	성명 또는 명칭	면허(등록)번호	※주차장				승강기		허가일	2004.3.20.
			구분	옥내	옥외	인근	면제	승용 대	비상용 대	
건축주	서▨▨	▨▨16-2******								착공일 2004.3.21.
설계자								※하수처리시설		사용승인일
공사감리자			자주식	대 ㎡	대 ㎡	대 ㎡		형식 부패탱크방법		관련 주소
공사시공자 (현장관리인)			기계식	대 ㎡	대 ㎡	대 ㎡		용량 5인용		지번

※제로에너지건축물 인증		※건축물 에너지효율등급 인증		※에너지성능지표 (EPI)점수	※녹색건축 인증		※지능형건축물 인증		
등급		등급		등급	등급		등급		
에너지자립률	0 %	1차에너지 소요량 (또는 에너지절감율)	0 kWh/㎡(%)	※에너지소비총량 점	인증점수	점	인증점수	점	
유효기간: . . .~ . . .		유효기간: . . .~ . . .		kWh/㎡	유효기간: . . .~ . . .		유효기간: . . .~ . . .		도로명

내진설계 적용 여부		내진능력		특수구조 건축물	특수구조 건축물 유형			
지하수위	G.L m	기초형식		설계지내력(지내력기초인 경우) t/㎡	※구조설계 해석법			

변동사항					
변동일	변동내용 및 원인	변동일	변동내용 및 원인		그 밖의 기재사항
2014.8.22.	건축물 대장 생성 신청에 따른 대장생성 - 이하여백 -				

2021 타경 55094 (임의) 공유물분할을위한경매	물번1 [배당종결] ▼		매각기일 : 2021-12-20 10:00~ (월)		경매2계 043-249-7302
소재지	(27821) 충청북도 진천군 백곡면 용덕리 ███-1 [도로명] 충청북도 진천군 유곡길 ███ (백곡면)				
용도	대지	채권자	이00000	감정가	50,820,000원
토지면적	660㎡ (199,65평)	채무자	000	최저가	(100%) 50,820,000원
건물면적		소유자	000	보증금	(10%)5,082,000원
제시외		매각대상	토지매각	청구금액	0원
입찰방법	기일입찰	배당종기일	2021-10-20	개시결정	2021-07-21

기일현황

회차	매각기일	최저매각금액	결과
신건	2021-12-20	50,820,000원	매각
농00000/입찰1명/낙찰55,500,000원(109%)			
	2021-12-27	매각결정기일	허가
	2022-02-04	대금지급기한 납부 (2022,02,04)	납부
	2022-03-24	배당기일	완료
배당종결된 사건입니다.			

⑦ 물건현황/토지이용계획	⑦ 면적(단위:㎡)	⑦ 임차인/대항력여부	⑦ 등기사항/소멸여부
용덕교 남서측 인근에 위치 부근은 농가주택, 전, 답 및 임야 등이 소재 본건까지 차량접근 가능하고, 인근에 노선버스승강장 및 간선도로가 소재하는 등 제반 교통상황 보통임 완경사지대에 위치한 부정형토지 현황 남동측 및 동측으로 노폭 약 2M 내외 도로에 접함 생산관리지역(용덕리 ███-1) ※ 감정평가서상 제시외건물가격이 명시되어있지않음. 입찰시 확인요망. [🔍 토지/임야대장] [🔍 부동산 통합정보 이음]	**[토지]** 용덕리 ███-1 대지 생산관리지역 660㎡ (199,65평) **[제시외]** 용덕리 ███-1 (ㄴ) 타인소유가축,지하수시설등 제외 미상 용덕리 ███-1 (ㄱ) 타인소유건물 제외 미상 용덕리 ███-1 (a) 수목 제외 밤나무,소나무,전나무등	배당종기일 : 2021-10-20 안0 ? 전입 : 2014-10-14 확정 : 없음 배당 : 없음 점유 : 99다]25532 판례보기 04다]26133 판례보기 [🔍 매각물건명세서] [🔍 예상배당표] - 안■남 : 소유자 이■장 의 모친	**소유권(지분)** 이전 2011-06-16 토지 이000 증여 **소유권(지분)** 이전 2018-04-20 토지 임0 강제경매로 인한 매각 이■택지분 **임의경매** 토지소멸기준 2021-07-21 토지 이000 ▷ 채권총액 : 0원 [🔍 등기사항증명서] 토지열람 : 2021-07-29

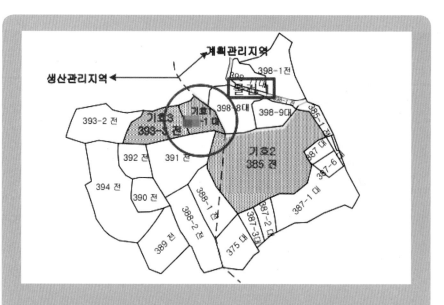

이것이 진짜
부동산 소송이다 Ⅰ

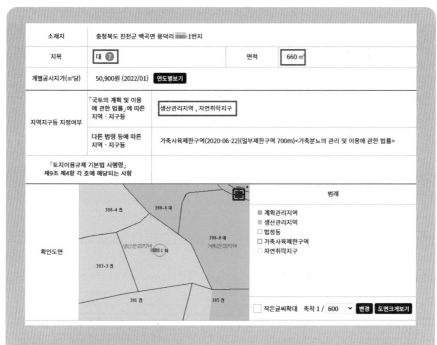

소재지	충청북도 진천군 백곡면 용덕리 ▨▨-1번지		
지목	대 ❓	면적	660 m²
개별공시지가(m²당)	50,900원 (2022/01) 연도별보기		
지역지구등 지정여부	「국토의 계획 및 이용에 관한 법률」에 따른 지역·지구등	생산관리지역 , 자연취락지구	
	다른 법령 등에 따른 지역·지구등	가축사육제한구역(2020-06-22)(일부제한구역 700m)<가축분뇨의 관리 및 이용에 관한 법률>	
	「토지이용규제 기본법 시행령」 제9조 제4항 각 호에 해당되는 사항		

확인도면

범례

■ 계획관리지역
■ 생산관리지역
□ 법정동
□ 가축사육제한구역
□ 자연취락지구

□ 작은글씨확대   축척 1 / 600 ▾ 변경 도면크게보기

부동산의 현황

제시외

1번 목록 지상에

(1). 조립식 판넬조 판넬지붕 주택(서영■ 소유, 이광■ 점유)

(2). 파이프조 샌라이트지붕 가추(서영■ 소유, 이광■ 점유)

(3). 파이프조 합석지붕 가추(서영■ 소유, 이광■ 점유)

(4). 조립식 판넬조 판넬지붕 창고(서영■ 소유, 이광■ 점유)

(5). 파이프조 차양막지붕 주차장(서영■ 소유, 이광■ 점유)

(6). 지하수시설(이광■ 소유 및 점유)

(5). 지하수시설(이광■ 소유 및 점유)

-. 소유자 이■■의 부친 이광■에 의하면 제시외(1)~(5)(건축물대장상 서영■ 소유로 등재)는 본인의 조카며느리 서영■의 소유로 본인이 무임으로 점유하고 있으며, 제시외(6)은 본인이 소유 및 점유하고 있다고 함.

임대차관계조사서

1. 임차 목적물의 용도 및 임대차 계약등의 내용

[소재지] 1. 충청북도 진천군 백곡면 용덕리 ■■-1

	점유인	안복님	당사자구분	임차인
	점유부분		용도	주거
1	점유기간			
	보증(전세)금		차임	
	전입일자	2014.10.14	확정일자	미상

[토지] 충청북도 진천군 백곡면 용덕리 ■■-1 대 660㎡

1. 소유지분현황 (갑구)

등기명의인	(주민)등록번호	최종지분	주 소	순위번호
이■■ (공유자)	690120-*******	6분의 1	경기도 고양시 덕양구 화정동 953 ■■■■■■	3
이■■ (공유자)	750226-*******	6분의 1	서울특별시 은평구 수색동 75 수색■■■단지 ■■■	3
이■■ (공유자)	660513-*******	6분의 1	서울특별시 양천구 신정동 334 ■■■아파트 ■■■	3
이■■ (공유자)	770101-*******	6분의 1	전라남도 장성군 삼계면 사창리 105 ■■■아파트	3
임■■ (공유자)	640309-*******	6분의 2	경기도 수원시 영통구 영통로174번길 43-20, 109동 ■■■호(망포동, ■■■■■■■■■)	7

공유물 분할 청구에 의한

2. 소유지분을 제외한 소유권에 관한 사항 (갑구)

순위번호	등기목적	접수정보	주요등기사항	대상소유자
9	임의경매개시결정	2021년7월21일 제13595호	채권자 이■■ 외 3명	이■■ 등

■건축물대장의 기재 및 관리 등에 관한 규칙 [별지 제1호서식] <개정 2018. 12. 4.>

일반건축물대장(갑)

(2쪽 중 제1쪽)

고유번호	4375034022-1-████		명칭		주1	호수/가구수/세대수	0호/0가구/0세대
대지위치	충청북도 진천군 백곡면 용덕리	지번	████-1	도로명주소		충청북도 진천군 백곡면 유곡길 ████	

※대지면적 660 ㎡	연면적 95.8 ㎡	※지역	생산관리지역	지구		※구역	
건축면적 95.8 ㎡	용적률 산정용 연면적 95.8 ㎡	주구조		주용도 단독주택	층수 지하: 층, 지상 1층		
※건폐율 14.515151 %	※용적률 14.515151 %	높이 4.5 m		지붕 월글	부속건축물	동 ㎡	
※조경면적 ㎡	※공개 공지·공간 면적 ㎡	※건축선 후퇴면적 ㎡		※건축선후퇴 거리		m	

건축물 현황					소유자 현황		
구분	층별	구조	용도	면적(㎡)	성명(명칭) 주민(법인)등록번호 (부동산등기용등록번호)	주소	소유권 지분
							변동일 변동원인
주1	1층	경량철골구조	단독주택	95.8	서██ ██████16-2******	경기도 고양시 덕양구 화신로 ██, ██동 ██호(행신동, ██마을)	1/1
		- 이하여백 -					2014.8.25. 소유권보존
					※ 이 건축물대장은 현소유자만 표시한 것입니다.		

이 등(초)본은 건축물대장의 원본내용과 틀림없음을 증명합니다.

발급일: 2023년 2월 13일

진천군수

담당자:
전 화:

※ 표시 항목은 총괄표제부가 있는 경우에는 적지 않을 수 있습니다.

297㎜×210㎜[백상지 80g/㎡]

■건축물대장의 기재 및 관리 등에 관한 규칙 [별지 제1호서식]

(2쪽 중 제2쪽)

고유번호	4375034022-1-████		명칭		주1	호수/가구수/세대수	0호/0가구/0세대
대지위치	충청북도 진천군 백곡면 용덕리	지번	████-1	도로명주소		충청북도 진천군 백곡면 유곡길 ████	

구분	성명 또는 명칭	면허(등록)번호		※주차장				승강기		허가일 2004.3.20.
건축주	서██	██████16-2******	구분	옥내	옥외	인근	면제	승용 대	비상용 대	착공일 2004.3.21.
설계자								※ 하수처리시설		사용승인일
공사감리자			자주식	대 ㎡	대 ㎡	대 ㎡		형식	부패탱크방법	관련 주소
공사시공자 (현장관리인)			기계식	대 ㎡	대 ㎡	대 ㎡	대	용량	5인용	지번

※제로에너지건축물 인증		※건축물 에너지효율등급 인증		※에너지성능지표(EPI) 점수		※녹색건축 인증		※지능형건축물 인증		
등급		등급		점		등급		등급		
에너지자립률	0 %	1차에너지 소요량 (또는 에너지절감률)	0 kWh/㎡(%)	※에너지소비량		인증점수	점	인증점수	점	도로명
유효기간	. . .~ . . .	유효기간	. . .~ . . .			유효기간	. . .~ . . .	유효기간	. . .~ . . .	
내진설계 적용 여부		내진능력		특수구조 건축물	특수구조 건축물 유형					
지하수위	G.L m	기초형식		설계지내력(지내력기초인 경우)	t/㎡	구조설계 해석법				

변동사항					
변동일	변동내용 및 원인		변동일	변동내용 및 원인	그 밖의 기재사항
2014.8.22.	건축물 대장 생성 신청에 따른 대장생성 - 이하여백 -				

※ 표시 항목은 총괄표제부가 있는 경우에는 적지 않을 수 있습니다.

소 장

원 고 농업회사법인주식회사 상단 (124▪▪▪▪▪▪▪▪35)

　　　부산 사하구 제석로 ▪▪

　　　상가동▪▪▪▪▪▪▪▪▪▪▪▪▪▪▪▪▪아파트)

　　　대표이사 이종실

　　　송달장소 : 평택시 평남로 1029, 203호 (동삭동)

　　　송달영수인 : 법무사 유▪수

피 고 1. 서영▪▪▪▪916-******)

　　　　고양시 덕양구 화신▪▪▪▪▪▪▪▪▪호 (행신동,▪▪마을)

　　　　2. 안복남

　　　　충북 진천군 백▪▪▪▪▪▪▪▪

토지인도 등 청구의 소

청 구 취 지

1. 피고 서영▪은 원고에게,

가. 충청북도 진천군 백곡면 용덕리 ▪▪-1 대 660㎡ 지상의 별지 도면 표시 1, 2, 3, 4, 5, 6, 7, 8, 1의 각점을 차례로 연결한 선내 (가)부분 경량철골구조 성글마감지붕 단층 단독주택 95.8㎡를 철거하고,

나. 위 토지를 인도하고,

다. 2022. 2. 4. 부터 나항 기재 토지인도 완료일 또는 원고의 가항 기재 토지 소유권 상실일까지 월 금127,050원의 비율로 계산한 돈을 지급하라.

2. 피고 안복█은 위 1의 가항 기재 건물에서 퇴거하라.

3. 소송비용은 피고들이 부담한다.

4. 제1항, 제2항은 가집행 할 수 있다.

라는 판결을 구합니다.

청 구 원 인

1. 원고의 토지 소유

원고는 청주지방법원 2021 타경 55094호 부동산임의경매 사건에서 2022. 2. 4. 임의경매로 인한 매각을 원인으로 충청북도 진천군 백곡면 용덕리 ███-1 대 660㎡(이하 '이사건 토지' 라 함)를 취득하였습니다(갑제1호증의 1 부동 산등기사항증명서, 갑제2호증 토지대장 각 참조).

2. 피고 서영█의 건물 소유

피고 서██은 이사건 토지 지상에 2014. 8. 25. 소유권보존등기를 마친 별지 도면 표시의 경량철골구조 성글마감지붕 단층 단독주택 95.8㎡(이하 '이사 건 건물' 이라함)를 소유하면서 이사건 토지 전부를 주택 부속토지로 점유하 여 원고의 이사건 토지 소유권을 침해하고 있습니다(갑제1호증의 2 부동산등 기사항증명서, 갑제3호증 건축물대장, 갑제4호증 지적도등본, 갑제5호증 지적 개황도, 갑제6호증 항공사진, 갑제7호증 사진용지 각 참조).

3. 철거 및 지료상당 부당이득금반환 청구

피고 서○○은 위와 같이 이사건 건물을 소유하면서 원고의 이사건 토지 소유권을 침해하고 있다고 할 것이므로, 이사건 건물을 철거하여 이사건 토지를 원고에게 인도할 의무가 있으며, 이사건 토지 전체를 배타적으로 사용하고 있으므로 이사건 토지 전부에 대한 지료상당의 부당이득금을 반환할 의무가 있는 바, 원고는 우선 귀원의 경매사건에서의 이사건 토지에 대한 감정평가 금액인 금50,820,000원(갑제8호증 토지건물감정평가명세표 참조)에 대하여 연 3%로 계산한 금액을 다시 월할로 환산한 월 금127,050원을 청구하는 바입니다.

지료감정을 실시하더라도 우선 토지의 가액을 산정하고, 그 가액에 주택부속토지의 경우 연 3%의 기대이율을 적용하여 지료를 산정하는 것이 통상적이므로 이 사건에서는 소송경제 상 지료감정을 생략하고 위 원고의 청구금액을 인용하여 주시기를 청합니다.

그리고 피고가 이사건 토지를 건물부속토지로 이용하고 있으므로 민법 제633조(건물, 대지 등은 매월말 차임지급)에 의거하여 월할로 청구합니다.

4. 피고 안○○의 퇴거의무

한편 이사건 건물에는 피고 안○○이 전입신고를 마치고 거주하고 있는 바(갑제9호증 현황조사서, 갑제10호증 매각물건명세서 각 참조), 피고 안○○은 철거대상인 이사건 건물에서 퇴거할 의무가 있습니다.

5. 결어

피고 서○○은 이사건 건물을 소유하면서 원고의 이사건 토지 소유권을 침해하여 불법행위를 구성하고 있으므로 이사건 건물을 철거하고, 이사건 토지를 인도하며, 원고가 이사건 토지의 소유권을 취득한 시점부터 토지인도 완료일 또는 원고의 이사건 토지 소유권 상실일까지 지료상당의 부당이득금을 지급할 의무가 있으며, 피고 안복▮은 철거대상인 이사건 건물에서 퇴거할 의무가 있으므로 원고의 청구취지대로 판결하여 주시기 바랍니다.

입 증 방 법

1. 갑 제1호증의 1, 2   부동산등기등기사항증명서   각1통
1. 갑 제2호증   토지대장
1. 갑 제3호증   건축물대장
1. 갑 제4호증   지적도등본
1. 갑 제5호증   지적개황도
1. 갑 제6호증   항공사진
1. 갑 제7호증   사진용지
1. 갑 제8호증   토지건물감정평가명세표
1. 갑 제9호증   현황조사서
1. 갑 제10호증   매각물건명세서

첨 부 서 류

1. 법인등기사항증명서   1통
1. 위 입증방법   각 2통
1. 소장 부본   1통
1. 인지 및 송달료 납부서   각 1통
1. 위임장   1통

청주지방법원
조정기일통지서

사 건 2022머52776 토지인도

원 고 농업회사법인주식회사상단

피 고 서██ 외 1명

위 사건의 조정기일이 다음과 같이 지정되었으니 출석하시기 바랍니다.

일시 : 2022. 5. 9. (월) 16:00
장소 : 청주지방법원 제526호 조정실

2022. 4. 25.

법원주사보 김 병 ██

◇ 유 의 사 항 ◇

1. 출석할 때에는 신분증을 가져오시고, 이 사건에 관하여 제출할 서면이 있는 경우에는 사건번호
   (2022머52776)를 기재하시기 바랍니다.
2. 소송대리인이 선임되어 있더라도 되도록 당사자 본인(당사자가 회사 등 법인 또는 단체인 경우에는 대표
   자 또는 실무책임자, 당사자가 여러 명인 경우에는 의사결정을 할 수 있는 주된 당사자)도 함께 출석하
   시기 바랍니다.
3. 대한민국법원 앱(아래 QR코드)이나 대한민국법원 홈페이지(www.scourt.go.kr) '나의 사건검색'을 이용
   하시면 재판기일 등 각종 정보를 편리하게 열람할 수 있습니다.
4. 사전진행에 관하여 전화안내를 받고자 하는 경우에는 '(02) 3480-████ [또는 '(043) 249-███']'을 이
   용하실 수 있습니다.
* 주차시설이 협소하오니 대중교통을 이용하여 주시기 바랍니다.

※ 문의사항 연락처 : 청주지방법원 민사18단독 법원주사보 김병██
   전화 : 043)249-████(실무관), ████(참여관)
   팩스 : 043)249-████ e-mail :

나의 사건검색 QR코드

조정이 성립되지 않아 재판이 속개되었음

건축주의 1차 답변	답 변 서

사 건	2022가단 ■■■ [전자] 토지인도
원 고	농업회사법인주식회사상단
피 고	서 ■ ■ ■ ■ 명

위 사건에 관하여 피고들의 소송대리인은 다음과 같이 답변합니다.

청구취지에 대한 답변

1. 원고의 청구를 기각한다.
2. 소송비용은 원고가 부담한다.

라는 판결을 구합니다.

청구원인에 대한 답변

1. 기초되는 사실관계

가. 당사자의 지위

원고는 <u>청주지방법원의 임의경매개시결정(2021타경 ■■■)</u>에 따라 충청
북도 진천군 백곡면 용덕리 ■■-1 대 660㎡(이하 '이 사건 토지'라 합
니다)를 매수하여 2022. 2. 14. 이에 대한 소유권이전등기를 경료한 자
입니다(갑 제1호증의1 토지등기사항전부증명서 참조).

피고 서영■·은 이 사건 토지 지상에 경량철골구조 성글마감지붕 단층 단독주택 95.8㎡(이하 '이 사건 건물'이라 합니다)를 축조하여 2014. 8. 25. 이에 대한 소유권이전등기를 경료한 후 현재까지 소유하고 있는 자입니다(갑 제1호증의2 건물등기사항전부증명서 참조). 한편, 피고 안복■과 소외 이광■는 피고 서영■으로부터 2014. 9.경부터 현재까지 이 사건 건물을 임차하여 거주하고 있는 자들입니다(갑 제9호증 현황조사서, 갑 제10호증 매각물건명세서 참조).

나. 이 사건 소송에 이르게 된 경위에 관하여

1) 소외 망 이■섭은 아들로서 망 이■노(장남), 이■노(차남), 이■노(삼남)을 두었는데, 소외 이■■(장손)은 망 이정■의 아들이고, 소외 이■■과 이■구는 이■ㄷ의 아들이며, 소외 이■상과 이■필은 이■■의 아들입니다. 즉, 소외 이■■, 이■■과 이■구 이■■와 이■■은 서로 사촌 지간입니다.

이 사건 토지 및 충청북도 진천군 백곡면 용덕리 38■, 같은 리 ■■3 총 3개 필지(이하 통칭하여 '이 사건 위토'라 합니다)는 모두 망 이■■의 소유였는데, 망 이■■가 사망하자 협의분할에 의한 상속을 원인으로 2010. 6. 9. 망 이정■의 아들인 소외 이■■에게 위 토지들의 소유권이 이전되었습니다(갑 제1호증의1 토지등기사항전부증명서, 을 제1호증의1 내지 2 각 토지등기사항전부증명서 참조). 이후 소외 이광■와 이국■, 이■택은 이 사건 위토를 문중의 제사, 조상묘의 관리 또는 이와 관련된 일에 필요한 비용을 충당하기 위한 위토(位土)로 사용하기로 합의한 후, 증여를 원인으로 2011. 6. 16. 소외 이■■, 이■■, 이■■, 이■■게 이 사건 위토의 각 6

분의1 지분에 대한 소유권 이전등기를 각 경료함으로써, 이 사건 위토의 공유관계가 성립되었습니다(갑 제1호증의1 토지등기사항전부증명서, 을 제1호증의1 내지 2 각 토지등기사항전부증명서 참조).

2) 소외 이광■와 이국', 이■■, 피고 서영■ 등은 이 사건 위토를 효율적으로 관리하고 명절이나 집안 행사 때마다 친지들이 묵고 갈 수 있는 용도로 2014년경 이 사건 건물을 신축하였습니다. 이들은 이 사건 건물 신축 후 2014. 8. 25. 피고 서영■[집안의 장손 며느리이자 소외 이■■의 처(妻)] 명의로 소유권보존등기를 경료하였습니다(갑 제1호증의2 건물등기사항전부증명서 참조). 또한, 피고 서■순은 2014. 9. 1. 이 사건 토지의 공유자들(소외 이■■, 이■■, 이■구, 이■상, 이■필)과의 사이에, 이 사건 건물을 소유할 목적으로 20년간 이 사건 토지를 임차하는 내용의 토지임대차계약(이하 '이 사건 임대차계약'이라 합니다)을 체결하였습니다(을 제2호증 토지임대차계약서 참조). 이후 피고 서영■은 2014. 9.경부터 피고 안록남과 소외 이광■(두 사람은 부부 사이이며, 피고 서영■ 입장에서 소외 이■노는 시아버지의 남동생입니다)에게 구두로 이 사건 건물을 임차해 주었고 피고 안록남과 소외 이■노는 현재까지 이 사건 건물에 거주하면서 이 사건 위토를 관리해 왔습니다.

3) 이후 소외 이█택이 임원으로 재직 중인 회사에 연대보증을 하였고 보증사고가 발생함에 따라, 2017. 7. 20. 이 사건 위토에 관한 소외 이█택의 각 지분에 대하여 청주지방법원의 강제경매개시결정(2017 타경8626)이 내려졌고, 소외 임█량은 경매절차에서 위 각 지분을 매수한 후 2018. 4. 20. 강제경매로 인한 매각을 원인으로 이에 대한 소유권이전등기를 경료하였습니다(갑 제1호증의1 토지등기사항전부 증명서, 을 제1호증의1 내지 2 각 토지등기사항전부증명서 참조).

순번	지번(지목)	지분 관계
1	백곡면 용덕리 3█5(전)	임█량 : 각 3분의1
2	백곡면 용덕리 3█3-1(대)	이█장 : 각 6분의1 이█구 : 각 6분의1
3	백곡면 용덕리 3█3-3(전)	이█상 : 각 6분의1 이█필 : 각 6분의1

[이 사건 위토의 지분 관계]

4) 소외 임■량이 2018. 4. 20. 이 사건 위토 지분에 대한 소유권이전 등기를 경료한 후, 이 사건 위토의 공유자들은 이 사건 위토의 공유물분할 방안을 협의하였으나 합의에 이르지 못하였습니다. 이에 이 사건 위토의 공유자들은 청주지방법원에 각각 공유물분할소송을 제기하였고, 청주지방법원은 2020. 4. 10. 이 사건 위토를 경매에 부쳐 그 매각대금에서 경매비용을 공제한 나머지 돈을 소외 임■량 1/3 지분, 나머지 공유자들 각 1/6지분 비율로 분배하라는 내용의 판결을 선고하였습니다(을 제3호증 청주지방법원 2018가단29870, 31750 판결문 참조). 원고와 피고들 모두 항소를 하지 않음에 따라 당해 판결은 2020. 4. 29. 확정되었습니다.

5) 이후 위 공유물분할 판결에 기해 이 사건 위토에 대한 임의경매(청주지방법원 2021타경55094)가 진행되었습니다. 그 결과 원고가 이 사건 토지를 매수하여 2022. 2. 14. 이에 대한 소유권이전등기를 경료한 후(갑 제1호증의1 토지등기사항전부증명서 참조), 피고들을 상

대로 이 사건 소송을 제기하게 된 것입니다.

2. 원고 주장의 부당성

가. 건물등기 있는 토지임차권의 대항력에 관하여

민법 제622조 제1항은 "건물의 소유를 목적으로 한 토지 임대차는 이를 등기하지 아니한 경우에도 임차인이 그 지상건물을 등기한 때에는 제3자에 대하여 임대차의 효력이 생긴다."고 규정하고 있습니다. 즉, 위 규정에 따라 건물의 소유를 목적으로 한 토지 임대차는 이를 등기하지 아니한 경우에도 임차인이 그 지상건물을 등기한 때에는 토지에 관하여 권리를 취득한 제3자에 대하여 임대차의 효력을 주장할 수 있게 됩니다.

또한, 동조의 요건을 갖춘 경우 건물소유자는 토지에 대해 새로운 권리를 취득한 사람에게도 자신의 임차권을 주장할 수 있습니다. 예컨대, 대지상의 건물에 대한 등기가 있는 임차인은 그 이후에 대지의 지분소유권을 취득한 사람에 대하여 임대차의 효력을 주장할 수 있습니다(서울고등법원 1977. 3. 25. 선고 75나965 판결 참조).

나. 피고들은 원고에 대해 임차권의 효력을 주장할 수 있으므로, 원고의 이 사건 청구는 이유 없습니다.

1) 앞서 설명 드린 바와 같이, 피고 서영■은 2014. 9. 1. 이 사건 토지의 공유자들(소외 이■■, 이■■, 이■■, 이■■ 이■■)과의 사이

에, **"이 사건 건물을 소유할 목적"**으로 20년간 이 사건 토지를 임차하는 내용의 이 사건 임대차계약을 체결하였습니다(을 제2호증 토지임대차계약서 참조). 또한, 피고 서영■은 2014. 8. 25. 이 사건 건물에 대해 소유권보존등기를 경료하였으며(갑 제1호증의2 건물등기사항전부증명서 참조), 이 사건 건물은 이 사건 토지 위에 계속 존속하고 있습니다. 다시 말해, 피고 서영■은 민법 제622조의 요건을 모두 갖추고 있는바, 동조에 의해 원고는 임대인의 지위를 당연히 승계하게 됩니다. 따라서 **피고 서영■을 상대로 이 사건 건물의 철거 및 이 사건 토지의 인도를 구하는 원고의 청구는 건물등기 있는 토지임차권의 대항력에 반하는 것으로서 심히 부당합니다.**

2) 한편, 피고 서영■이 건물등기 있는 토지임차권의 대항력에 따라 원고에게 대항할 수 있는 이상, 피고 서영■으로부터 이 사건 건물을 임차한 피고 안복■ 역시 이 사건 건물에 대한 정당한 사용권 및 점유 권원을 가지고 있다고 할 것입니다. 따라서 **피고 안복■을 상대로 이 사건 건물에서의 퇴거를 구하는 원고의 청구 역시 이유 없음이 명백합니다.**

다. 원고의 부당이득 반환 청구에 관하여

덧붙여, 원고는 피고 서영■을 상대로 지료 상당 금원(월 127,050원의 비율로 계산한 금원)의 부당이득을 반환할 것을 청구하고 있습니다. 앞서 설명 드린 대로 피고 서영■은 건물등기 있는 토지임차권의 대항력에 따라 이 사건 토지의 인도를 구하는 원고의 청구에는 응할 수 없지만, 이 사건 토지의 사용에 따른 차임 상당의 부당이득을 원고에게 반환할 용의는 있습니다. 그 차임 상당의 부당이득은 원고와 피고 서영■ 간의 상호 합의(조정)를 통해 정하면 좋을 것이나, 만약 양자 간 합의가 되지 않는다면 이에 대한 감정이 이루어져야 할 것이고, 피고 서영■은 원고가 그 감정을 신청하는 것에 대해서는 이의가 없습니다.

3. 결론

그렇다면, 피고들에 대한 원고의 이 사건 청구는 이유 없다 할 것이므로 이를 기각하여 주시기 바랍니다.

입 증 방 법

1. 을 제1호증의1   토지등기사항전부증명서
1. 을 제1호증의2   토지등기사항전부증명서
1. 을 제2호증   토지임대차계약서
1. 을 제3호증   청주지방법원 2018가단29870, 31750 판결문

토 지 임 대 차 계 약 서

이 택, 이 장, 이 구, 이 상, 이 필(이하 '갑'이라 함)과 서영 (이하 '을'
이라 함)은 공동으로 소유하고 있는 토지 임대차계약을 아래와 같이 체결한
다.

아 래

제1조(계약목적) ① 갑은 다음 표시 공동소유 토지를 을에게 임대하고, 을
은 이를 임차한다

- 임대토지 : 충청북도 진천군 백곡면 용덕리 -1 대 660㎡

② 을은 임대토지 위에 신축한 주택(단층, 경량철골구조 성글마감지붕)
95.8㎡을 소유할 목적으로 갑으로부터 토지를 임차한다.

제2조(계약기간 및 임대료) ① 임대기간은 2014년 9월 1일부터 2033년 8월
31일까지(20년)로 한다. 단, 임대기간 종료시 주택이 사용할 수 있는 상태
로 남아 있는 경우에는 갑과 을은 본 계약기간을 연장할 수 있다.

② 임대료는 을이 임대차기간 동안 갑을 대신하여 갑 소유의 위 토지 및
인접 토지(충청북도 진천군 백곡면 용덕리 -3 전 1,079㎡)를 관리하는
것으로 대신한다. 단, 그 외에 임대료를 별도로 받지는 않는다.

제3조(전대 등의 금지) ① 을은 토지 임차권을 제3자에게 양도하거나 전대
하려면 반드시 사전에 갑의 서면 승낙을 받아야 한다.

② 을이 지상 건물 이외에 다른 건물을 신축하려면 사전에 갑과 상의하
고, 서면 승낙을 받아야 한다.

제4조(계약의 종료) 을이 임대차계약을 위반하는 경우 갑은 계약을 종료시키고, 손해를 배상하게 할 수 있다.

위 사항을 증명하기 위해서 '갑'과 '을'은 임대차계약서 각자 날인하여 교환하기로 한다.

2014. 9. 1.

갑1 : 이□택
　　　경기도 고양시 덕양구 행신동 9██ ███ ███ █동 1203호

갑2 : 이□█
　　　서울특별시 양천구 신정█ █ ██ ████ ██동 710호

갑3 : 이█구
　　　경기도 고양시 덕양구 화정동 9██ ███ █동 701호

갑4 : 이█천█
　　　서울특별시 은평구 수색동 75 수색자██ █ █ ████ 1303호

갑5 : 이██
　　　경기도 양주시 삼숭로 58번지 115. ███ ███ ███ █아파트)

을 : 서영█
　　　경기도 고양시 덕양구 행신동 958 ██ ███ ████ 1203호

(임료) 감정평가표

Page : 1

본 감정을 수행하기 위하여 재판부로부터 감정평가에 대한 촉탁을 받고 촉탁사항에 따라 감정평가대상 물건을 확인함과 동시에 제반자료를 수집한 후 신의와 성실을 좇아 공정하게 작성하였으므로 서명날인합니다.

감 정 평 가 사

최 기 ▒

감정평가액	이백칠만구천원정(₩2,079,000.-)			
의 뢰 인	청주지방법원 민사6단독 판사 김성▒	감정평가 목 적	민사소송	
제 출 처	청주지방법원 민사6단독	기준가치	시장가치	
소 유 자 (대상업체명)	- 원고: 농업회사법인주식회사상단 - 피고: 서▒▒ 외 1	감정평가 조 건	-	
목록표시 근 거	등기사항전부증명서 의뢰목록	기준시점	조 사 기 간	작 성 일
기 타 참고사항	-	2022.02.04	2022.09.05 ~ 2022.09.20	2022.09.21

감 정 평 가 내 용	공부(公簿)(의뢰)		사 정		감 정 평 가 액	
	종 류	면적(㎡) 또는 수량	종 류	면적(㎡) 또는 수량	단 가	금 액
	임료	660	임료	660	-	2,079,000
		이	하	여	백	
	합 계					₩2,079,000

감정평가액의 산출근거 및 결정의견

" 별   지   참   조 "

79

감정평가액 산출근거 및 결정 의견

임료의 결정

임료 산정기간	구분	기초가격(원)	기대 이율	필요 제경비	산출 연임료(원)	결정 연임료(원)	비고
2022.02.04. ~ 2023.02.03.	기호 (1)	59,400,000	3.5%	–	2,079,000	2,079,000	365/365
합 계 (원)						2,079,000	
월임료 (원)	월임료 : 59,400,000 * 3.5% / 12 ≒ 173,250 적용 월임료 : 173,000						

준비서면

피고소인의 1차 답변에 대한 원고의 준비서면

사   건   2022 가단 52938 토지인도
원   고   농업회사법인주식회사상단
피   고   서영■ 외 1

위 당사자 간 귀원에 계류 중인 위 사건과 관련하여 원고는 피고들의 2022. 4. 15. 자 답변서 및 2022. 5. 9. 조정기일의 진술에 대하여 다음과 같이 변론을 준비합니다.

- 다 음 -

1. 피고들 주장의 요지

이사건 토지 지상의 피고 서영■ 소유 이사건 건물은 2014. 8. 25. 그 당시 공유자였던 소외 이■■의 배우자인 피고 서영■ 명의로 보존등기를 마쳤는 바, 선대의 봉제사 및 위토관리, 명절이나 행사때 친지들이 묵고갈 용도로 신축한 것이고, 그 당시 토지의 공유자 전원과 토지임대차 계약을 맺었으며, 현재는 이사건 피고 안복■과 소외 이광■(안복■의 남편)가 거주하면서 이 사건 위토를 관리하고 있다,

위 건물 보존등기를 마친 후 당시 토지 공유자였던 소외 이■■ 지분이 강제경매로 소외 임헌■에게 낙찰되고 공유물분할판결에 따른 공유물분할 경매에서 원고가 단독소유권을 취득하였다,

따라서 이사건 건물은 적법한 토지임대차계약에 의거하여 신축되었고, 건물 소유권보존등기까지 마쳤으므로 민법 제622조 제1항에 따라 제3자에 대하여도 임대차를 주장할 수 있으므로 원고의 철거청구는 부당하며 피고 안복■

의 점유도 보호되어야 한다, 다만 지료지급의무는 인정한다 는 것입니다.

2. 을제2호증 토지임대차계약서에 관하여

피고들이 제시한 을제2호증 임대차계약서는 기재상으로 2014. 9. 1. 작성된 것으로 되어 있습니다.

그런데 임대인들인 공유자들의 표시 중 주소표시를 보시면 2014년 당시 이 미 도로명주소 표기가 시행되던 시기가 분명한데 등기부등본에 나온 주소를 그대로 옮겨서 문서를 작성했음을 알수 있고, 각 공유자들 도장 인영의 한문 글씨도 상당히 유사한 것으로 보아 뒤늦게 이사건 소장을 수령한 후 급조하여 계약서를 만든 것이라는 의문이 듭니다.

그리고 종중원끼리 위와 같은 임대차계약서를 작성한다는 것은 매우 이례적이며 계약서의 구체적인 계약 문구도 종중원끼리 약식으로 만들었다고 보기 어렵습니다.

위 계약서의 진위 여부를 파악하기 위하여 피고들은 계약서 작성일로 기재된 일자 기준으로 공유자 전원의 주소변동 사항이 전부 나오는 주민등록초본을 발급하여 법원에 제출하도록 명하여 주시기 바랍니다.

위 임대차계약서의 진위여부가 불분명하므로 결국, 피고 서영■ 소유의 이사건 건물을 위한 토지임대차는 종중원 간의 서면에 의하지 아니한 구두약정이고, 차임도 정하지 아니하였으며, 기한도 정하지 아니한 계약일 것으로 추정됩니다.

3. 기간을 정하지 아니한 임대차의 해지

임대차의 기간을 정하지 아니한 경우 당사자는 언제든지 계약해지의 통고를 할 수 있고(민법제635조1항), 토지임대차의 경우 임대인이 해지통고 후 6개월

이 경과하면 해지의 효력이 발생합니다(민법제635조제2항제1호).

원고는 이사건 소장 송달로 임대차계약해지 통보에 갈음하는 바입니다

4. 조정의 여지

피고들의 소송대리인이 지난번 조정기일에 출석은 하였으나 토지 또는 건물
의 매도매수에 대하여 상황정리나 피고들의 입장 정리도 전혀 하지 아니한
채 참석하여 결국 조정이 무산되었습니다.

원고는 피고들 주장의 2033년(을제2호증 임대차계약서 기재)까지 임대차를
존속할 의사가 없으므로 피고 서영■이 원고의 이사건 토지를 적정가액에
매수하거나, 반대로 원고가 피고 서영●의 이사건 건물을 적정가액에 매수하
는 방법으로 분쟁해결을 모색해 주시기 바라며 적정자료에 대해서도 소송
경제 상 감정을 생략하고 상호 간 협의할 수 있기를 바랍니다.

만약 피고가 토지를 매수할 의향이 전혀 없고, 원고 또한 임대차의 계속을
원치 않는 상황에서 피고가 건물매수청구권 행사의 의사가 있다면 원고는
이사건 건물을 시가감정하여 감정가대로 매수할 의향도 있습니다.

5. 결어

위와 같이 이 사건은 조정성립의 여지가 충분하오니 별론을 진행하더라도
상호간 조정의사를 타진해 주시어 당사자 모두에게 득이 되는 방향으로 종
결되기를 원합니다.

첨 부 서 류

1. 답변서 부본   2통

준 비 서 면 피고소인의 2차 답변

사 건	2022가단52938 [전자] 토지인도
원 고	농업회사법인주식회사상단
피 고	서 영██ 외 1명

위 사건에 관하여 피고들의 소송대리인은 다음과 같이 변론을 준비합니다.

다 음

1. 이 사건 건물의 신축시기에 관하여

원고는 피고 서영██이 2014년에 이 사건 건물을 신축하였다고 주장하나, 이 사건 건물 일대의 과거항공공사진(갑 제11호증의1 내지 4)을 살펴볼 때 이미 2006년경 이 사건 건물은 완공되었으므로, 위와 같은 피고 서영██의 주장사실은 허위라고 주장하고 있습니다.

이와 관련하여 피고들은 2022. 4. 15.자 답변서를 통해, 소외 이광██와 이 국██, 이██택, 피고 서영██ 등(이하 '피고 서영██ 등'이라 합니다)은 이 사건 위토를 효율적으로 관리하고 명절이나 집안 행사 때마다 친지들이 묵고 갈 수 있는 용도로 2014년경 이 사건 건물을 신축하였다고 주장하였습니다. 피고 서영██ 등은 2004. 3. 20. 이 사건 건물에 대한 건축허가를 받아 그 즈음 착공하였고, 2006년경 이 사건 건물의 주요 부분이 시공된 것은 사실입니다. 그러나 당시 이 사건 건물의 내부 인테리어 및 마감 공사는 전혀 이루어지지 않아 실제 사람이 거주할 수 있는 상황이 아니었습니다. 그러던 와중에 피고 안■남과 소외 이광■가 친척들 간 모임에서 이 사건 건물로 이사하여 거주하고 싶다는 의사를 피력하였고, 이에 피고 서영■ 등은 2014년경 이 사건 건물의 내부 인테리어 및 마감 공사를 완료한 후 2014. 8. 25. 피고 서영■ 명의로 소유권보존등기를 경료하였는바, 이에 피고들은 편의상 2014년경 이 사건 건물이 신축되었다고 표현했을 뿐입니다.

요컨대, 이 사건 건물의 신축시기에 관한 피고들의 주장은 허위의 사실이 전혀 아닙니다. 더욱이, 이 사건 건물의 신축시기가 언제인지 여부는 피고들의 항변사실(원고의 청구가 건물등기 있는 토지임차권의 대항력에 반하는 것으로서 심히 부당하다는 것)과는 아무런 관련이 없는 논점인바, 이와 관련된 원고의 주장은 더 나아가 살필 필요 없이 이유 없다고 보아야 합니다.

2. 이 사건 임대차계약서가 허위 문서라는 주장에 관하여

원고는 이 사건 건물의 신축시기가 적어도 2006년이라는 점, 이 사건 임대차계약서에 따른 차임이 없는 점, 위토 등의 관리를 피고 서영■이 이행했을 가능성이 없다는 점 등을 근거로 이 사건 임대차계약서(을 제2호증)가 최근에 급조한 허위 문서일 가능성이 높다고 주장합니다. 그러나 이와 같은 원고의 주장 역시 아래와 같은 이유에서 심히 부당합니다.

'임대차'는 당사자 일방이 상대방에게 목적물을 사용·수익하게 할 것을 약정하고, 상대방은 이에 대하여 차임을 지급할 것을 약정함으로써 성립하는 계약입니다(민법 제618조 참조). 이 때 차임'은 금전으로 지급하는 것이 일반적이나, 반드시 금전으로 지급할 것이 요구되는 것은 아니고, 물건이나 노무의 지급도 허용됩니다. 예컨대, 곡물과 같은 수확물은 물론 임대인의 다른 집이나 묘소를 관리해 주는 것 등도 과거에는 매우 흔한 차임의 지급수단이었습니다(주석 민법 제3편 채권, 한국사법행정학회, 2019. 5., 527~528면 참조). 이 사건 임대차계약 역시 계약 당사자들은 차임을 '인근 토지를 관리해 주는 것'으로 정하였는바(갑 제2호증 토지임대차계약서 제2조 제2항 참조), 이는 노무 지급의 형태로서 얼마든지 가능한 차임 지급 방식이라고 할 것입니다. 따라서 이 사건 임대차계약서상 차임이 없다는 원고의 주장은 법리적으로 아무런 이유가 없는 주장에 불과합니다.

덧붙여, 이 사건 임대차계약상 임차인인 피고 서영█의 차임 지급 의무(소외 이█택, 이█장, 이█구, 이█상, 이█필 소유의 인접 토지를 관리해 주는 것)는 그 의무의 이행을 타인이 대신할 수 있는 '대체적 작위의무'에 해당합니다. 즉, 이 사건 임대차계약에 따른 위 의무를 반드시 피고 서영█이 직접 이행해야 하는 것은 아니고, 이에 피고 서영█은 위 의무 이행의 대가로 피고 안복█과 소외 이광█에게 이 사건 건물을 임차해 준 것인바, 위토 등의 관리를 피고 서영█이 이행했을 가능성이 없다는 원고의 주장은 이와 같은 '대체적 작위의무'에 대한 법리 오해에 기한 것으로서 역시 아무런 이유가 없습니다.

결국, 원고가 이 사건 임대차계약서가 허위 문서일 가능성이 높다고 제시한 논거들 모두 법리적으로 전혀 이유 없는바, 이러한 논거들을 기반으로 한 원고의 위 주장 역시 부당하다는 점은 다언을 요하지 않는다고 하겠습니다.

3. 이 사건 절차 진행에 관하여

지난 2022. 5. 9. 진행된 조정기일에서, 원고는 피고로부터 이 사건 건물을 매수함으로써 이 사건 분쟁을 종결시키고 싶다는 의사를 피력하였습니다. 피고들 역시 피고들이 관리하던 이 사건 위토가 모두 경매로 다른 소유자에게 낙찰된 이상 굳이 원고에게 임차료를 지급하면서까지 이 사건 주택에 계속 거주할 이유가 없는바, 분쟁의 원만한 해결을 위하여 이 사건 건물을 원고에게 매도하려는 입장입니다. 다만, 지난 조정기일에서는 원고가 이 사건 건물의 매수가격으로 500만원을 제시하고, 피고들이 그 매도가격으로 2,000만원을 제시함에 따라 조정이 결렬되었습니다.

그러나 양자가 제시한 가격 차이는 1,500만원에 불과할 뿐만 아니라, 원고는 2022. 5. 31.자 준비서면을 통해 귀 재판부에 원고가 이 사건 건물을 적정가액에 매수하는 방법으로 분쟁해결을 모색해 달라는 요청을 하였고 (심지어 원고는 이 사건 건물을 시가감정하여 감정가대로 매수할 의향도 있다고 밝혔습니다), 피고들 역시 이 사건 건물의 매도가격에 대해 일부 금액을 추가적으로 양보할 의사가 있습니다. 이에 조정이나 화해권고결정을 통해 원고가 피고 서영◼으로부터 이 사건 건물을 적정가액에 매수하는 방법으로 이 사건 분쟁을 원만하게 해결할 수 있도록 향후 절차를 진행해 주시면 감사하겠습니다.

청 주 지 방 법 원

판 결

사 건	2022가단52938 토지인도
원 고	농업회사법인주식회사상단

부산 사하구 제석로 ■■, 상가동2층(당리동, 당리동2차 ■■■■
스트아파트)

송달장소 평택시 평남로 1029, 203호(동삭동)

　　　(송달영수인 유종■)

대표이사 이종실

피 고	1. 서영■

고양시 덕양구 화신로 106, ■■■■ ■■호 (행신동, ■■마을)

2. 안복■

충북 진천군 백곡면 유곡길 ■■■ (용덕리)

피고들 소송대리인 법무법인(유한) ■■■■■

　　　담당변호사 이성■

변 론 종 결	2022. 9. 28.
판 결 선 고	2022. 11. 9.

주 문

1. 원고에게,

가. 피고 서영█은 충북 진천군 백곡면 용덕리 ███-1 대 660㎡ 지상 별지 도면 표시

　　1, 2, 3, 4, 5, 6, 7, 8, 1의 각 점을 차례로 연결한 선내 (가)부분 경량철골구조

　　성글마감지붕 단층주택 95.8㎡를 철거하고, 위 토지를 인도하며, 1,211,000원 및

　　2022. 9. 4.부터 위 토지의 인도완료일까지 월 173,000원의 비율로 계산한 돈을

　　지급하라.

나. 피고 안복█은 위 가항 기재 건물에서 퇴거하라.

2. 소송비용은 피고들이 부담한다.

3. 제1항은 가집행할 수 있다.

청 구 취 지

주문과 같다.

이　　유

1. 인정사실

가. 당초 충북 진천군 백곡면 용덕리 ███-1 대 660㎡'(이하 '이 사건 토지'라고 한다)

는 이█택이 1/3, 아█상, 이█구, 이█상, 이█필이 각 1/6의 비율로 공유하던 토지인

데, 임█량이 2018. 4. 20. 이█택의 지분(1/3)을 2018. 4. 13. 강제경매로 인한 매각을

원인으로 하여 소유권이전등기를 마쳤다.

나. 원고는 2022. 2. 14. 이 사건 토지에 관하여 2022. 2. 4. 공유물분할을 위한 경매

로 인한 매각을 원인으로 하여 소유권이전등기를 마쳤다.

다. 피고 서영█은 2014. 8. 25. 이 사건 토지 지상 별지 도면 표시 1, 2, 3, 4, 5, 6,

7, 8, 1의 각 점을 차례로 연결한 선내 (가)부분 경량철골구조 싱글마감지붕 단층주택 95.8㎡(이하 '이 사건 건물'이라고 한다)에 관하여 소유권보존등기를 마쳤다.

라. 이 사건 건물에는 변론종결일 현재까지 피고 안복█(이 사건 토지의 종전 공유자 이██의 모친이다)이 거주하고 있다.

【인정근거】다툼 없는 사실, 갑 제1 내지 7, 9, 10호증(가지번호 포함, 이하 같다)의 각 기재 내지 영상, 변론 전체의 취지

2. 청구원인에 관한 판단

가. 피고 서영█에 대한 건물 철거, 토지 인도 및 부당이득반환 청구

사회통념상 건물은 그 부지를 떠나서는 존재할 수 없는 것이고, 건물의 소유자는 현실로 건물이나 그 대지를 점거하고 있지 않더라도 그 건물의 소유를 위하여 그 부지를 점유한다고 보아야 한다(대법원 1991. 6. 25. 선고 91다10329 판결 등 참조).

위 인정사실에 의하면, 피고 서영█은 이 사건 건물의 소유를 위하여 그 부지인 원고 소유의 이 사건 토지를 점유·사용하고 있으므로, 원고에게 이 사건 건물을 철거하고, 이 사건 토지를 인도하며, 위 토지의 점유·사용으로 인한 차임 상당 부당이득을 반환할 의무가 있다.

나아가 부당이득반환의 범위에 관하여 보건대, 이 법원의 감정인 최기█에 대한 임료감정촉탁 결과와 변론 전체의 취지에 의하면, 이 사건 토지에 관하여 원고가 소유권을 취득한 2022. 2. 4.부터 2023. 2. 3.까지 이 사건 토지의 월 임료가 173,000원인 사실을 인정할 수 있고, 그 이후의 차임도 같은 액수일 것으로 추인된다.

따라서 피고 서영█은 원고에게 2022. 2. 4.부터 2022. 9. 3.까지의 차임 상당 부당이득금 1,211,000원(= 월 173,000원 × 7개월) 및 2022. 9. 4.부터 이 사건 토지의 인도완

료일까지 월 173,000원의 비율로 계산한 차임 상당 부당이득금을 반환할 의무가 있고, 피고 서영■이 이를 다투고 있는 이상 미리 청구할 필요성도 인정된다.

나. 피고 안복■에 대한 퇴거 청구

건물소유자가 아닌 자가 건물을 점유하고 있는 때에는 그 점유를 제거하지 않는 한 토지소유자가 건물 철거 등을 실행할 수 없다. 따라서 이와 같은 경우에는 건물소유자 아닌 자의 건물 점유에 의하여 토지소유자가 그 토지소유권의 원만한 실현을 방해당하고 있다고 할 수 있으므로, 토지소유자는 자신의 소유권에 기한 방해배제로 건물점유자에 대하여 건물로부터의 퇴거를 청구할 수 있다.

위 인정사실에 의하면, 건물소유자가 아닌 피고 안복■이 이 사건 건물을 점유함으로써 건물 부지인 이 사건 토지에 대한 원고의 소유권행사를 방해하고 있으므로, 피고 안복■은 이 사건 건물에서 퇴거할 의무가 있다.

3. 피고들의 주장에 관한 판단

가. 주장의 요지

이 사건 토지는 문중의 제사, 조상묘의 관리 또는 이와 관련된 일체 필요한 비용을 충당하기 위한 위토인데, 집안의 장손 며느리인 피고 서영■과 남편 이■■ 피고 안복■의 남편 이광■ 등은 이 사건 토지를 효율적으로 관리하고 명절이나 집안 행사 때마다 친지들이 목고 갈 수 있는 용도로 2014년경 이 사건 건물을 신축한 후 피고 서영■ 명의로 소유권보존등기를 마쳤다. 또한 피고 서영■은 2014. 9. 1. 이 사건 토지의 공유자들과 이 사건 건물을 소유할 목적으로 20년간 이 사건 토지를 임차하는 내용의 토지임대차계약(이하 편의상 '이 사건 토지임대차계약'이라고 한다)을 체결하였고, 이후 2014. 9.경부터 피고 안복■과 그 남편 이광■에게 구두로 이 사건 건물을 임차해 주었고, 피고 안복█과 이광█:는 현재까지 이 사건 건물에 거주하면서 이 사건 토지를 관리해 왔다.

따라서 피고 서영█은 민법 제622조에 따라 원고에게 이 사건 건물의 소유를 목적으로 한 이 사건 토지임대차의 효력을 주장할 수 있고, 피고 서영█으로부터 이 사건 건물을 임차한 피고 안복█ 역시 이 사건 건물에 대한 정당한 사용 및 점유권원을 가지고 있으므로, 원고의 피고 서영█에 대한 건물 철거 및 토지 인도, 피고 안복█에 대한 퇴거 청구는 이유 없다.

나. 판단

먼저, 피고 서영█과 이 사건 토지의 공유자들 사이에 2014. 9. 1. 이 사건 토지임대차계약이 체결되었는지에 관하여 보건대, 이에 부합하는 을 제2호증(토지임대차계약서)은 그대로 믿기 어렵고, 나머지 증거들과 피고들이 주장하는 사정만으로는 위 주장사실을 인정하기 부족하며, 달리 인정할 증거가 없다.

따라서 피고 서영█이 2014. 9. 1. 이 사건 토지의 공유자들과 이 사건 토지임대차계약을 체결하였음을 전제로 한 피고들의 주장은 모두 받아들이기 어렵다.

4. 결론

원고의 피고들에 대한 청구는 이유 있으므로 모두 인용하기로 하여 주문과 같이 판결한다.

판사   김성█

03

사건 개요 건물은 일반 매매로 매입 후 설정, 가등기 말소

건물과 토지 전체의 등기상 설정과 가등기가 되어 있어 경매로 진행되었으나, 감정 평가 결과, 현재의 건물과 등기 권리상의 건물이 다르다는 이유로 토지만 경매로 진행되어 토지만 낙찰받았다.
등기부등본상의 건축주는 사망했으며, 건물을 한도 상속 후 200만 원에 설정과 가등기 인수조건으로 매입했다. 건물 인수 후, 가등기와 설정을 소송으로 말소한 사례다.

본건 토지상에 소재한다고 의뢰된 기호(2) 건물은 현장에서 실사한 건물의 구조, 규모, 사용용재 및 경과년수 등이 공부상에 등재된 내용과 상이하여 귀 원과 협의하에 토지만을 평가하였으며 비고란에 법정지상권 성립 시 가액을 표기하였으니 업무처리시 참고하시기 바랍니다.

4		충청북도 청주시 청원구 우암동 ■■-15 [도로명주소] 충청북도 청주시 청원구 직지대로■■번길 5	목조시멘기와지붕 단층주택 39.67㎡				2014년7월1일 행정구역명칭변경으로 인하여 2014년7월1일 등기
1	충청북도 청주시 청원구 우암동	■■-15	대	준주거지역	212.9	212.9	678,000	144,346,200
2	충청북도 청주시 청원구 우암동 [도로명주소] 충청북도 청주시 청원구 직지대로 ■■번길 5	■■-15 지상	주택	목조 시멘기와지붕 단층	39.67	-		감정평가 외 공부상 등재내용과 불일치로 평가외

등기사항전부증명서(말소사항 포함) - 건물

[건물] 충청북도 청주시 청원구 우암동 ■■-15

고유번호 1547-1996-■■■■

【 표 제 부 】		(건물의 표시)		
표시번호	접 수	소재지번 및 건물번호	건 물 내 역	등기원인 및 기타사항
~~1~~ ~~(전 2)~~	~~1985년5월17일~~	~~충청북도 청주시 우암동~~ ~~■■-15~~	~~목조시멘기와지붕 단층주택~~ ~~39.67㎡~~	

				부동산등기법 제177조의 6 제1항의 규정에 의하여 1999년 09월 27일 전산이기
2	충청북도 청주시 상당구 우암동 ▒-15	목조시멘기와지붕 단층주택 39.67㎡		1995년1월1일 행정구역명칭변경으로 인하여 2000년1월19일 등기
8	충청북도 청주시 상당구 우암동 ▒-15 [도로명주소] 충청북도 청주시 상당구 직지대로▒▒번길 5	목조시멘기와지붕 단층주택 39.67㎡		도로명주소 2012년6월28일 등기
4	충청북도 청주시 청원구 우암동 337-15 [도로명주소] 충청북도 청주시 청원구 직지대로▒번길 5	목조시멘기와지붕 단층주택 39.67㎡		2014년7월1일 행정구역명칭변경으로 인하여 2014년7월1일 등기

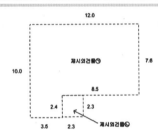

```
                    12.0
              ┌──────────┐
              │          │  7.6
   10.0       │ 제시외건물㉠ │
              │          │
              └────┐  8.5 └───┐
             2.4   │      2.3
          ┌────────┘  ┌──┐
          3.5    2.3  제시외건물㉡
```

※ 제시외(평가외)

㉠조적조 목조지붕틀 시멘기와지붕(주택) 약 99.6㎡
㉡목조 목재판자지붕(현관 차양막) 약 5.3㎡

본건 토지상에 소재한다고 의뢰된 기호(2) 건물은 현장에서 실사한 건물의 구조, 규모, 사용용재 및 경과년수 등이 공부상에 등재된 내용과 상이하여 귀 원과 협의하에 토지만을 평가하였으며 비고란에 법정지상권 성립 시 가액을 표기하였으니 업무처리시 참고하시기 바랍니다.

건물을 200만 원에 매입

11	소유권이전	2021년10월28일 제132742호	2020년7월31일 상속	소유자 이재▒ 860923-******* 충청남도 천안시 서북구 스마일시티2로 2, ▒▒5동 ▒▒02호 (차암동,이편한세상스마일시티2차)
12	소유권이전	2021년10월28일 제132743호	2021년10월27일 매매	소유자 주식회사한국부동산서비스산업협회 110111-▒▒▒▒▒▒▒ 서울특별시 강남구 태헤란로 311, ▒▒▒호 (역삼동,아남타워빌딩) 거래가액 금2,000,000원
13	4-1번가처분, 4-2번가처분등기말소			승낙의 의사표시로 인하여 2021년12월22일 등기

건물 매입 시 가등기와 근저당설정인수

[건물] 충청북도 청주시 청원구 우암동 ████-15

3	소유권이전	2017년7월11일 제76615호	2017년7월8일 매매	소유자 이인█ 590325-******* 충청북도 청주시 상당구 남일면 척산화당로 매매목록 제2017-2384호
4	소유권이전청구권가 등기	2017년7월11일 제76616호	2017년7월10일 매매예약	가등기권자 이재█ 901120-******* 충청북도 청주시 흥덕구 가경로 158, 103동 ████호 (가경동, 형석1차아파트)
3	소유권이전	2017년7월11일 제76615호	2017년7월8일 매매	소유자 이인█ 590325-******* 충청북도 청주시 상당구 남일면 척산화당로 매매목록 제2017-2384호
4	소유권이전청구권가 등기	2017년7월11일 제76616호	2017년7월10일 매매예약	가등기권자 이재█ 901120-******* 충청북도 청주시 흥덕구 가경로 158, ███동 ██04호 (가경동, 형석1차아파트)
4-1	4번가등기소유권이 전청구권가처분	2018년5월3일 제44450호	2018년5월3일 청주지방법원의 가처분결정 (201 8카단790)	피보전권리 사해행위취소를 원인으로 한 소유권이전청구권가등기 말소등기청구권 채권자 김성█ 470815-******* 청주시 청원구 창군로74번길 26, 1██동 ███호(우암동 353-2, 덕일한마음아파트) 금지사항 양도 기타 일체의 처분행위 금지
3	근저당권설정	2018년8월7일 제79440호	2018년8월6일 설정계약	채권최고액 금65,000,000원 채무자 이인█ 충청북도 청주시 상당구 남일면 척산화당로 근저당권자 이관█ 390827-******* 충청북도 청주시 상당구 남일면 쌍암동길
4	근저당권설정	2018년8월7일 제79441호	2018년8월6일 설정계약	채권최고액 금40,000,000원 채무자 이인█ 충청북도 청주시 상당구 남일면 척산화당로 근저당권자 이재█ 630814-******* 경기도 수원시 장안구 금당로39번길 ██-█ (조원동)
5	4번근저당권설정등 기말소	2021년11월8일 제136186호	2021년11월3일 해지	
6	3번근저당권설정등 기말소	2022년11월16일 제117063호	2022년9월30일 확정판결(청주 지방법원2022가 단53542)	

토지 경매는 사해행위취소로 강제경매로 진행

[토지] 충청북도 청주시 청원구 우암동 ■■-15

3	소유권이전	2017년7월11일 제76615호	2017년7월8일 매매	소유자 이인■ 590325-****** 충청북도 청주시 상당구 남일면 척산화당로 매매목록 제2017-2384호
4	소유권이전청구권가 등기	2017년7월11일 제76616호	2017년7월10일 매매예약	가등기권자 이재■ 901120-****** 충청북도 청주시 흥덕구 가경로 158, 103동 ■■호 (가경동, 형석1차아파트)
4-1	4번가등기소유권이 전청구권가처분	2018년5월3일 제44450호	2018년5월3일 청주지방법원의 가처분결정(201 8카단790)	피보전권리 사해행위취소를 원인으로 한 소유권이전청구권가등기 말소등기청구권 채권자 김성■ 470815-****** 청주시 청원구 향군로74번길 ■ 102동 ■■호(우암동 353-2, 덕일한마음아파트) 금지사항 양도 기타 일체의 처분행위 금지

2018 타경 4539 (강제)   매각기일 : 2021-05-26 10:00~ (수)   경매5계 043-249-■■■

소재지	(28539) 충청북도 청주시 청원구 우암동 ■■-15 [도로명] 충청북도 청주시 청원구 직지대로■■번길 5(우암동)				
용도	대지	채권자	김OO	감정가	144,346,200원
토지면적	212.9㎡ (64.4평)	채무자	이O	최저가	(80%) 115,477,000원
건물면적		소유자	이O	보증금	(10%) 11,547,700원
제시외	제외 · 104.9㎡ (31.73평)	매각대상	토지매각	청구금액	00,000,000원
입찰방법	기일입찰	배당종기일	2018-06-15	개시결정	2018-04-09

기일현황 ▼ 간략보기

회차	매각기일	최저매각금액	결과
신건	2018-08-29	144,346,200원	변경
신건	2021-04-14	144,346,200원	유찰
2차	2021-05-26	115,477,000원	매각
한000000000/입찰1명/낙찰124,137,700원 (86%)			
	2021-06-02	매각결정기일	허가
	2021-07-09	대금지급기한 납부 (2021.07.09)	납부
	2021-08-04	배당기일	완료

? 물건현황/토지이용계획

'북부시장' 남서측 인근에 위치

주위는 단독주택 및 근린생활시설 등이 혼재하는 시내주거지역

본건까지 차량의 접근이 가능하며 버스정류장이 인근에 소재하며 대중교통상황은 양호한 편임

자루형 평지

남서측으로 노폭 약 6M 정도의 아스팔트포장도로와 접함

중점경관관리구역

준주거지역(우암동 ▩▩-15)

※ 감정평가서상 제시외건물가격이 명시되어있지않음. 입찰시 확인요함.

※본건 지상에 소재하는 건물 주택(39.67㎡)은 공부상 등재내용과 불일치로 평가외하였음.

🔎 토지/임야대장
🔎 부동산 통합정보 이용
🔎 감정평가서

? 감정평가현황 ▩▩감정

가격시점	2018-05-24
감정가	144,346,200원
토지	(100%) 144,346,200원

? 면적(단위:㎡)

[토지]

우암동 ▩▩-15 대지
준주거지역
212.9㎡ (64.4평)

[제시외]

우암동 ▩▩-15
(ㄱ) 주택 제외
99.6㎡ (30.13평)
조적조목조지붕틀시멘기와

우암동 ▩▩-15
(ㄴ) 현관차양막 제외
5.3㎡ (1.6평)
목조목재판자

? 임차인/대항력여부

배당종기일: 2018-06-15

- 매각물건명세서상 조사된 임차내역이 없습니다

🔎 매각물건명세서
🔎 예상배당표

? 등기사항/소멸여부

소유권 2016-03-31 구O 매매	이전 토지
소유권 2017-07-11 이O 매매	이전 토지
가등기 2017-07-11 이O 승소확정판결	소멸 토지
가등기(가처분) 2018-05-03 김O 청주지방법원 (2018카단▩▩▩▩) 가처분등기보기	소멸 토지
가등기(가처분) 2020-06-12 헬OOOO 청주지방법원 (2020카단▩▩▩▩) 가처분등기보기	소멸 토지
강제경매 2018-04-09 김O 청구 : 80,000,000원	토지 소멸기준
가압류 2020-03-26 헬OOOO 60,000,000원	소멸 토지
압류 2020-12-10 청OO (청원구세무과-20589)	소멸 토지

이것이 진짜
부동산 소송이다 I

소재지	충청북도 청주시 청원구 우암동 ▓ 15번지		
지목	대 ⑦	면적	212.9 ㎡
개별공시지가(㎡당)	367,900원 (2022/01) 연도별보기		
지역지구등 지정여부	「국토의 계획 및 이용에 관한 법률」에 따른 지역·지구등	도시지역 준주거지역 , 시가지경관지구(건축한계선3M(도로폭 15m이상 주된 도로변에 한함)) , 소로3류(폭 8m 미만)(접함)	
	다른 법령 등에 따른 지역·지구등	가축사육제한구역(가축사육전부제한구역)<가축분뇨의 관리 및 이용에 관한 법률>	
	「토지이용규제 기본법 시행령」 제9조 제4항 각 호에 해당되는 사항	중점경관관리구역(연락처: 청주시청 건축디자인과 043-201-▓▓▓▓▓)	

확인도면

범례

□ 중점경관관리구역
□ 도시지역
□ 가축사육제한구역
□ 시가지경관지구
□ 법정동
□ 대로1류(폭 35m~40m)
□ 소로2류(폭 8m~10m)
□ 소로3류(폭 8m 미만)
■ 제1종일반주거지역
■ 제2종일반주거지역
■ 준주거지역

본건 토지상에 소재한다고 의뢰된 기호(2) 건물은 현장에서 실사한 건물의 구조, 규모, 사용용재 및 경과년수 등이 공부상에 등재된 내용과 상이하여 귀 원과 협의하여 토지만을 평가하였으며 비고란에 법정지상권 성립 시 가액을 표기하였으니 업무처리시 참고하시기 바랍니다.

감 정 평 가 내 용						
공부(公簿)(의뢰)		사 정		감 정 평 가 액		
종 류	면적(㎡) 또는 수량	종 류	면적(㎡) 또는 수량	단 가	금 액	
토지	212.9	토지	212.9	678,000	144,346,200	
건물	39.67	건물	-	-	감정평가 외	

1. 부동산의 점유관계
　　소재지　　1. 충청북도 청주시 청원구 우암동 ▓▓-15
　　점유관계
　　기타
　　소재지　　2. 충청북도 청주시 청원구 직지대로▓▓번길 5
　　점유관계　미상
　　기타　　 -. 수회 방문하였으나 폐문으로 정확한 점유 및 임대관계 확인할 수 없으며, 주민등록상 전입자 없음.

2. 부동산의 현황
　　제시외(소유 및 점유 미상)
　　2번 목록 건물에
　　(1). 부합하여 목조 판넬지붕 가추
　　-. 소유자를 만나지 못하여 제시외건물의 소유 및 점유관계와 본건 전체 점유관계는 확인할 수 없음.

[토지] 충청북도 청주시 청원구 우암동 ███-15

순위번호	등 기 목 적	접 수	등 기 원 인	권리자 및 기타사항
1 (전 20)	소유권이전	1996년12월5일 제62169호	1996년10월30일 낙찰	소유자 심태█ 471105-******* 청주시 상당구 내덕1동 700█ 부동산등기법 제177조의 6 제1항의 규정에 의하여 1999년 09월 20일 전산이기
1-1	1번등기명의인표시 변경		2012년4월26일 전거	심태█의 주소 충청북도 청주시 청원구 공항로84번길 █, 10█동 █호 (내덕동, 이랜드해가든아파트) 2016년3월31일 부기
2	소유권이전	2016년3월31일	2016년2월29일	소유자 구자█ 591212-*******
		제36756호	매매	충청북도 청주시 상당구 대성로291번길 12-1 (수동) 매매목록 제2016-973호
2-1	2번등기명의인표시 변경		2015년4월7일 전거	구자█의 주소 충청북도 청주시 청원구 직지대로█번길 5 (우암동) 2017년7월11일 부기
3	소유권이전	2017년7월11일 제76615호	2017년7월8일 매매	소유자 이인█ 590325-******* 충청북도 청주시 상당구 남일면 착산화당로 █ 매매목록 제2017-2384호
4	소유권이전청구권가 등기	2017년7월11일 제76616호	2017년7월10일 매매예약	가등기권자 이재█ 901120-******* 충청북도 청주시 흥덕구 가경로 158, 103동 █호 (가경동, 형석1차아파트)
4-1	4번가등기소유권이 전청구권가처분	2018년5월3일 제44450호	2018년5월3일 청주지방법원의 가처분결정(201 8카단790)	피보전권리 사해행위취소를 원인으로 한 소유권이전청구권가등기 말소등기청구권 채권자 김성█ 470815-******* 청주시 청원구 향군로74번길 26, █ 602호(██, 덕일한마음아파트) 금지사항 양도 기타 일체의 처분행위 금지
4-2	4번가등기소유권이 전청구권가처분	2020년6월12일 제78578호	2020년6월12일 청주지방법원의 가처분결정(202 0카단50994)	피보전권리 사해행위 취소로 인한 소유권이전등기말소등기청구권 채권자 주식회사 █자산관리대부 200111-███████ 광주 서구 하남대로 █, 401호(동천동) 금지사항 양도 기타 일체의 처분행위 금지
5	~~압류~~	~~2017년9월29일~~ ~~제105206호~~	~~2017년9월29일~~ ~~압류(세정과-13~~ ~~445)~~	권리자 청주시
6	강제경매개시결정	2018년4월9일 제34543호	2018년4월9일 청주지방법원의 강제경매개시결 정(2018타경453 9)	채권자 김성█ 470815-******* 청주시 청원구 향군로74번길 26, █ ██호 (██ 덕일한마음아파트)

[건물] 충청북도 청주시 청원구 우암동 ███-15

순위번호	등 기 목 적	접 수	등 기 원 인	권리자 및 기타사항
1-1	1번등기명의인표시 변경		2012년4월26일 전거	심태█의 주소 충청북도 청주시 청원구 공항로84번길 30, █████동 █01호 (내덕동,이랜드해가든아파트) 2016년3월31일 부기
2	소유권이전	2016년3월31일 제36756호	2016년2월29일 매매	소유자 구자█ 591212-******* 충청북도 청주시 상당구 대성로█████번길 12-1 (수동) 매매목록 제2016-973호
2-1	2번등기명의인표시 변경		2015년4월7일 전거	구자█의 주소 충청북도 청주시 청원구 직지대로█████번█ (우암동) 2017년7월11일 부기
3	소유권이전	2017년7월11일 제76615호	2017년7월8일 매매	소유자 이인█ 590325-******* 충청북도 청주시 상당구 남일면 석산화당로 █████ 매매목록 제2017-2384호
4	소유권이전청구권가 등기	2017년7월11일 제76616호	2017년7월10일 매매예약	가등기권자 이재█ 991120-******* 충청북도 청주시 흥덕구 가경로 158, █-██ ██호 (가경동,청석1차아파트)
4-1	4번가등기소유권이 전청구권가처분	2018년5월3일 제44459호	2018년5월3일 청주지방법원의 가처분결정 (201 8카단790)	피보전권리 사해행위취소를 원인으로 한 소유권이전청구권가등기 말소등기청구권 채권자 김성█ 470815-******* 청주시 청원구 향군로74번길 26, █████ █-███호(우암동, 덕일한마음아파트) 금지사항 양도 기타 일체의 처분행위 금지
4-2	4번가등기소유권이 전청구권가처분	2020년6월12일 제70570호	2020년6월12일 청주지방법원의 가처분결정 (202 0카단50994)	피보전권리 사해행위 취소로 인한 소유권이전등기말소등기청구권 채권자 주식회사 자산관리대부 200111-0490668 광주 서구 하남대로 █████ ██호(동천동) 금지사항 양도 기타 일체의 처분행위 금지
5	압류	2017년9월29일 제105206호	2017년9월29일 압류 (세정과-13 445)	권리자 청주시
6	강제경매개시결정	2018년4월9일 제34543호	2018년4월9일 청주지방법원의 강제경매개시결 정 (2018타경453 9)	채권자 김성█ 470815-******* 청주시 청원구 향군로74번길 26, █████동 █-███ (우암동, 덕일한마음아파트)
7	6번강제경매개시결 정등기말소	2018년5월11일 제46957호	2018년5월10일 취하	

■ 건축물대장의 기재 및 관리 등에 관한 규칙 [별지 제1호서식] <개정 2018. 12. 4.>

일반건축물대장(갑)

(2쪽 중 제1쪽)

고유번호	4311410100-1▧▧▧▧▧		명칭			호수/가구수/세대수 0호/1가구/0세대	
대지위치	충청북도 청주시 청원구 우암동	지번	▧▧-15	도로명주소	충청북도 청주시 청원구 직지대로▧ 번길 5 (우암동)		
※대지면적	0 ㎡	면적	39.67 ㎡	※지역	※지구		※구역
건축면적	39.67 ㎡	용적률 산정용 면적	39.67 ㎡	주구조 목조	주용도	주택	층수 지하 층, 지상 1층
※건폐율	0 %	※용적률	0 %	높이 m	지붕 시멘기와	부속건축물	동 ㎡
※조경면적 ㎡		※공개 공지·공간 면적 ㎡		※건축선 후퇴면적 ㎡	※건축선후퇴 거리		m

건축물 현황					소유자 현황			
구분	층별	구조	용도	면적(㎡)	성명(명칭) 주민(법인)등록번호 (부동산등기용등록번호)	주소	소유권 지분	변동일 변동원인
주1	1층	목조	주택및창고	39.67	주식회사한국부동산서비스산업협회 110111-1******	서울특별시 강남구 태헤란로311, ▧호 (역삼동,아남타워빌딩)	1/1	2021.10.28. 소유권이전
			- 이하여백 -					
					- 이하여백 -			
					※ 이 건축물대장은 현소유자만 표시한 것입니다.			

이 등(초)본은 건축물대장의 원본내용과 틀림없음을 증명합니다.

충청북도 청주시 청원구청장

발급일: 2023년 6월 16일
담당자:
전 화:

※ 표시 항목은 총괄표제부가 있는 경우에는 적지 않을 수 있습니다.

297mm×210mm[백상지 80g/㎡]

9	8번압류등기말소	2021년4월13일 제47338호	2021년4월13일 해제	
10	5번압류등기말소	2021년8월17일 제101207호	2021년8월17일 해제	
11	소유권이전	2021년10월28일 제132742호	2020년7월31일 상속	소유자 이재▧ 860923-******* 충청남도 천안시 서북구 스마일시티2로 2, (차암동, 이편한세상스마일시티2차)
12	소유권이전	2021년10월28일 제132743호	2021년10월27일 매매	소유자 주식회사한국부동산서비스산업협회 110111-▧▧▧▧▧ 서울특별시 강남구 태헤란로 311, ▧호 (역삼동,아남타워빌딩) 거래가액 금2,000,000원
13	4-1번가처분, 4-2번가처분등기말소		승낙의 의사표시로 인하여 2021년12월22일 등기	
14	4번가등기말소	2021년12월22일 제153136호	2021년12월21일 화해권고결정(청주지방법원 2021가단64439)	

【 을 구 】 （ 소유권 이외의 권리에 관한 사항 ）				
순위번호	등 기 목 적	접 수	등 기 원 인	권리자 및 기타사항
1	근저당권설정	2016년3월31일 제36757호	2016년3월31일 설정계약	채권최고액 금89,700,000원 채무자 구자■ 충청북도 청주시 상당구 대성로■■■번길 12-1 (수동) 근저당권자 청주중앙새마을금고 150144-0005013 충청북도 청주시 상당구 대성로 202 (수동) 공동담보 토지 충청북도 청주시 청원구 우암동 ■■■-15
2	1번근저당권설정등 기말소	2017년9월26일 제103313호	2017년9월26일 해지	
3	근저당권설정	2018년8월7일 제79440호	2018년8월6일 설정계약	채권최고액 금65,000,000원 채무자 이■■ 충청북도 청주시 상당구 남일면 척산화당로 ■■■ 근저당권자 이관■ 390827-******* 충청북도 청주시 상당구 남일면 쌍암동길 ■■
4	근저당권설정	2018년8월7일 제79441호	2018년8월6일 설정계약	채권최고액 금40,000,000원 채무자 이■■ 충청북도 청주시 상당구 남일면 ■■■■ ■■■■ 근저당권자 이재환 630814-******* 경기도 수원시 장안구 금당로59번길 ■■ (■■동)
5	4번근저당권설정등 기말소	2021년11월8일 제136186호	2021년11월3일 해지	
6	3번근저당권설정등 기말소	2022년11월16일 제117063호	2022년9월30일 확정판결(청주 지방법원2022가 단53542)	

소 장

원 고 주식회사 한국부동산서비스산업협회 (110111-███████)

　　　　서울 강남구 테헤란로 311, ███호 (역삼동,아남타워빌딩)

　　　　대표자 사내이사 이종실

　　　　송달장소 : 평택시 평남로 1029, ███호 (동삭동)

　　　　송달영수인 : 법무사 유종█

피 고 이██ █████25-*******)

　　　　청주시 상당구 남일면 척산화당로 ███

토지인도 등 청구의 소

청 구 취 지

1. 피고는 원고에게,

　　가. 충청북도 청주시 청원구 우암동 ███-15 대 212.9㎡ 지상의 별지 도면
　　　　표시 1, 2, 3, 4, 5, 6, 7, 1의 각 점을 차례로 연결한 선내 (가)부분
　　　　조적조 목조지붕틀 시멘기와지붕 단층주택 약 99.6㎡, 같은 도면 표
　　　　시 4, 5, 6, 8, 4의 각 점을 차례로 연결한 선내 (나)부분 목조 목재판
　　　　자지붕 현관차양막 약 5.3㎡를 각 철거하여 위 토지를 인도하고,

　　나. 2021. 7. 9.부터 위 가항 기재 토지인도 완료일 또는 원고의 위 가항
　　　　기재 토지 소유권 상실일 중 먼저 도래하는 날까지 월 금360,000원의
　　　　비율로 계산한 돈을 지급하라.

2. 소송비용은 피고가 부담한다.

3. 제1항은 가집행 할 수 있다.

라는 판결을 구합니다.

청 구 원 인

1. 원고의 토지 소유

원고는 청주지방법원의 2018 타경 ████호 부동산강제경매사건에서 2021. 7. 9. 강제경매로 인한 매각을 원인으로 충청북도 청주시 청원구 우암동 ███-15 대 212.9㎡(이하 '이사건토지'라 함)을 취득하였습니다(갑제1호증의 1 부동 산등기사항증명서, 갑제2호증의 1 토지대장 각 참조).

2. 피고의 건물소유

한편, 피고는 이사건 토지 지상에 별지 도면표시 (가)부분 조적조 목조지붕틀 시멘기와지붕 단독주택 약 99.6㎡ 및 (나)부분 목조 목재판자지붕 현관 차양 막 약 5.3㎡의 건물(이하 '이사건 건물'이라 칭함)을 소유하고 있습니다(갑 제1호증의 2 부동산등기사항증명서, 갑제3호증 건축물대장, 갑제4호증 지적 도, 갑제5호증 건물개황도, 갑제6호증 사진용지 각 참조).

갑제1호증의 2 건물등기사항증명서 및 갑제3호증 건축물대장 기재에 의하면 건물면적은 불과 39.67㎡인데 반하여 실제 이사건 건물은 귀원 2018 타경 ████ 부동산강제경매 사건의 감정평가시 측량한 갑제4호증 지적도 및 갑제5 호증 건물개황도의 기재에 의하면 건물 약 99.6㎡ 및 차양 약 5.3㎡로 이사 건 건물의 대부분은 불법으로 증축을 하였다고 볼 수 있습니다.

3. 건물철거 및 토지인도 청구

피고는 이사건 불법 건축물을 소유 및 점유하면서 원고의 소유의 이사건 토지 전체를 주택부속토지로 배타적으로 사용하면서 원고의 토지 소유권을 침해하고 있음이 명백합니다.

따라서 피고는 이사건 건물을 철거하여 이사건 토지를 원고에게 인도할 의무가 있으므로 이건 철거 및 토지인도를 청구합니다.

4. 지료상당 부당이득금의 청구

그리고, 피고가 원고의 이사건 토지 소유권을 침해하고 있음이 명백하므로 피고는 원고에게 지료 상당 부당이득금을 지급할 의무가 있음도 명백합니다. 그 시기(시작점)는 원고가 이사건 토지의 소유권을 취득한 2021. 7. 9.이 될 것이고, 종기는 피고가 이사건 건물을 철거하여 이사건 토지를 원고에게 인도하는 날 또는 원고가 이사건 토지의 소유권을 상실하는 날 중 먼저 도래하는 날까지입니다.

원고가 이사건 토지를 취득하게 된 원인인 경매사건에서 이미 이사건 토지에 대해 감정평가가 실시 되었고 감정가액은 금144,346,200원입니다.

따라서 위 감정가를 기준으로 하여 연 3%를 적용할 경우 연 금4,330,386원이 되고 이를 다시 월할로 환산할 경우 월 금360,865원이며 1천원 미만은 절사하여 월 금360,000원을 우선 청구하는 바입니다.

만약 지료감정을 실시하더라도 우선 토지의 가액을 산정한 후 그 가액에 주택부속토지의 경우 연 3%의 기대이율을 적용하는 것이 일반적이므로 이 사건에서는 소송경제 상 감정을 생략하고 원고의 청구를 인용해 주시기 바랍니다.

그리고 민법 제633조에 의거하여 주택부속토지 이므로 원고의 월할 청구는 정당합니다.

위와 같이 피고는 이사건 건물을 소유하면서 원고의 이사건 토지 소유권을 침해하고 있으므로 이사건 건물을 철거하여 이사건 토지를 인도하고, 지료상당의 부당이득금도 원고에게 지급할 의무가 있으므로 원고의 청구취지 대로 판결하여 주시기 바랍니다.

입 증 방 법

1. 갑 제1호증의 1, 2	부동산등기등기사항증명서	각 1통
1. 갑 제2호증	토지대장
1. 갑 제3호증	건축물대장
1. 갑 제4호증	지적도
1. 갑 제5호증	건물개황도
1. 갑 제6호증	사진용지
1. 갑 제7호증	감정평가표

첨 부 서 류

1. 법인등기사항증명서	1통
1. 위 입증방법	각 2통
1. 소장 부본	1통

2021. 8.   .

위 원고 주식회사 한국부동산서비스산업협회
대표자 사내이사 이종실

청주지방법원   귀중

건물 매입으로 조정

순위번호	등 기 목 적	접 수	등 기 원 인	권리자 및 기타사항
		제34543호	청주지방법원의 강제경매개시결정(2018타경4539)	청주시 청원구 창근로74번길 26, 102동 ▨▨호 (우암동, 덕일한마음아파트)
7	6번강제경매개시결정등기말소	2018년5월11일 제46957호	2018년5월10일 취하	
8	압류	2020년12월10일 제148729호	2020년12월10일 압류(청원구세무과-20589)	권리자 청주시 3311 처분청 청원구청장
9	8번압류등기말소	2021년4월13일 제47338호	2021년4월13일 해제	
10	5번압류등기말소	2021년6월17일 제101207호	2021년6월17일 해제	
11	소유권이전	2021년10월28일 제132742호	2020년7월31일 상속	소유자 이재▨ 860923-******* 충청남도 천안시 서북구 스마일시티2로 2, 205동 ▨▨▨호 (차암동, 이편한세상스마일시티2차)
12	소유권이전	2021년10월28일 제132743호	2021년10월27일 매매	소유자 주식회사한국부동산서비스산업협회 110111-▨▨▨▨▨▨▨ 서울특별시 강남구 테헤란로 311, ▨▨▨호 (역삼동, 이편한세상빌딩) 거래가액 금2,000,000원
13	4-1번가처분, 4-2번가처분등기말소		승낙의 의사표시로 인하여 2021년12월22일 등기	

청 주 지 방 법 원

화해권고결정

사   건   2021가단64439 가등기말소

원   고   주식회사 한국부동산서비스산업협회

서울 강남구 테헤란로 311, ▨▨호(역삼동, 아남타워빌딩)

송달장소 평택시 평남로 1029, ▨▨호(동삭동,쓰리제이타워)

대표자 사내이사 이종실

대리인 김규▨

피   고   1. 이▨▨

청주시 흥덕구 가경로 72, 10▨ ▨▨ (가경동, 가경태암

수정아파트)

2. 김▨▨

청주시 청원구 향군로74번길 26, ▨▨ ▨▨(우암동, 덕

일한마음아파트)

3. 주식회사 솔림▨▨▨▨▨

광주 광산구 첨단중앙로182번길 90, ▨▨ ▨▨,대라수

어썸시티상가동)

대표이사 정▨▨

위 사건의 공평한 해결을 위하여 당사자의 이익, 그 밖의 모든 사정을 참작하여 다음과 같이 결정한다.

결 정 사 항

1. 피고 이재█은 원고에게 별지목록 기재 부동산에 관하여 청주지방법원 2017. 7. 11. 접수 제76616호로 경료한 소유권이전청구권가등기의 말소등기절차를 이행한다.

2. 피고 김성█과 피고 주식회사 █████헬프자산관리대부는 위 말소등기에 대하여 승낙의 의사표시를 한다.

3. 소송비용은 각자 부담한다.

청구의 표시

청 구 취 지

1. 별지목록 기재 부동산에 관하여, 피고 이재█과 이인█ 사이의 2017. 7. 10. 체결된 매매예약을 취소하고, 피고 이재█은 원고에게 청주지방법원 2017. 7. 11. 접수 제76616호로 경료한 소유권이전청구권가등기의 말소등기절차를 이행하라.

2. 피고 김성█과 피고 주식회사 █████헬프자산관리대부는 위 말소등기에 대하여 승낙의 의사표시를 하라.

청 구 원 인

1. 피고 이재█과 이인█ 사이의 2017. 7. 10. 체결된 매매예약은 피고 김성█과 이재█ 사이의 청주지방법원 2018가단4710 사해행위취소 판결이 확정됨에 따라 취소되었고, 위 매매예약에 따른 가등기(청주지방법원 2017. 7. 11. 접수 제76616)도 말소가

예정되어 있다.

2. 별지목록 기재 부동산은 원고의 소유인데, 위 원인관계가 소멸된 가등기가 원고의 소유권을 침해하고 있으므로, 소유권에 기한 방해배제로 그 말소를 구하는 한편 등기 상 이해관계 있는 제3자인 피고 김성▨▨과 피고 주식회사 ▨▨헬프자산관리대부에 대하여 그 승낙의 의사표시를 구한다.

2021. 11. 30.

판사　　　김지▨▨

※ 이 결정서 정본을 송달받은 날부터 2주일 이내에 이의를 신청하지 아니하면 이 결정은 재판상 화해와 같은 효력을 가지며, 재판상 화해는 확정판결과 동일한 효력이 있습니다.

판결에 의한 근저당 말소

[건물] 충청북도 청주시 청원구 우암동 ███-15

【 을　　구 】		(소유권 이외의 권리에 관한 사항)		
순위번호	등 기 목 적	접　수	등 기 원 인	권리자 및 기타사항
1	근저당권설정	2016년3월31일 제36757호	2016년3월31일 설정계약	채권최고액　금89,700,000원 채무자　구자█ 　　충청북도 청주시 상당구 대성로231번길 　　████ (수동) 근저당권자　청주중앙새마을금고 　　150144-███████ 　　충청북도 청주시 상당구 대성로 ███ (수동) 공동담보　토지 충청북도 청주시 청원구 우암동 ███-15
2	1번근저당권설정등 기말소	2017년9월26일 제103313호	2017년9월26일 해지	
3	근저당권설정	2018년8월7일 제79440호	2018년8월6일 설정계약	채권최고액　금65,000,000원 채무자　이인█ 　　충청북도 청주시 상당구 남일면 척산화당로 　　███ 근저당권자　이관█　390827-******* 　　충청북도 청주시 상당구 남일면 쌍암동길 ███
4	근저당권설정	2018년8월7일 제79441호	2018년8월6일 설정계약	채권최고액　금40,000,000원 채무자　이인█ 　　충청북도 청주시 상당구 남일면 척산화당로 　　███ 근저당권자　이재█　630814-******* 　　경기도 수원시 장안구 금당로39번길 ██ 　　(조원동)
5	4번근저당권설정등 기말소	2021년11월8일 제136186호	2021년11월3일 해지	
6	3번근저당권설정등 기말소	2022년11월16일 제117063호	2022년9월30일 확정판결(청주 지방법원2022가 단53542)	

소 　 장

원고

주식회사 한국부동산서비스산업협회

서울 강남구 테헤란로 311, ▨▨▨호(역삼동, 아남타워빌딩)

위 원고의 소송대리인

법무법인 창천 담당변호사 윤제▧, 정재윤

서울 강남구 논현로28길16 3-6층

전화 02-3476-7070, 팩스 02-3476-7071

피고

이▨▨▨▨27-*******)

충북 청주시 상당구 남▨▨▨▨▨

근저당권말소

청 구 취 지

1. 피고는 원고에게 별지 기재 부동산에 대하여 청주지방법원 2018.8.7. 접수 제79440호
로 마친 근저당권설정등기의 말소등기절차를 이행하라.
2. 소송비용은 피고가 부담한다.

라는 판결을 구합니다.

서울 강남구 논현로28길 16,　　蒼天 법무법인|창천　　TEL : 02-3476-7070
3~6층 　우 : 06302　　　　　　　　　　　　　　　　　　FAX : 02-3476-7071

청 구 원 인

1. 근저당권 피담보채무의 부존재

원고는 충북 청주시 청원구 우암동 ▇▇-15 토지를 2021.7.9.자 강제경매로 인한 매각을 원인으로 소유권을 취득하고, 그러한 토지 지상의 건물을 2021.10.27.자 매매를 원인으로 소유권을 취득하였습니다(갑 제1-2호증 등기부등본).

원고가 위 토지 및 건물을 취득하기 전 소유자 '이인▇'는 채권자들에 대한 채무 면탈을 목적으로 2017.7.10. 이재▇(이인▇의 가족)에게 매매예약에 기한 가등기를 경료하였으나, "사해행위 취소"를 원인으로 말소되었고,

같은 취지에서 이 사건 건물에 대하에 대하여 2018.8.6. 피고 이관▇(이인▇의 가족)를 근저당권자로 하여, 피담보채무 채권최고액 65,000,000원의 근저당권을 설정해두었습니다.

그러나, 위 피고 이관▇의 근저당은 위 '이재▇'에 대한 매매예약 가등기와 마찬가지로 실제로 채무가 존재하지 않음에도 채권자들에 대한 채무면탈을 목적으로 경료한 형식상의 등기에 불과하였는 바, 피담보채무가 존재하지 않으므로 피고는 이를 말소할 의무가 있습니다.

대법원은 "근저당권은 그 담보할 채무의 최고액만을 정하고, 채무의 확정을 장래에

서울 강남구 논현로28길 16,
3~6층 우 : 06302

蒼天 법무법인|창천

TEL : 02-3476-7070
FAX : 02-3476-7071

115

보류하여 설정하는 저당권으로서(민법 제357조 제1항), 계속적인 거래관계로부터 발생하는 다수의 불특정채권을 장래의 결산기에서 일정한 한도까지 담보하기 위한 목적으로 설정되는 담보권이므로, 근저당권설정행위와는 별도로 근저당권의 피담보채권을 성립시키는 법률행위가 있어야 하고, 근저당권의 성립 당시 근저당권의 피담보채권을 성립시키는 법률행위가 있었는지 여부에 대한 입증책임은 그 존재를 주장하는 측에 있다.·······························그렇다면, 원고가 이 사건 근저당권등기 당시 피담보채권을 성립시키는 법률행위가 없었다고 다투는 이 사건에 있어서 원고가 근저당권자인 소외인으로부터 금전을 차용하였는지 여부에 대한 입증책임은 위 차용행위의 존재를 주장하는 피고들에게 있다고 할 것이고 그에 관한 피고들의 입증이 부족하다면 이 사건 근저당권과 압류는 무효로 되어, 압류권자인 피고들은 이 사건 근저당권의 말소에 대한 승낙의 의사표시를 할 의무를 부담하는 것이라 할 것이다(대법원 2009. 12. 24. 선고 2009다72070)." 라 설시한 바 있고,

따라서 피고는 위 근저당권 설정등기에 대한 피담보채권을 명확히 입증하지 못하는 한 이를 말소할 의무가 있습니다.

2. 결어

상기한 바와 같은 이유로 원고에게 청구취지와 같은 판결을 선고하여 주실 것을 요망드립니다.

입 증 방 법

1. 갑 제1호증   등기부등본(충북 청주시 청원구 우암동 ▦-15 토지)
1. 갑 제2호증   등기부등본(충북 청주시 청원구 우암동 ▦-15 건물)

서울 강남구 논현로28길 16,
3~6층 우 : 06302

蒼天 법무법인 | 창천

TEL : 02-3476-7070
FAX : 02-3476-7071

청 주 지 방 법 원

보 정 명 령

사 건   2022가단53542 근저당권말소
　[원고 : 주식회사 한국부동산서비스산업협회 / 피고 : 이관█]
원고 소송대리인 법무법인 창원 담당변호사 윤제█.정재윤

원고(대리인)　　　　　귀하
이 명령을 송달받은 날부터 15일 안에 다음 사항을 보정하시기 바랍니다.

보정할 사항

1. 피고 이관█(390827-13████2)에게 "청주시 상당구 남일면 쌍암동길 █(고은리)"로 집행관이 송달을 시도하였으나, 송달장소의 현 거주자에게 문의한 바 피고는 배우자이나 중증의 치매(인지능력없음)로 요양병원에 입원하고 있어 송달물을 전해줄 수 없다고 진술하여 송달이 불능되었습니다. 이에 따라, 피고의 후견인등기사항증명서를 제출하시기 바랍니다.
2. 만일 피고가 후견인이 없는 치매 상태라면, 민사소송법 제62조에 따른 특별대리인 선임신청 등을 검토해보시기 바랍니다.

2022. 4. 13.

판사　　　김현█

청 주 지 방 법 원

판 결

사 건   2022가단53542 근저당권말소

원 고   주식회사 한국부동산서비스산업협회

　　　　서울 강남구 테헤란로 311, ▨▨호(역삼동, 아남타워빌딩)

　　　　대표자 이종실

　　　　소송대리인 법무법인 창천, 담당변호사 윤제▨, 정재윤

　　　　소송복대리인 변호사 김혜▨, 박남▨

피 고   이판▨

　　　　청주시 상당구 남일면 쌍암▨▨▨ ▨▨▨리)

　　　　특별대리인 변호사 박아▨1)

변 론 종 결   2022. 9. 23.

판 결 선 고   2022. 9. 30.

주 문

1. 피고는 원고에게 청주시 청원구 우암동 ▨▨-15(도로명주소: 직지대로▨ ▨번길 5) 목
   조 시멘기와지붕 단층 주택 39.67㎡에 관하여 청주지방법원 2018. 8. 7. 접수 제
   79440호로 마친 근저당권설정등기의 말소등기절차를 이행하라.

2. 소송비용은 피고가 부담한다.

---

1) 피고의 의사무능력(중증 치매)을 이유로 한 원고의 신청에 따라, 이 법원 2022. 6. 2.자 2022카기50254
   결정에 의하여 특별대리인으로 선임되었다(민사소송법 제62조의2, 제62조).

청 구 취 지

주문과 같다.

이 유

1. 인정사실

○ 원고는 2021. 10. 27. 이재█으로부터 주문 기재 건물을 2,000,000원에 매수하고, 2021. 10. 28. 소유권이전등기를 마쳤다.

○ 한편 위 건물에 관하여는 2018. 8. 7. 채권최고액을 65,000,000원으로, 채무자를 이인█(당시의 소유자)로, 등기원인을 '2018. 8. 6. 설정계약'으로 한 근저당권자 피고 명의의 근저당권설정등기가 주문 기재와 같이 마쳐졌다.

[인정근거] 갑 제2호증의 기재, 변론 전체의 취지

2. 관련법리

근저당권은 그 담보할 채무의 최고액만을 정하고, 채무의 확정을 장래에 보류하여 설정하는 저당권으로서(민법 제357조 제1항), 계속적인 거래관계로부터 발생하는 다수의 불특정채권을 장래의 결산기에서 일정한 한도까지 담보하기 위한 목적으로 설정되는 담보권이므로, 근저당권설정행위와는 별도로 근저당권이 피담보채권을 성립시키는 법률행위가 있어야 하고, 근저당권의 성립 당시 근저당권의 피담보채권을 성립시키는 법률행위가 있었는지 여부에 대한 입증책임은 그 존재를 주장하는 측에 있다(대법원 2009. 12. 24. 선고 2009나72070 판결).

3. 판단

원고는, 피고 명의의 근저당권설정등기 당시 피담보채권을 성립시키는 법률행위가 없었음에도 이인█가 그의 채권자들에 대한 채무를 면탈할 목적으로 가족인 피고에게 위 근저당권설정등기를 마쳐준 것이라면서 위 근저당권설정등기는 피담보채권이 존재하지 않는 것이므로 말소되어야 한다고 주장한다.

이러한 상황에서 근저당권피담보채권을 성립시키는 법률행위의 존부(즉, 피고가 이인█에게 금전을 대여하였는지 여부)는 피고가 이를 주장·입증하여야 할 것인데, 이에 관한 아무런 주장·입증이 없다.

그렇다면 피담보채권의 존재가 입증되지 않는 이상 위 근저당권설정등기는 무효로 되어, 원고의 소유권에 기한 방해제거청구권(민법 제214조) 행사에 따라, 피고는 원고에게 위 근저당권설정등기의 말소등기절차를 이행할 의무가 있다.

4. 결론

원고의 청구는 이유 있어 이를 인용하기로 하여, 주문과 같이 판결한다.

판사   김현█   김현█

04

사건 개요 법정지상권 없는 건물의 토지만 경매로 진행

토지 주인과 건물 주인이 처음부터 달라 법정지상권 없는 건물의 토지만 경매로 진행된 사건이다. 조정으로 추후 건물을 별도로 매입했다.

7. 그 밖의 사항

1) 본건 지상에 소재하는 건물 가),나)는 타인 소유의 단독주택 및 창고로서 귀 원 제시 목록에 의거 토지만을 평가대상으로 지상에 소재하는 건물에 구애됨 없이 평가하였으며, 건물에 의한 토지가격의 영향은 별도로 표기 하였으니 지상권 등 경매 진행시 참고 하시기 바랍니다.

2) 본건 일부 지상에 식재되어 있는잔디 및 정원수,잡목 등은 거래관행상 토지에 포함평가 하였습니다.

1. 부동산의 점유관계

소재지　1. 경기도 이천시 모가면 송곡리 ▇▇-3

점유관계　미상

기타　채무자(소유자) 및 점유자를 만날 수 없어 점유관계 확인할 수 없음.
임대차관계를 조사하기 위해 현장에 임하여 방문한 취지 및 연락처를 남겼으나 아무런 연락이 없고 전입세대열람 결과 본건에는 전입된 세대가 없는 것으로 조사됨.

2. 부동산의 현황

제시목록의 현황은 등기부상 표시와 같이 대지로 이용되고 있고, 그 지상에 제시 주택 1동 및 부속건물 1동이 각 소재함

[토지] 경기도 이천시 모가면 송곡리 ▇▇-3 대 965㎡

1. 소유지분현황 (갑구)

등기명의인	(주민)등록번호	최종지분	주　　　소	순위번호
김정▇ (소유자)	360313-*******	단독소유	서울 은평구 진관외동 ▇▇-123	2

[건물] 경기도 이천시 모가면 송곡리 ▇▇-3

1. 소유지분현황 (갑구)

등기명의인	(주민)등록번호	최종지분	주　　　소	순위번호
김학▇ (소유자)	530713-*******	단독소유	서울 은평구 갈현동 ▇-86	2

소재지	(17408) 경기도 이천시 모가면 송곡리 ███-3				
	[도로명] 경기도 이천시 진상미로███번길 234(모가면)				
용도	대지	채권자	김OO	감정가	173,700,000원
토지면적	965㎡ (291.91평)	채무자	김O	최저가	(70%) 121,590,000원
건물면적		소유자	김O	보증금	(10%)12,159,000원
제시외		매각대상	토지매각	청구금액	146,979,750원
입찰방법	기일입찰	배당종기일	2019-11-27	개시결정	2019-08-28

기일현황

회차	매각기일	최저매각금액	결과
신건	2020-01-15	173,700,000원	유찰
2차	2020-02-19	121,590,000원	매각

김OO/입찰6명/낙찰143,700,000원(83%)
2등 입찰가 : 143,999,990원

	2020-02-26	매각결정기일	허가
	2020-04-02	대금지급기한 납부(2020.04.01)	납부
	2020-04-29	배당기일	완료

🅟 물건현황/토지이용계획

송곡1리마을회관 남서측 인근에 위치

본건까지 차량의 접근이 가능하며 근거리
도로변으로 버스정류장이 소재하여 제반
대중교통 이용여건은 보통

인접지 대체로 평탄한 세로장방형 토지

세로(가)

계획관리지역(송곡리 ███-3)

※ 감정평가서상 제시외건물가격이 명시
되어있지않음. 입찰시 확인요함.

🅢 부동산 통합정보 이용

🅢 감정평가서

🅟 면적(단위:㎡)

[토지]
송곡리 ███-3 대지
계획관리지역
965㎡ (291.91평)

[제시외]
송곡리 ███-3
(ㄴ) 부속건물창고1동 제외

송곡리 ███-3
(ㄱ) 주택1동 제외
미상

🅟 임차인/대항력여부

배당종기일: 2019-11-27

- 매각물건명세서상 조사된
임차내역이 없습니다

🅢 매각물건명세서

🅢 예상배당표

🅟 등기사항/소멸여부

소유권 이전
1977-06-25 토지
강OOOO
매매

소유권 이전
2006-12-28 토지
김O
매매

가압류 토지소멸기준
2017-05-01 토지
김O 146,979,750원

강제경매 소멸
2019-08-28 토지
김O
청구 : 146,979,750원

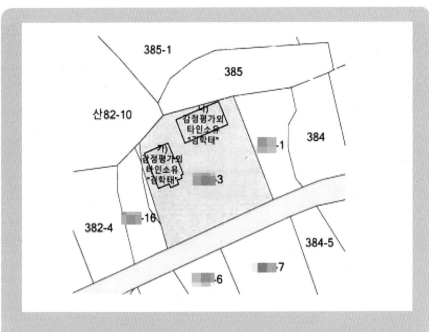

이것이 진짜
부동산 소송이다 Ⅰ

[건물] 경기도 이천시 모가면 송곡리 ███-3

순위번호	등 기 목 적	접 수	등 기 원 인	권리자 및 기타사항
2	소유권이전	2002년11월18일 제45268호	2002년8월1일 매매	소유자 김학태 530713-******* 서울 은평구 갈현동 ███
3	소유권이전청구권가등기	2002년11월18일 제45269호	2002년9월25일 매매예약	권리자 원동██ 390809-******* 서울 서초구 서초동 1333 신동아아파트 ███
4	가처분	2020년7월28일 제36625호	2020년7월27일 수원지방법원 여주지원의 가처분결정 (2020카단358)	피보전권리 건물철거 채권자 ███ ███-******* 경기도 남양주시 천마산로 65 , 110동 ███호(호평파라곤) 금지사항 매매, 증여, 전세권, 저당권, 임차권의 설정 기타일체의 처분행위 금지
5	소유권이전	2021년3월22일 제13609호	2021년2월9일 조정을 갈음하는 결정	소유자 김현██ 800315-******* 경기도 남양주시 다산지금로 ██ 길 15, ███,다산펜테리움리버테라스1)
5-1	5번등기명의인표시경정	2021년9월13일 제48158호	2021년3월22일 신청착오	김현██의 주소 경기도 남양주시 다산지금로 ███ (다산동,다산 펜테리움 리버테라스 아이)
6	4번가처분등기말소	2021년3월22일 제13609호		가처분의 목적달성으로 인하여
7	3번가등기말소	2021년3월22일 제13610호	2020년12월17일 확정판결(수원 지방법원 여주지원 2019가단53711)	서울 서초구 서초동 1333 신동아아파트 2-██
2	1번근저당권설정등기말소	2021년3월22일 제13611호	2020년12월17일 확정판결(수원 지방법원 여주지원 2019가단53711)	
3	근저당권설정	2021년9월13일 제48161호	2021년9월13일 추가설정계약	채권최고액 금146███████ 채무자 김██ 경기도 남양주시 ███ ███ ███, ██ ██호(다산동,다산 펜테리움 리버테라스 아이) 근저당권자 옥과농업협동조합 204436-███████ 전라남도 곡성군 옥과면 대학로 ███ 공동담보 토지 경기도 이천시 모가면 송곡리 ███-3의 담보물에 추가

소　장

원고　김■■■ ■■■■■■■■)

　　　남양주시 ■■■■■ ■■ ■■■ ■■■ ■ ■■■,호평파라곤)

　　　송달장소 : 평택시 평남로 1029, 203호 (동삭동)

　　　송달영수인 : 법무사 유종수

피고　김■■■ ■■■■■ ■ `*****`)

　　　서울 은평■ ■■■■■ ■■ ■ ■ (갈현동)

　　　등기부상주소 : 서울 은평구 ■■■■ ■ ■■

토지인도 등 청구의 소

청　구　취　지

1. 피고는 원고에게,

　　가. 경기도 이천시 모가면 송곡리 ■■-3 대 965㎡ 지상의 별지 도면 표시
　　　　1, 2, 3, 4, 5, 6, 7, 8, 9, 10, 1의 각점을 차례로 연결한 선내 (가)부분
　　　　철근콘크리트조 스라브지붕 단층 주택 103.2㎡, 같은 도면 표시 11,
　　　　12, 13, 14, 11의 각점을 차례로 연결한 선내 (나)부분 조적조 스라브
　　　　지붕 단층 창고 90.52㎡를 각 철거하고,

　　나. 위 토지를 인도하고,

　　다. 2020. 4. 1.부터 나항 기재 토지인도 완료일 또는 원고의 가항 기재
　　　　토지 소유권 상실일 중 먼저 도래하는 날까지 월 금723,750원의 비율
　　　　로 계산한 돈을 지급하라.

2. 소송비용은 피고가 부담한다.

3. 제1항은 가집행할 수 있다.

라는 판결을 구합니다.

청 구 원 인

1. 원고의 토지 소유

원고는 수원지방법원 여주지원의 2019 타경 33871호 부동산강제경매사건에서 2020. 4. 1. 강제경매로 인한 매각을 원인으로 경기도 이천시 모가면 송곡리 ■-3 대 965㎡(이하 '이사건토지' 라 함)를 취득하였습니다(갑제1호증 1, 2 각 토지등기사항증명서, 갑제2호증 토지대장 참조).

2. 피고의 건물 소유

피고는 이사건 토지 지상에 별지 도면 표시와 같이 건물(이하 '이사건 건물' 이라함)을 소유하면서 이사건 토지 전부(건물부분외의 부분은 정원, 마당 등으로 사용중)를 점유하여 원고의 이사건 토지 소유권을 침해하고 있습니다(갑제3호증 건물등기사항증명서, 갑제4호증 건축물대장, 갑제5호증 지적도등본, 갑제6호증 항공사진 참조).

3. 철거 및 지료상당 부당이득금반환 청구

피고는 위와 같이 이사건 건물을 소유하면서 원고의 이사건 토지 소유권을 침해하고 있다고 할 것이므로, 이사건 건물을 철거하여 이사건 토지를 원고에게 인도할 의무가 있으며, 지료상당의 부당이득금을 반환할 의무가 있는 바, 원고는 우선 귀원의 경매사건에서의 이사건 토지에 대한 감정평가 금액인 금173,700,000원(갑제7호증 감정평가표 참조)에 대하여 연 5%로 계산한 금8,685,000원에 대하여 월할로 계산한 월 금723,750원을 청구합니다.

지료감정을 실시하더라도 우선 토지의 가액을 산정하고, 그 가액에 주택부속 토지의 경우 연5%를 지료로 감정하는 것이 거의 일반화 되어 있는 현실을 감안하여, 이 사건에서는 소송경제 상 지료감정을 생략하고 위 원고의 청구금액을 인용하여 주시기를 청합니다.

4. 결어

피고는 이사건 건물을 소유하면서 원고의 이사건 토지 소유권을 침해하여 불법행위를 구성하고 있으므로 이사건 건물을 철거하고, 이사건 토지를 인도하며, 원고가 이사건 토지의 소유권을 취득한 시점부터 토지인도 완료일 또는 원고의 이사건 토지 소유권 상실일 중 먼저 도래하는 날까지 지료상당의 부당이득금을 지급할 의무가 있다 할 것입니다.

입 증 방 법

1. 갑 제1호증의 1, 2   토지등기등기사항증명서   각1통
1. 갑 제2호증   토지대장
1. 갑 제3호증   건물등기사항증명서
1. 갑 제4호증   건축물대장
1. 갑 제5호증   지적도등본
1. 갑 제6호증   항공사진

부동산 처분금지 가처분 신청

채권자 김＊＊

채무자 김＊＊

피보전권리 : 건물철거 청구권

목적물(건물) 고시가액 : 금60,958,186원

등록세 : 121,910원

교육세 : 24,380원

인지대 : 10,000원

송달료 : 45,900원

답 변 서

사　건　　2020가단 1624　　　　　　　　　　토지인도 등

원　고　　김 ▮▮ ▮

피　고　　김 ▮ ▮

위 사건에 관하여 피고 소송대리인은 다음과 같이 답변합니다.

청구취지 대한 답변

1. 원고의 청구는 이를 모두 기각한다.

2. 소송비용은 원고가 부담한다.

　라는 재판을 구합니다.

청구원인 대한 답변

1. 피고는 원고의 이 사건 청구원인 주장사실 중 '이천시 모가면 송국리 ▮▮-3 대 965
㎡'(이하 '이 사건 토지'라 줄입니다)를 원고가 강제경매로 취득한 사실 및 이 사건
토지의 지상에 건축된 건물이 피고의 소유인 사실만 인정하고 나머지 부분은 이를
전부 부인합니다.

2. 항변

가. 원고의 이 사건 청구원인 주장사실에 의하면 ① 피고는 원고의 이 사건 토지 소유권을 침해하고 있으므로 이 사건 건물 철거하여야 하고, ② 지료 상당의 부당이득금을 반환하여야 하고, 지료는 이 사건 토지의 경매사건에서 토지의 감정평가액 173,700,000원에 대하여 연 5%로 계산한 돈을 월 할로 계산한 돈을 청구하고 있습니다.

나. 원고의 이 사건 건물철거 청구는 배척되어야 합니다.

1) 원고는 이 사건 토지에 경매로 취득할 당시에 이 산건 토지의 지상에는 이 사건 건물이 존재하고 있으며, 원고가 이 사건 토지를 점유하고 있음을 잘 알고서 이 사건 토지를 경매로 취득하였습니다. 즉, 원고는 이 사건 토지가 원소유자의 독점적·배타적인 사용·수익권의 행사가 제한되는 토지임을 잘 알고서 이 사건 토지를 취득하였습니다.

2) 대법원 2019. 1. 24. 선고 2016다264556 전원합의체 판결에 의하면 "원 소유자의 독점적·배타적인 사용·수익권의 행사가 제한되는 토지의 소유권을 경매, 매매, 대물변제 등에 의하여 특정승계한 자는, 특별한 사정이 없는 한 그와 같은 사용·수익의 제한이라는 부담이 있다는 사정을 용인하거나 적어도 그러한 사정이 있음을 알고서 그 토지의 소유권을 취득하였다고 봄이 타당하므로, 그러한 특정

승계인은 그 토지 부분에 대하여 독점적이고 배타적인 사용·수익권을 행사할 수 없다."라고 판결하였습니다.

3) 원고는 이 사건 토지상에 피고 소유인 이 사건 건물이 존재하고 있음을 잘 알고서 이 사건 토지를 취득하였으므로 원고의 이 사건 건물철거 주장은 전부 배척되어야 할 것입니다. 또한 원고의 이 사건 건물 철거 주장은 권리남용에 해당한다고 할 것입니다.

다. 원고의 이 사건 지료상당의 부당이득금 반환 청구도 배척되어야 합니다.

1) 지료 상당의 부당이득금을 반환하여야 하고, 지료는 이 사건 토지의 경매사건에서 토지의 감정평가액 173,700,000원에 대하여 연 5%로 계산한 돈을 월 할로 계산한 돈을 청구하고 있습니다.

2) 이 사건 토지의 종전 소유자는 피고의 친누나인 소외 김정█였으며, 피고는 이 사건 토지를 무상으로 사용하고 있었으므로 원고의 지료상당의 부당이득금 청구도 모두 기각되어야 할 것입니다.

3) 설사 그렇지 않다고 하더라도 부당이득금을 경매사건의 감정가격을 기준으로 할 것이 아니라 감정절차를 거쳐서 감정인 판단한 금액을 기준으로 하여야 할 것이며, 더구나 원고는 감정평가액으로 낙찰을 받은 것이 아니라 그 보다 훨씬 적은 금액으로 낙찰을 받았으므로 감정평가액을 기준으로 하여야 할 근거가 없

여주지원 2020가단1624 토지인도등 2020.06.29 제출 원본과 상위 없음

을 뿐만 아니라 지료상당의 부당이득금은 감정평가액을 기준으로 하여 연 5% 로 계산할 근거는 전혀 없다고 할 것입니다.

3. 위와 같이 답변서를 제출합니다.

첨부서류 : 소송위임장   1부

2020.   6.   .

피고 소송대리인

변호사 양 현

수원지방법원   여주지원 민사 2단독   귀중

준 비 서 면

사   건   2020 가단 1624 토지인도 등
원   고   김▓▓
피   고   김▓▓

위 당사자 간 귀원에 계류 중인 위 사건과 관련하여 원고는 피고의 2020. 6. 29. 자 답변서에 대하여 다음과 같이 변론을 준비합니다.

- 다   음 -

1. 피고 주장의 요지

피고의 2020. 6. 29. 자 답변서의 주장 요지는 ① 원고는 이사건 토지가 원소유자의 독점적, 배타적인 사용수익권의 행사가 제한되는 토지임을 잘 알면서 취득하였으므로 이를 그대로 승계한 원고의 피고를 상대로 한 건물철거 청구는 부당하다. ② 피고는 이사건 토지의 전 소유자와 무상의 사용대차 관계에 있었으며, 지료감정평가액이 아닌 원고의 청구금액은 부당하다는 것입니다.

2. 배타적인 사용수익권 제한 주장에 관하여

가. 피고주장의 전합판례에 관하여

피고는 대법원 2019. 1. 24. 선고 2016 다 264556 전합판례를 인용하면서 [원소유자의 독점적 배타적 사용수익권의 행사가 제한되는 토지의 소유권을 경

134

이것이 진짜
부동산 소송이다 Ⅰ

애, 매매, 대물변제 등에 의하여 특정승계한 자는 특별한 사정이 없는 한 그
와 같은 사용수익의 제한이라는 부담을 용인하거나 알고 취득한 것이므로
그 부담을 그대로 승계한다] 고 주장합니다.

그러나 위 전합판례를 자세히 살펴보시면, 토지 소유자의 독점적 배타적 사
용수익권 행사의 제한은 **해당 토지가 일반 공중의 이용에 제공됨으로 인한
공공의 이익을 전제**로 하고 있으므로 이 사건과는 사실관계가 전혀 다름을
알 수 있습니다.

따라서 위 전합판례는 이 사건과는 무관한 사안으로 검토대상에서 제외되어
야 합니다.

나. 임대차의 해지통보

물권인 소유권은 채권인 임대차를 깰 수 있다는 것이 민법의 기본 원칙입니
다.

주택임대차보호법, 상가건물임대차보호법 등의 특별법이 우선 적용될 경우에
는 위 명제가 배제될 수 있겠으나 이사건의 경우 특별법 적용대상이 아니므
로 민법의 임대차에 관한 규정이 그대로 적용된다 할 것입니다.

토지의 전 소유자와의 임대차 또는 사용대차 관계는 토지 소유자가 바뀔 경
우 임차권으로 소유권에 대항할 수 없습니다.

다만, 이 경우 임차인을 보호하기 위한 방편도 민법에 규정되어 있습니다.

또한 민법 제635조 제1항은 임대차기간의 약정이 없는 때에는 당사자는 언
제든지 계약해지의 통고를 할 수 있다고 규정하고 제2항에서 임대인이 해지
통고를 한 경우 6개월이 경과하면 해지의 효력이 생김을 규정하고 있습니다.

**원고는 이사건 소제기 및 이건 준비서면의 송달로서 임대차 해지의 통보에
갈음**하는 바입니다.

따라서 피고는 민법 제643조 준용규정에 의거한 민법 제283조에 터잡아 건

물매수청구를 할 수 있을 것인 바, 원고는 건물가액에 관하여 협의가 된다면 그 금액대로 협의가 이루어지지 않을 경우에는 감정평가를 실시하여 그 금액으로 매수청구에 응할 의사가 있음을 분명히 합니다.

3. 임료상당 부당이득금 청구에 관하여

원고의 임료상당 부당이득금 청구에 대하여 피고는 너무 과하다는 주장을 하고 있으므로 조정기일에 이에 대하여 적절한 가액으로 협의가 이루어지길 바라오며, 협의가 무산될 경우에는 부득이 감정수수료 등 비용이 발생되더라도 지료감정을 실시하여 그 결과에 따라 청구취지를 변경하고자 합니다.

4. 결어

위와 같이 피고가 주장하는 대법원 전원합의체 판결은 이사건과 사실관계가 전혀 다르므로 그 주장 자체를 배척하여 주시기 바라오며, 원고의 청구취지 대로 판결하여 주시기 바랍니다.

첨 부 서 류

1. 준비서면 부본   1통

2020. 7. 7.

위 원고 김형■■

수원지방법원 여주지원 귀중

수원지방법원 여주지원

조정을 갈음하는 결정

사 건   2020가단1624 토지 인도 등

원 고   김■■채

         남양주시 ■■■■ ■■ ■■ ■■ 호평파라곤)

         송달장소 평택시 평남로 1029, ■■호 (동삭동)

피 고   김■■■

         서울 은■■ ■■■■ ■■ ■■ ■■ (갈현동)

         소송대리인 변호사 양현■

위 사건의 공평한 해결을 위하여 당사자의 이익, 그 밖의 모든 사정을 참작하여 다음
과 같이 결정한다.

결 정 사 항

1. 피고는 2021. 2. 28.까지 원고로부터 L■■만 원을 받음과 동시에 원고에게 이천시
   모가면 송곡리 ■■■-3 지상 철근콘크리트 및 조적조 슬래브 지붕 단층주택 및 창고
   주택 103.2㎡, 창고 90.52㎡에 관하여 소유권이전등기절차를 이행하고 위 주택 및
   창고를 인도한다.

2. 원고는 2021. 2. 28.까지 피고로부터 제1항 기재 주택 및 창고에 관한 소유권이전등
   기절차를 이행 받고 위 주택 및 창고를 인도 받음과 동시에 피고에게 L■■0만 원을

지급한다.

3. 원고는 나머지 청구를 포기한다.

4. 소송비용은 각자 부담한다.

청구의 표시

[청구취지 및 청구원인]

별지 기재와 같다.

2021. 1. 19.

판사   박희

※ 이 결정서 정본을 송달받은 날부터 2주일 이내에 이의를 신청하지 아니하면 이 결정은 재판상 화해와 같은 효력을 가지며, 재판상 화해는 확정판결과 동일한 효력이 있습니다.

금전 공탁서(변제 등)

공 탁 번 호	년금제 호	년 월 일 신청	법령조항	민법 제487조

공 탁 자	성 명 (상호, 명칭)	김ㅇ대	피 공 탁 자	성 명 (상호, 명칭)	김ㅇ래
	주민등록번호 (법인등록번호)	80ㅇㅇㅇㅇ11		주민등록번호 (법인등록번호)	5ㅇㅇㅇㅇ6531
	주 소 (본점, 주사무소)	경기도 남양주시 화마산로 65, 118동ㅇㅇㅇ호(ㅇㅇ동,ㅇ평파라곤)		주 소 (본점, 주사무소)	서울ㅇㅇㅇㅇㅇ현로45길 33-11, 2층ㅇ 201호(갈현동)
	전화번호	010-5ㅇㅇㅇㅇ0		전화번호	

공 탁 금 액	한글 금일천만원정	보 관 은 행	은 행 지점
	숫자 금ㅇㅇㅇ00원정		

공탁원인사실	별지기재와 같음
비고(첨부서류 등)	주민등록초본, 조정을갈음하는결정

1. 공탁으로 인하여 소멸하는 질권, 전세권 또는 저당권 2. 반대급부 내용	반대급부 : 이천시 모가면 송곡리 ㅇㅇ3 건물 이전등기서류 등기권리증,인감증명,초본,위임장)의 교부 및 건물인도

위와 같이 신청합니다.　　　　　　대리인 주소
　　　　　　　　　　　　　　　　　전화번호
공탁자 성명 김형ㅇ 인(서명)　　　성명

위 공탁을 수리합니다.
공탁금을　 년　 월　 일까지 위 보관은행의 공탁관 계좌에 납입하시기 바랍니다.
위 납입기일까지 공탁금을 납입하지 않을 때는 이 공탁 수리결정의 효력이 상실됩니다.

　　　　　　　　　　　년　　　　월　　　　일

　　　　　　　　　　법원　　　　지원 공탁관　　　　　　　(인)

(영수증) 위 공탁금이 납입되었음을 증명합니다.

　　　　　　　　　　　년　　　　월　　　　일

　　　　　　　공탁금 보관은행(공탁관)　　　　(인)

139

사건 개요 하나의 필지에 4개의 건축물 건축

토지는 김태○의 하나의 필지에 4개의 건축물이 건축되어 있다. 건축물대장은 있으나 등기부등본은 없었으며, 건물 4동 전부 법정지상권이 없는 건물이었다.

현재 건축물이 사용하고 있는 토지를 현황 측량 후 지료와 철거 소송을 하자 2명은 거주했으며 2명은 사망 후 상속자들이 거주하고 있었다. 따라서 상속자들을 상대로 청구취지를 변경했고, 결과는 조정으로 건축주에게 4필지로 나누어 매도했다.

[토지] 경상북도 안동시 임하면 임하리 ▨▨ 대 2116㎡

1. 소유지분현황 (갑구)

등기명의인	(주민)등록번호	최종지분	주　　　　　소	순위번호
김태▨ (소유자)	740816-*******	단독소유	경상북도 안동시 임하면 천지오대길 ▨▨-7	2

(1) 본건 토지 지상에는 평가목적물로 의뢰되지 않은 다음 내역과 같은 제시외건물 다수동(건물등기사항전부증명서에는 미등재, 일반건축물대장에는 등재되었으며 등재된 소유자 기준 전체 4명임)과 관련공부에 미등재된 제시외건물 및 비닐하우스 수개동(농사용 등)이 소재하나 본건 평가목적을 고려하여 제시외건물에 구애없이 토지가격을 산정하되 제시외건물이 경매대상에서 제외되어 그 토지가 소유권 행사를 받는 경우의 토지가액을 토지평가명세표 비고란에 기재하였는바 경매진행 업무에 참고하시기 바랍니다.

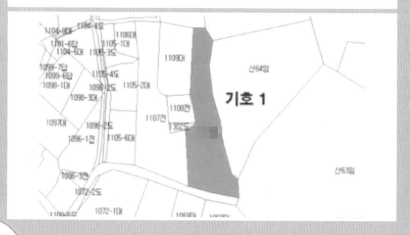

2019 타경 ▦▦▦ (임의)	매각기일 : 2021-01-18 10:00~ (월)		경매1계 054)850-▦▦▦

소재지	(36731) 경상북도 안동시 임하면 임하리 ▦▦▦ [도로명] 경상북도 안동시 대추나무길 ▦▦5(임하면)				
용도	대지	채권자	예OOOOO	감정가	122,728,000원
토지면적	2116㎡ (640,09평)	채무자	김O	최저가	(49%) 60,729,000원
건물면적		소유자	김O	보증금	(10%)6,072,900원
제시외	제외 200,75㎡ (60,73평)	매각대상	토지매각	청구금액	43,247,691원
입찰방법	기일입찰	배당종기일	2020-02-03	개시결정	2019-11-27

기일현황 ▽간략보기

회차	매각기일	최저매각금액	결과
신건	2020-11-23	86,756,000원	유찰
	2020-12-21	60,729,000원	변경
차	2021-01-18	60,729,000원	매각
낙찰85,250,000원(69%)			
	2021-01-25	매각결정기일	허가
	2021-03-02	대금지급기한 납부 (2021.02,08)	납부
	2021-03-08	배당기일	완료

□ 물건현황/토지이용계획

임하면 행복복지센터 북동측 인근에 위치

인근일대는 단독주택, 농경지 등이 소재하는 기존주택지대

본건 및 부근까지 차량 접근 가능하며, 인근의 도로여건 등으로 보아 제반 교통사정은 보통

대체로 평지의 부정형, 공부상 지목 대, 현황 주거용건부지, 관련부속토지 및 일부 경작지 등을 포함하는 주거나지. 진입로(도로) 등으로 이용중임

지적상 맹지이나 현황은 관습상의 포장(비포장) 소폭의 세로(가) 등의 도로(진입로)가 소재

공장설립승인지역

계획관리지역(임하리 ▦▦▦)

※ 감정평가서상 제시외건물가격이 명시되어있지않음. 입찰시 확인요함.
※ 제시외건물이영향을받지않은감정가 (122,728,000원)
※감정가격은 제시외건물의 영향을 받지않는 토지의 감정가격이나 경매진행은 제시외건물의 영향을 받아 감안된 토지의 감정가격으로 진행합니다.입찰시 확인요함.

□ 면적(단위:㎡)

[토지]

임하리 ▦▦▦ 대지
계획관리지역
2116㎡ (640,09평)
제시외건물로 인한감안감정

[제시외]

임하리 ▦▦▦
(ㄱ) 농사용비닐하우스수개동 제외
미상
99다25532 판례보기
04다26139 판례보기

임하리 ▦▦▦
(ㄴ) 1층 주택 제외
21,56㎡ (6,52평)
목조슬레트

임하리 ▦▦▦
(ㄷ) 1층 창고 제외
13,86㎡ (4,19평)
목조초가

임하리 ▦▦▦
(ㄹ) 1층 주택 제외
26,45㎡ (8평)
목조

임하리 ▦▦▦

□ 임차인/대항력여부

배당종기일: 2020-02-03

권O 없음
전입 : 없음
확정 : 없음
배당 : 없음
점유 :대추나무길▦▦-21부분
99다25532 판례보기
04다26139 판례보기

이O 없음
전입 : 없음
확정 : 없음
배당 : 없음
점유 :대추나무길▦▦-23부분
99다25532 판례보기
04다26139 판례보기

이O 없음
전입 : 없음
확정 : 없음
배당 : 없음
점유 :대추나무길▦▦-13부분
99다25532 판례보기
04다26139 판례보기

□ 등기사항/소멸여부

소유권 이전
1995-04-25 토지
김O
보존

소유권 이전
2009-03-25 토지
김O
협의분할에 의한 상속

(근)저당 토지소멸기준
2014-08-06 토지
이O
50,000,000원

지상권 소멸
2014-08-06 토지
예OOO

임의경매 소멸
2019-11-27 토지
예OOO
청구 : 43,247,691원
▷ 채권총액 :
50,000,000원

🖾 등기사항증명서

토지열람 : 2020-12-11

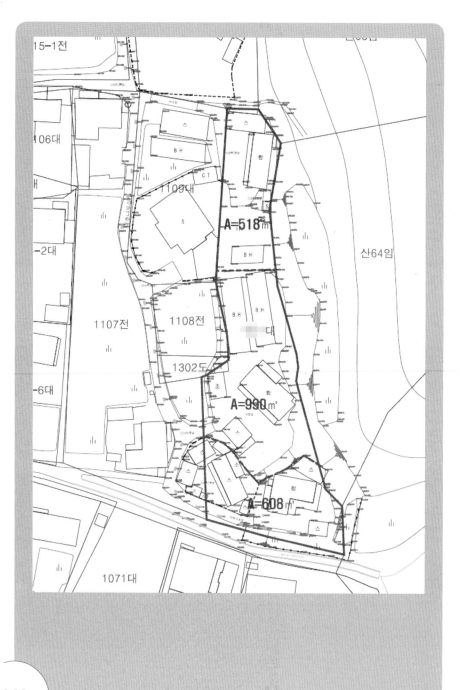

이것이 진짜
부동산 소송이다 I

소 장

원고 손█ ███████3511)

성남시 분당구 벌말███ █

907█ ███ ████████ 가을건영빌라)

송달장소 : 평택시 평남로 1029. █호 (동삭동)

송달영수인 : 법무사 유종█

피 고 1. 이██ (37██████
안동시 임하면 임하리 █5

2. 권█ ████29-1******)
안동시 임하면 임하리 █9

3. 이█ ███26-1******)
안동시 임하면 임하리 █6

4. 최█ ███802-2******)
안동시 임하면 임하리 █0

5. 이█ █
안동시 임하면 대█████

토지인도 등 청구의 소

청 구 취 지

1. 원고에게 경상북도 안동시 임하면 임하리 █0 대 2116㎡ 지상의

가. 피고 이수█는 목조 시멘트기와지붕 단층주택 29.97㎡, 목조 스레트지
붕 단층주택 24㎡, 목조 스레트지붕 단층창고 22.5㎡ 를.

　　나. 피고 권■■■ ■■■로 스레트지붕 단층주택 21.56㎡, 목조 초가지붕 단
　　　층창고 13.86㎡ 및 비닐하우스를,

　　다. 피고 이■■ 목조 스레트지붕 단층주택 26.45㎡, 목조 스레트지붕
　　　단층우사 15.98㎡를,

　　라. 피고 최■■ 시멘트블러조 스레트지붕 단층주택 36.83㎡, 시멘트블
　　　러조 스레트지붕 단층창고 9.6㎡를,

　　　각 철거하고, 위 토지를 인도하라.

2. 피고 이■■, 권■■, 이다■, 최■■는 각자 원고에게 2021. 2. 8.부터 위
　1항 토지인도 완료일 또는 원고의 위 토지소유권 상실일 중 먼저 도래하
　는 날까지 월 금76,700원씩의 비율로 계산한 돈을 각 지급하라.

3. 피고 이옥■는 위 1의 라항 건물에서 퇴거하라.

4. 소송비용은 피고들이 부담한다.

5. 제1항, 제2항은 가집행할 수 있다.

라는 판결을 구합니다.

청 구 원 인

1. 원고의 토지 소유

원고는 대구지방법원 안동지원의 2019 타경 3953호 부동산임의경매 사건에
서 2021. 2. 8. 임의경매로 인한 매각을 원인으로 경상북도 안동시 임하면 임
하리 ■■0 대 2116㎡(이하 '이사건 토지'라 함)을 취득하였습니다(갑제1호
증 부동산등기사항증명서, 갑제2호증 토지대장 각 참조).

2. 이사건 건물의 소유 및 점유관계

147

이사건 토지의 지상에는 피고들 소유의 건물들(이하 "이사건 건물들"이라 함)이 존재합니다(갑제3호증의 1 내지 4 각 건축물대장, 갑제4호증 항공사진, 갑제5호증 지적도, 갑제6호증의 1 내지 3 각 사진용지 각 참조).

각 피고들 소유의 건물은 건축물대장은 존재하나 모두 현재 미등기이며, 항공사진으로 확인되는 토지의 중간 부분 비닐하우스는 피고 권■■의 소유로 추정됩니다.

경매사건의 현황조사서 및 매각물건명세서의 기재에 의하면 각 피고들이 자신의 건물을 소유 및 점유하고 있으며, 피고 이■■는 피고 최■ 소유의 건물에 거주하고 있는 것으로 사료됩니다.

3. 철거 및 토지인도, 퇴거 의무

위와 같이 이사건 토지의 지상에 피고들은 각자의 건물을 소유 및 점유하면서 원고의 이사건 토지 소유권을 침해하고 있음이 분명합니다.

따라서 피고들은 각자(불법행위 제거의무) 이사건 건물을 철거하여 이사건 토지를 원고에게 인도할 의무가 있습니다.

한편, 건물철거 청구의 경우 대장 및 등기부의 기재가 아니라 실제 철거대상인 건물을 기준으로 해야 하는 바, 경매사건에서는 이사건 건물들에 대하여 정확한 위치, 구조, 용도 등에 관하여 실측이 이루어지지 아니하였으므로 이사건 진행 중 측량감정을 신청할 예정입니다.

다만, 피고들과 이 소송에서 원만히 합의될 가능성도 있으므로 소송경제 상 측량감정은 최후 수단으로 신청하고자 합니다.

그리고 소유자는 아니나 철거대상인 이사건 건물에 거주하고 있는 피고 이 ■■는 건물에서 퇴거할 의무가 있습니다.

4. 지료상당 부당이득금 지급의무

피고들이 각자 이사건 건물들을 소유 및 점유하면서 원고의 이사건 토지 소유권을 침해하고 있는 것이 명백한바, 피고들은 각자 원고에게 지료상당의 부당이득금을 반환할 의무가 있습니다.

원고는 우선 경매사건의 이사건 토지에 대한 감정평가액인 금122,728,000원 (갑제9호증 감정평가표 참조)에 대하여 연3%로 계산한 연 금3,681,840원을 월할로 환산하면 월 금306,820원이고 이를 건물소유자 피고 4인에게 균등하게 나누어 월 금76,700원을 청구하는 바입니다.

지료감정을 실시하더라도 우선 토지의 가액을 산정하고, 그 가액에 주택부속 토지의 경우 연3% 가량의 기대이율을 적용하는 것이 통상적이므로 소송경제 상 지료감정을 생략하고 위 원고의 청구금액을 인용하여 주시기 바랍니다. 그리고 민법 제633조에 의거한 원고의 월할 청구도 정당합니다.

5. 결어

결국, 피고들은 아무런 권원 없이 이사건 건물을 소유 및 점유하면서 원고의 이사건 토지 소유권을 침해하여 불법행위를 구성하고 있으므로 피고들은 각자 이사건 건물을 철거하고, 이사건 토지를 인도하며, 원고가 이사건 토지의 소유권을 취득한 시점부터 토지인도완료일 또는 원고의 이사건 토지 소유권 상실일까지 지료상당의 부당이득금을 지급할 의무가 있으므로 청구취지와 같은 판결을 구합니다.

입 증 방 법

1 갑 제1호증   부동산등기등기사항증명서
1 갑 제2호증   토지대장
1 갑 제3호증의 1내지4   건축물대장   각1통
1 갑 제4호증   항공사진

답 변 서

사 건   2021가단534 토지인도
원 고   손충█
피 고   이수█ 외 4명

　　위 사건에 관하여 피고(1) 이수█의 상속인들(정옥█, 이재█ 이현█ 이기█, 이서█, 이미█ 이일█), 피고(2) 권혁█, 피고(3) 이대█의 상속인들(유삼█ 이재█ 이미█ 이재█), 피고(5) 이옥█의 소송대리인은 다음과 같이 답변합니다.

소장 기재 당사자(피고) 표시에 관하여

1. 원고가 소장에 피고로 표시한 피고(1) 이수█ 피고(3) 이대█는 각 사망하였습니다. 원고는 위 사실을 모르고 또는 상속인들을 파악하지 못하여 망인들을 피고로 표시한 것으로 보이고 사정이 그렇다면 이는 당사자 표시정정을 신청할 사항으로 보여집니다. 이에 피고(1) 이수█의 상속인들, 피고(2) 권혁█, 피고(3) 이대█의 상속인들, 피고(5) 이옥█로부터 소송대리를 위임받아 답변서를 제출하는 바입니다.

2. 참고로 피고(4) 최남████ 사망한 것이 확실한데 피고 권혁█ 등으로서는 그 상속인들의 소재나 연락처를 알지 못합니다.

청구취지에 대한 답변

1. 원고의 피고(1) 이수█의 상속인들, 피고(2) 권혁█, 피고(3) 이대█의 상속인들, 피고(5) 이옥█에 대한 청구를 각 기각한다.
2. 원고와 제1항 기재 피고들 사이의 소송비용은 원고가 부담한다.
라는 판결을 구합니다.

청구원인에 대한 답변

1. 원고의 피고(1) 이수█의 상속인들, 피고(2) 권혁█, 피고(3) 이대█의 상속인들, 피고(5) 이옥█에 대한 청구원인 사실 중 이 사건 토지가 원고의 소유라는 점, 이 사건 토지 지상에 원고 주장 미등기 건물이 존재하고 위 피고들 중 일부가 그 건물을 소유하거나 그 건물에서 거주하고 있는 점 등은 사실입니다.

2. 그런데 위 피고들의 소송대리인은 최근에 이 사건을 수임한 관계로 사안의 경위를 소상하게 파악하지 못하였습니다. 추후 사안의 구체적 경위, 특히 위 피고들이 이 사건 토지를 실제로 점유하고 있는지, 점유하고 있다면 정당한 점유권원에 기한 것인지 여부 등을 파악하여 준비서면을 제출하도록 하겠습니다.

3. 한편, 원고는 '피고들과 이 소송에서 원만히 합의될 가능성도 있으므로 소송경제 상 측량감정은 최후 수단으로 신청하고자 한다.'라고 하는바(소

장 청구원인 제3항), 위 피고들도 토지 사용료 등 조건이 적당하다면 원고
와 원만하게 합의할 의향이 있습니다.

첨 부 서 류

1. 소송위임장 1부

1. 제적등본 및 가족관계증명서(피고(1) 망 이수■) 각 1부

1. 주민등록초본(피고(1) 망 이수■의 상속인 정옥■ 외 6명) 7부

1. 주민등록초본(피고(2) 권혁■) 1부

1. 제적등본 및 가족관계증명서(피고(3) 망 이대■, 배우자 유삼■) 각 1부

1. 주민등록초본(피고(3) 망 이대■의 상속인 유삼■ 외 3명) 각 1부

1. 주민등록초본(피고(5) 이옥■) 1부

2021.   4.   .

피고(1) 이수■의 상속인들, 피고(2) 권혁■,

피고(3) 이대■의 상속인들, 피고(5) 이옥■

위 피고들 소송대리인

변호사 민덕■

피고표시 정정 신청서

사   건   2021 가단 534 토지인도
원   고   손███
피   고   이███ 외

위 사건과 관련하여 원고는 기존 피고들 중 일부가 사망하였으므로 다음과
같이 피고표시를 정정합니다.
기존 피고 중 망 최██수에 대해서는 일부취하서를 제출하였습니다.

정정 후 피고의 표시

피 고   1. 망 이████████ 정███ ████████
             안동시 임하면 █████ ██

        2. 망 이███의 상속인 ███ ████████
             대구 동구 ████ ██ 12-1 (신천동)

        3. 망 이███ 상속인 이███████
             울산 북구 염포로 685, ██████ █호 (염포동,염포성원상떼빌)

        4. 망 이███ 상속인 이███ (████████1)
             부산 동래구 반송████ 48-4, 105호 (명장동,동양파크)

        5. 망 이██████ 이████████)
             울산 북구 염포로 ██████████ █호 (염포동,염포성원상떼빌)

        6. 망 이██████ 이████████)
             창원시 성산구 ██████████동 106호 (반림동,현대아파트)

        7. 망 이██████ 이████████)
             울산 동구 등대5길 5, 2███████)

8. 권██ ████████ █)
   안동시 임███ ████길 52-21
9. 망 이████ 상속인 유████████14)
   안동시 임하████████-23
10. 망 이████ ████ 이██████████7)
    대구 달성군 화원읍 성█████ █████ 1601호 (██타운)
11. 망 아██ 상속인 이████ (███-2775314)
    대구 달서구 용산서로 38, ████ ██ (용산동,용산2차우방타운)
12. 망 이██의 상속인 이████ (██████-1775318)
    대구 달서구 용산서로 22, ████ █호 (용산동,용산청구타운)
13. 이██ ██████████12)
    안동시 임하면 ████ █ █-25

첨부서류

1. 피고표시 정정 신청서 부본 13통
1. 상속서류등(사실조회회신서 및 피고답변서 제출 원용)
1. 송달료추가납부영수필확인서

2021. 5.   .

위 원고 손충█

대구지방법원 안동지원 귀중

빠르고 편리한 고품질 사법서비스
대법원 전자소송

본 사이트에서 제공된 사건정보는 법적인 효력이 없으니, 참고자료로만
활용하시기 바랍니다.
민사, 특허 등 전자소송으로 진행되는 사건에 대해서는 전자소송 홈페이지를
이용하시면 판결문이나 사건기록을 모두 인터넷으로 보실 수 있습니다.

사건일반내용	사건진행내용

사건번호 : 대구지방법원 안동지원 2021가단534

기본내용

사건번호	2021가단▨▨	사건명	[전자] 토지인도
원고	손중▨	피고	정옥▨
재판부	민사1단독		
접수일	2021.03.25	종국결과	2021.08.19 소취하
원고소가	14,812,000	피고소가	
수리구분	제소	병합구분	없음
상소인		상소일	
상소각하일		보존여부	기록보존됨
인지액	71,600원		
송달료,보관금 종결에 따른 잔액조회			
판결도달일		확정일	2021.08.19

최근기일내용

일자	시각	기일구분	기일장소	결과
2021.06.17	15:00	조정기일	2층 조정실	조정불성립

소 취 하 서

사   건   2021 가단 534 토지인도
원   고   손███
피   고   정███ 외 12

위 당사자 간 귀원 20██ 가단 5██4 토지인도 청구 사건과 관련하여 원고는 피고들과 원만히 화해하였으므로 소 전부를 취하합니다.

첨부서류

1. 위임장   1통

2021. 7. 30.

위 원고 손███

대구지방법원 안동지원 귀중

Part 02

농지취득자격증명 미발급에 대한 소송

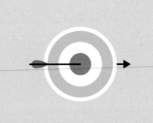

01

사건 개요 불법 건축물이 농지 일부를 침범

'전'으로 되어 있는 3필지의 지상에 불법 건축물이 있으며 도시계획이 되어 있는 토지의 1/8 지분 매각이다. 예전에도 지분 매각으로 진행되어 행정 소송으로 진행했으나 패소한 적이 있었다.

▩. 별첨 "사진용지"와 같이 본건 토지 기호(3) 지상에 제시외건물 10동 및 비닐하우스 1동, 토지 기호(4) 지상에 제시외건물 4동이 소재하나 소유자 불명인바 평가제외 하였고 아울러 제시외건물로 인하여 토지가 소유권 행사에 제한되는 경우의 가격을 별첨 " 토지건물감정평가명세표" 비고란에 병기하였음.

카. 본건 토지는 전체 토지 중 공유자인 오세○ 지분만의 관한 평가로서 지분 위치가 특정되지 않아 전체면적을 기준으로 평가한 평균단가를 적용하여 평가하였음.

목록(6) 농지취득자격증명원 제출 요 (미제출시 보증금 몰수)
목록(6) 불법으로 형질 변경 또는 불법건축물이 있어 농업경영 등에 이용하기 어려운 상태로 건축물의 일부 점유 부분에 대하여 복구가 필요하고,

▶기호(3): 공부상 지목 "전"이나, 현황 "단독주택 및 상업용부지" 및 일부 "도로"로 이용 중임.
▶기호(4): 공부상 지목 "전"이나, 현황 "단독주택 및 상업용·창고부지"로 이용 중임.
▶기호(5): 공부상 지목 "대"이나, 현황 일부 "도로"로 이용 중임.
▶기호(6): 공부상 지목 "전"이나, 현황 일부 "단독주택부지"로 이용 중임.

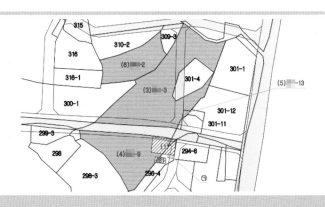

2017 타경 11129 (강제)	물번2 [배당종결] ✔	매각기일 : 2019-10-15 10:00~ (화)	경매5계 041-660-█████

소재지	(31919) 충청남도 서산시 지곡면 화천리 ████-3 외2필지 [도로명] 충청남도 서산시 화천2길 ██████(지곡면)				
용도	전	채권자	지0000000	감정가	120,631,960원
지분토지	398,26㎡ (120,47평)	채무자	오OO	최저가	(24%) 28,963,000원
건물면적		소유자	오O	보증금	(10%) 2,896,300원
제시외		매각대상	토지지분매각	청구금액	60,850,757원
입찰방법	기일입찰	배당종기일	2018-03-13	개시결정	2017-12-20

기일현황 ▼간략보기

회차	매각기일	최저매각금액	결과
신건	2018-05-01	120,631,960원	유찰
2차	2018-06-12	84,442,000원	유찰
3차	2018-07-17	59,109,000원	유찰
4차	2018-08-28	41,376,000원	매각
서OO/입찰1명/낙찰46,120,000원(38%)			
	2018-09-04	매각결정기일	불허가
신건	2019-05-21	120,631,960원	유찰
2차	2019-06-25	84,442,000원	유찰
3차	2019-07-30	59,109,000원	유찰
4차	2019-09-03	41,376,000원	유찰
5차	2019-10-15	28,963,000원	매각
김0000/입찰2명/낙찰42,000,000원(35%)			
	2019-10-22	매각결정기일	변경
5차	2020-09-24	매각결정기일	허가
	2020-10-30	대금지급기한 납부 (2020,10,29)	납부
	2020-12-17	배당기일	완료
배당종결된 사건입니다.			

▣ 물건현황/토지이용계획

부성초등학교 남측 인근에 위치

주위는 단독주택 및 전·답 등의 농경지, 자연림, 근린생활시설 등이 혼재

본건 및 본건 인근까지 차량 접근 가능하며, 인근에 간선도로가 소재하고, 도보로 5분 내외 버스정류장에 도달하는 등 제반 교통상황은 보통

대체로 기호3,6)부정형 및 기호5)삼각형의 평지

기호3)남측 및 북측으로 왕복2차선 아스콘포장도로 폭 약3M 내외 포장도로에 각각 접하며, 본건 일부 도로로 이용 중임

기호5)서측으로 폭 약3M 포장도로 기호3)에 접하며, 본건 일부 도로로 이용 중임

기호6)지상 맹지이며, 인접필지를 통해 접근 가능함

계획관리지역(화천리 ████-3)
계획관리지역(화천리 ████-13)
계획관리지역(화천리 ████-2)

※ 감정평가서상 제시외건물가격이 명시 되어 있지않음. 입찰시 확인요함.

▣ 면적(단위:㎡)

【(지분)토지】

화천리 ████-3 전
계획관리지역
295,88㎡ (89.5평)
현황'단독주택 및 상업용부지 및 일부 도로' 2367면적중 오세██지분 295,88전부

화천리 ████-13 대지
계획관리지역
2㎡ (0,6평)
현황'근린생활시설부지 및 일부 도로' 2367면적중 오세██지분 295,88전부

화천리 ████-2 전
계획관리지역
100,38㎡ (30.36평)
현황'일부 단독주택부지' 2367면적중 오세██지분 295,88전부

【제시외】

화천리 ████-3
(ㄱ) 수목 제외
감나무등

▣ 임차인/대항력여부

배당종기일: 2018-03-13

박O   있음
전입 : 1968-11-20
확정 : 없음
배당 : 없음
보증 : 미상
점유 : 미상
99다25532 판례보기
04다26133 판례보기

미O   있음
전입 : 1973-02-05
확정 : 없음
배당 : 없음
보증 : 미상
점유 : 목록(3)
99다25532 판례보기
04다26133 판례보기

조O   있음
전입 : 1983-05-11
확정 : 없음
배당 : 없음
보증 : 미상
점유 : 목록(3)
99다25532 판례보기
04다26133 판례보기

▣ 등기사항/소멸여부

소유권(지분) 1998-02-03 오000 협의분할예약에 의한 상속	이전 토지
소유권(지분) 2004-02-18 오O 협의분할에 의한 상속 오세██지분	이전 토지
가압류(지분) 2010-10-21 지0000 393,033,440원 오세██지분	토지소멸기준
가압류(지분) 2012-03-06 하000 14,620,788원 오세██지분	소멸 토지
압류(지분) 2014-06-11 서OO 오세██지분	소멸 토지
강제경매(지분) 2017-12-20 지0000 청구 : 60,850,757원 오세██지분	소멸 토지

[토지] 충청남도 서산시 지곡면 화천리 301-3 전 2367㎡

1. 소유지분현황 (갑구)

등기명의인	(주민)등록번호	최종지분	주　　　　소	순위번호
오■■■ (공유자)	550115-*******	8분의 1	서울 광진구 자양동 579 우성아파트 ■■ ■	1
오■■ (공유자)	570820-*******	8분의 1	서울 금천구 독산동 ■■	1
오■■ (공유자)	591228-*******	8분의 1	서울 동작구 흑석동 188-10 명성빌라 3층-■	1
오■■ (공유자)	470712-*******	8분의 1	서산시 지곡면 화천리 ■■■■	1
오■■ (공유자)	500121-*******	8분의 1	서울 서초구 양재동 154-2 우성아파트 ■■■■	1
오■ (공유자)	611027-*******	8분의 1	서울 금천구 독산동 ■■	1
오■■ (공유자)	521222-*******	8분의 1	서산시 지곡면 화천리 ■■	1
오진■ (공유자)	910826-*******	8분의 1	서울 관악구 신림동 ■■■	4

2. 소유지분을 제외한 소유권에 관한 사항 (갑구)

순위번호	등기목적	접수정보	주요등기사항	대상소유자
9	가압류	2010년10월21일 제37510호	청구금액 금393,033,440 원 채권자 지곡농업협동조합	오■■
11	가압류	2012년3월6일 제9856호	청구금액 금14,620,788 원 채권자 주식회사하나은행	오■■
14	압류	2014년6월11일 제23466호	권리자 국	오■■
16	강제경매개시결정	2017년12월20일 제47152호	채권자 지곡농업협동조합	오■■

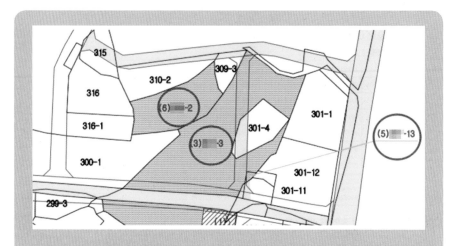

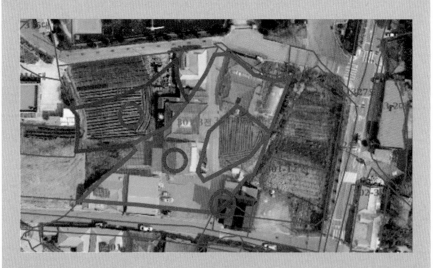

이것이 진짜
부동산 소송이다 Ⅰ

해뜨는 서산, 행복한 서산

해뜨는 서산

서 산 시 지 곡 면

수신 대전지방법원 서산지원(경매5계)

(경유)

제목 **사실 조회 회신(대전지방법원 서산지원 사실조회)**

1. 귀 기관의 무궁한 발전을 기원합니다.

2. 사건 2017타경11129 부동산강제경매와 관련하여 농지 사실 조사 의뢰건에 대하여
   아래와 같이 회신합니다.

   가. 사실 조회 농지: 지곡면 화천리 ▦-3(전, 2,367㎡), ▦-9(전, 1,241㎡),
       ▦-2(전, 803㎡),

조 회 내 용	확 인 내 용
○ 위 기재 토지의 현황이 농지인지 여부	여 (농지이나 건축물의 일부 점유 부분에 대하여 복구가 필요함)
○ 토지현황이 농지가 아닌 경우에는 전용허가가 이루어졌는지 여부	부
○ 전용허가가 이루어진 경우에는 그 허가 연월일, 허가조항, 전용목적 및 허가 신청자의 주소와 성명	-
○ 전용허가를 얻지 않고 토지현황이 변경된 경우에는 향후 원상회복명령이 발하여질 가능성이 있는지 여부	부
○ 위 기재 토지를 공매절차에서 매수한 때 농지취득 자격증명이 필요한지 여부	여 (농지이나 건축물의 일부 점유 부분에 대하여 복구가 필요함)

붙임 1. 위치도(지곡. 화천리 ▦-3외 2필지) 1부. 끝.

이것이 진짜
부동산 소송이다 Ⅰ

매각허가 결정기일 연기 신청서

사　　　건　　　2017 타경 11129 부동산강제경매
채　권　자　　　지곡단위농업협동조합
채무자겸 소유자　　오██헌

최고가매수신고인　김주██, 김성██

위 사건과 관련하여 최고가 매수신고인 김주██과 김성██은 2019. 10. 22.로 예정된 매각허가 결정 기일에 대하여 다음과 같은 사유로 기일 연기를 신청하오니 허가하여 주시기 바랍니다.

- 다　　음 -

1. 매각불허가 사유

위 사건의 매각대상 토지 중 화천리 ██-2, 화천리 ██-3 두 개 번지는 지목이 농지여서 지곡면에 농지취득자격증명 발급을 신청하였으나, 지곡면으로부터 수령한 농지취득자격증명 반려처분의 반려사유를 보건데, ██-3번지 토지에 대하여는 농지법상 농지에 해당되지 않는다는 사유여서 등기촉탁에 문제가 없으나 ██-2번지 토지에 대하여는 불법건축물이 존재하여 원상복구를 먼저 하지 않는 한 농취발급이 불가하다는 사유를 들고 있어 등기가 불가능한 상황으로 매각불허가 결정이 예상되고 있습니다.

2. 지곡면의 행정 착오

지곡면은 신청인들의 농지취득자격증명 발급신청에 대해, 화천리 ▨▨-2번지 토지(이하 '이사건토지'라 함)가 농지법상 농지임을 전제로 반려하면서 그 사유로 해당토지의 지상에 불법 건축물 등이 존재하여 자격증명의 발급이 불가하다고 기재하였으니, 이는 명백한 행정착오라 하지 않을 수 없습니다.

만약, ① 원상복구가 불가한 상황이라면 농지법상 농지에 해당하지 않음이 명백하여 "해당 토지는 농지법상 농지에 해당하지 않는다" 는 반려문구가 들어가야 하고, ② 농지법상 농지에 해당함이 분명하고, 농지로의 원상복구 가 가능하다면, 원상복구를 조건으로 농지취득자격증명을 발급해야 합니다.

원상복구계획서를 제출하면 농지취득자격증명 발급이 가능한지 문의하였으나 지곡면에서는 무조건 불가하다고 하면서 이미 몇차례 반려를 한 마당에 이제와서 입장을 바꿀 수도 없다고 합니다.

③ 지곡면의 반려처분은 원상복구의 의무가 없는 최고가 매수신고인에게 의 무를 지우는 부당한 처분이므로, 다음 하급심 판례와 같이 원상복구를 조건 으로 농지취득자격증명을 발급하는 것이 당연한 행정조치라 할 것입니다.

토지의 불법 형질변경을 이유로 농지취득자격증명의 발급을 거부할 수 있는 지에 관하여 보건대, 경매절차를 통하여 위 토지를 낙찰받기 위하여 농지취 득자격증명을 발급받으려는 자는 위 토지를 낙찰 받아 소유권을 취득하기 전에는 원상회복 등의 조치를 할 아무런 권원이 없으므로 그에게 형질 변경 된 부분의 복구를 요구한다는 것은 법률상 불가능한 것을 요구하는 것인 점, 불법적으로 형질 변경된 농지에 대하여 농지취득자격증명의 발급을 거부한 다면, 농지의 소유자가 농지를 금융기관에 담보로 제공한 후 농지를 불법으 로 형질변경하거나 지상에 무허가건물을 짓는 경우에는 스스로 원상복구하 지 않는 한 제3자가 이를 경락받지 못하므로 담보물권자는 농지를 환가할 수 없게 되는 점 등을 참작하면 불법으로 형질 변경된 위 토지에 대하여는 농작물의 재배가 가능한 토지로 원상 복구된 후에 농지취득자격증명의 발급이 가능하다는 피고의 처분사유는 적법한 것이라 할 수 없다. 원고들이 위 토지를 취득한 다음 관할 관청에서 그 원상회복을 위한 행정조치를 취하는 것은 별개의 문제이다(부산고등법원 2006. 12. 22. 선고 2006누1791 판결).

3. 행정소송 제기 예정

위와 같은 사정으로 신청인들은 지곡면을 상대로 위 농지취득자격증명 반려 처분 취소를 구하는 행정소송을 제기하기 위하여 현재 준비 중에 있습니다. 신청인들이 행정소송에서 승소할 경우 지곡면으로부터 농지취득자격증명을 발급하여 귀원에 제출하겠습니다.

4. 결어

이 사건 강제경매에서 최고가매수신고인들이 농지취득자격증명을 제출하지 못한 사유는 매수신고인의 잘못이 아니라, 지곡면의 행정착오에 기인한 것이 명백하므로, 행정소송의 결과가 나오기까지 이사건의 매각허가결정 기일을 연기해 주시기를 청하오니 재가하여 주시기 바랍니다.

차후 행정소송을 제기하고 사건번호가 나오면 사건검색표와 소장부본을 귀원에 제출하겠습니다.

첨부서류

1. 농지취득자격증명 신청 반려 통지서   2통
1. 하급심 판례   1통

소　장

원 고　1. 김성■ (59■■■■516)

　　　　안산시 상록구 이호로5길 ■ ■■ (본오동)

　　2. 김주■ (58■■■■■7124)

　　　　과천시 부림로 2, 914동 ■■■ ■■■주공아파트)

　　위 원고들의 송달장소 : 평택시 평남로 1029, ■■호 (동삭동)
　　　　　　　　　송달영수인 : 법무사 유종■

피 고　서산시 ■■면장

　　　　서산시 ■■면 화천1로 76 ■■면사무소

농지취득자격증명신청 반려처분 취소 청구의 소

청 구 취 지

1. 피고의 원고들에 대한 2019. 10. 17. 자 충청남도 서산시 ■■면 화천리
　■■-2 전 803㎡ 중 8분의 1 지분에 관한 농지취득자격증명신청 반려처분
　을 취소한다.

2. 소송비용은 피고가 부담한다.

라는 판결을 구합니다.

청 구 원 인

1. 이사건 토지의 소유관계 및 강제경매

충청남도 서산시 ██면 화천리 ██-2 전 803㎡(이하 "이사건토지"라 함)
는 소외 오██ 외 7인이 공유하고 있는 바, 이사건 토지 중 소외 오██ 지
분 8분의 1 전부에 대하여 채권자 ██농업협동조합의 신청에 의하여 대전
지방법원 서산지원 2017 타경 ████ 부동산강제경매가 2017. 12. 20. 개시되
어 현재 진행 중에 있습니다(갑제1호증 부동산등기사항증명서, 갑제2호증 토
지대장, 갑제3호증 경매사건검색표 각 참조).

2. 최고가매수신고인 지위 취득과 농지취득자격증명발급신청 및 반려처분

이사건 토지 및 연접한 같은 곳 ██-3번지, ██-13번지 세필지가 함께 매각
목록에 포함된 위 경매사건에서 2019. 10. 15. 원고들은 공동으로 최고가 매
수신고인의 지위를 득하고(갑제4호증의 1 최고가매수신고인확인원, 갑제4호
증의 2 입찰보증금영수증 각 참조), 매각허가결정 기일인 2018. 10. 22. 이전
에 농지취득자격증명을 법원에 제출하기 위하여 피고 ██면장에게 매각물
건 중 지목이 농지로 되어 있는 이사건 토지와 같은 곳 ██-3번지 두 개 토
지에 대하여 농지취득자격증명 신청서를 제출하였습니다.
원고들의 위 신청에 대하여 피고는 2019. 10. 17. 농지취득자격증명 반려처분
을 하였는 바 ██-3번지 토지에 대하여는 "농지법상 농지에 해당하지 않는
다"는 사유로, 이사건 토지에 대하여는 불법으로 형질이 변경되었거나 불
법건축물이 있는 부분에 대한 복구가 필요하며 현 상태에서는 농지취득자격
증명을 발급할 수 없다"라고 기재하였습니다(갑제5호증의 1, 2 각 농지취득
자격증명반려통보서 참조).
화천리 ██-3번지의 경우 오래전에 건축물이 이미 존재하고 재산세를 납부
하는 적법한 건물이 존재하여 농지법상 농지에 해당하지 않는다고 반려하였
으므로 등기가 가능하나, 이사건 토지의 경우 피고가 적시한 반려사유로는
등기가 불가한 상황입니다.

3. 매각허가기일의 연기

원고들은 위 피고의 반려통지서를 경매법원에 제출하였고, 반려사유가 위와 같은 이상, 매각불허가결정이 예상되는 상황에서 피고의 반려처분이 부당함을 법원에 피력하면서 매각허가결정 기일의 연기를 신청을 하였고, 법원에서도 원고들의 주장을 인정하여 이사건 행정소송의 결과가 나오기까지 **매각허가결정 기일을 추후 지정으로 연기** 하였습니다.

4. 피고 행정처분의 부당성

피고가 원고들에게 한 이사건 토지에 대한 농지취득자격증명 반려처분은 다음과 같은 사유로 부당하다 할 것입니다.

가. 농지법상 농지 해당 여부

(1) 농지법은 다음과 같이 농지에 대해 정의하고 있습니다.

제2조(정의) 이 법에서 사용하는 용어의 뜻은 다음과 같다.
    1. "농지"란 다음 각 목의 어느 하나에 해당하는 토지를 말한다.
        가. 전 · 답, 과수원, 그 밖에 법적 지목(지목)을 불문하고 실제로 농작물 경작지 또는 다년생식물 재배지로 이용되는 토지. 다만, 「초지법」에 따라 조성된 초지 등 대통령령으로 정하는 토지는 제외한다.
        나. 가목의 토지의 개량시설과 가목의 토지에 설치하는 농축산물 생산시설로서 대통령령으로 정하는 시설의 부지

위 규정에 의하면 공부상의 지목과 상관없이 **실제로 농작물을 경작하는 경**

우를 농지법상 농지로 규정하고 있습니다.

(2) 판례는 농지에 대하여 다음과 같이 정의하고 있습니다.

"농지법 제2조 제1호 소정의 농지인지 여부는 공부상 지목 여하에 불구하고 당해 토지의 사실상의 현상에 따라 가려져야 할 것이고, 공부상 지목이 답인 토지의 경우 그 농지로서의 현상이 변경되었다고 하더라도 그 변경 상태가 일시적인 것에 불과하고 농지로서의 원상회복이 용이하게 이루어질 수 있다면 그 토지는 여전히 농지법상 농지에 해당한다"(대법원 1998. 4. 10. 선고 97누256 판결 등 다수).

결국 판례의 입장은 사실상의 현상에 따라 농지여부를 판단하되, **그 변경상태가 일시적이어서** 원상회복이 용이한지, 아니면 농지로의 원상회복이 어려운지 추가로 판단하여야 한다는 것입니다.

(3) 소결

위 농지법의 농지에 대한 정의와 대법원 판례를 종합해 볼 때 이사건 토지의 경우, 전체 토지면적 중 90% 정도는 실제 농작물의 경작지로 이용 중이고, 다만, ███-3번지 토지와 연접한 일부 부분을 ███-3 건물이 침범하고 있는 상황입니다.
따라서 이사건 토지는 농지법상 농지에 해당하는 것으로 사료됩니다(갑제6호 중 지적도등본, 갑제7호증 항공사진 각 참조).

나. 이사건 토지가 농지법상 농지일 경우의 반려처분 사유

피고는 이사건 토지가 농지법상 농지에 해당함을 전제로 반려처분 문구를

171

기재하였는 바, 농지법상 농지에 해당할 경우라면 반려처분을 할 것이 아니라 **"원상복구계획서"를 제출받고 증명원을 발급**했어야 마땅합니다.

원고들이 원상복구계획서를 제출하겠고, 향후 건물소유자를 상대로 철거소송 등을 거쳐 원상복구가 가능함을 피력했음에도 피고는 원고들의 요구를 들어주지 않았습니다.

다음의 하급심 판례(부산고등법원 2006 누 1791 농지취득자격증명신청반려처분취소)의 판결이유 설시와 같이 피고는 **원고들에게 원상복구를 조건으로 농지취득 자격증명을 발급했어야 합니다.**

농지법상 농지에 해당하나 불법 형질변경이 되어 있는 경우에 토지를 경락매수인이 취득도 하기 전에 원상복구를 하지 않으면 농지취득자격증명을 발급할 수 없다는 것은 의무 없는 자에게 의무를 지우는 모순이 있으므로 우선 농지취득 자격증명을 발급해야 하고, 경락매수인이 소유권을 취득한 이후에 관할 관청에서 그 원상회복을 위한 행정조치를 취하는 것은 별개의 문제라 할 것이다.

위와 같이 하지 않을 경우 **농지의 소유자가 농지를 금융기관에 담보로 제공한 후 농지를 불법으로 형질변경하거나 지상에 무허가 건물을 짓는 경우에**는 스스로 원상복구하지 않는 한 제3자가 이를 경락받지 못하므로 담보물권자는 농지를 환가할 수 없게 되는 **불합리한 결과가 발생하게** 되기 때문이다 (갑제9호증 부산고등법원 판결 참조).

다. 이사건 토지의 대부분이 농지인 점

피고는 ■-3번지 토지에 대하여는 **지목이 전이나 그 지상에 오래전부터 합법적인 건물이 존재하고** 재산세도 내고 있으므로 농지법상 농지에 해당하지 않는다고 정의 하였습니다.

■-3번지의 건물은 위와 같이 합법적인 건축물에 해당하고 등기도 되어 있

습니다(갑제8호중 건물등기사항증명서 참조).

결국, 원고들이 이사건 토지를 취득한 후 소송 등을 통하여 철거해야 하는 건물이 불법건축물은 아니고, 합법적 건물에 해당 한다는 점과 이사건 토지의 대부분은 정상적으로 경작을 하고 있다는 점을 감안한다면 원고들의 농지취득자격증명 신청에 대하여 반려처분을 할 것이 아니라 자격증명을 정상적으로 발급할 수도 있었다고 사료됩니다.

5. 결어

결론적으로, 피고는 원고들의 이사건 토지에 대한 농지취득자격증명 발급신청에 대하여, ① 무조건으로 자격증명을 발급하거나, ② 원상복구계획서를 제출받고(나중에 원상복구가 되지 않아 행정처분을 하는 등의 사정은 별론으로 해야함) 자격증명을 발급했어야 마땅합니다.

위와 같은 사유로 원고들은, 피고의 원고들에 대한 2019. 10. 17. 자 충청남도 서산시 지곡면 화천리 ███-2 전 803㎡ 중 지분 8분의 1에 대한 농지취득자격증명신청 반려처분을 취소한다는 판결을 구하기에 이르렀습니다.

입 증 방 법

1. 갑제1호증   부동산등기사항증명서
1. 갑제2호증   토지대장
1. 갑제3호증   경매사건검색표
1. 갑제4호증의 1   최고가매수신고인확인원
1. 갑제4호증의 2   입찰보증금영수증
1. 갑제5호증의 1   농지취득자격증명발급신청반려통지서(김성원)
1. 갑제5호증의 2   농지취득자격증명발급신청반려통지서(김주학)
1. 갑제6호증   지적도등본

지곡면의 1차 답변

답 변 서

사 건   대전지방법원 2019구합1243 농지취득자격증명신청 반려처분 취소 청구

원 고   1. 김성██

2. 김주██

피 고   서산시 ██면장

위 사건에 대하여 피고는 다음과 같이 답변합니다.

청구취지에 대한 답변

1. 원고들의 청구를 기각한다.
2. 소송비용은 원고들의 부담으로 한다.

라는 판결을 구합니다.

청구원인에 대한 답변

1. 인정하는 사실

원고 주장의 청구원인 사실 중 ① 원고가 서산시 지곡면 화천리 ██-2 (지목 : 전) 803㎡(이하 "이 사건 토지" 라 합니다)에 관하여 농지취득자격증명의 발급 신청(을제1호증, 이하 "이 사건 신청" 이라 합니다)을 한 사실 ② 피고가 2019. 10. 17. 원고들에게 "불법으로 형질이 변경되었거나 불법건축물이 있는 부분에 대한 복구가 필요하며 현 상태

에서는 농지취득자격증명을 발급할 수 없어" 위 신청을 미 발급하는 통보(이하 "이 사건 처분" 이라 합니다)를 한 사실은 인정하고, 나머지 사실은 부인합니다.

2. 관련 법규 검토

농지법 제8조 제1항은 "농지를 취득하려는 자는 농지 소재지를 시장, 구청장, 읍장 또는 면장에게서 농지취득자격증명을 발급받아야 한다." 라고 규정하고 있습니다. 또한, 동법 동조 제2항 및 제3항에 의하면 "제1항에 따른 농지취득자격증명을 발급받으려는 자는 취득 대상 농지의 면적, 취득 대상 농지에서 농업경영을 하는 데에 필요한 노동력 및 농업기계·장비·시설의 확보 방안, 소유 농지의 이용 실태 (농지 소유자에게만 해당한다.)의 사항이 모두 포함된 농업경영계획서를 작성하여 농업 소재지를 관할하는 시구읍면의 장에게 발급신청을 하여야 하고, 신청 및 발급 절차등에 필요한 사항은 대통령으로 정한다." 라고 규정 하고 있습니다.

같은 법 시행령 제7조 제2항에 의하면 "시구읍면의 장은 농지취득자격증명의 발급신청을 받은 때에는 그 신청을 받은 날로부터 4일이내에 법 제8조 제2항 각 호 외의 부분 본문에 따라 농업경영계획서를 제출하여야 하는 경우에는 그 계획서에 같은 항 각 호의 사항이 포함되어야 하고, 그 내용이 신청인의 농업경영능력 등을 참작할 때 실현가능하다고 인정될 것 등의 요건에 적합한지의 여부를 확인하여 이에 적합한 경우에는 신청인에게 농지취득자격증명을 발급하여야 한다." 라고 규정하고 있으며, 같은 법 시행령 같은 조 제3항에 의하면 "제2항 제3호에 따른 농지취득자격의 확인기준등에 관한 세부사항은 농림축산식품부령으로 정한다." 라고 규정하고 있습니다.

같은 법 시행규칙 제7조제3항에 의하면 "영 제7조제3항에 따라 농지취득자격을 확인할 때에는 취득대상 농지의 면적, 취득대상 농지를 농업경영에 이용하기 위한 노동력 및 농업기계·장비 등의 확보여부 또는 확보방안, 소유농지 이용실태(농지를 소유하고 있는 자의 경우에 한정한다.) 경작하려는 농작물 또는 재배하고자 하는 다년생식물의 종류, 농작물의 경작지 또는 다년생식물의 재배지 등으로 이용되고 있지 아니하는 농지의 경우에는 농지의 복구가능성 등 취득대상 토지의 상태, 신청자의 연령·직업 또는 거주지 등 영농여건, 신청자의 영농의지를 종합적으로 고려하여야 한다" 라고 규정하고 있습니다.

나 │ 원고들의 이 사건 토지 원상복구 가능성

영농이 이루어지기 위해서는 건축물 철거 후 농지로의 복구가 이루어져야 합니다. 그러나, 해당 토지의 경우 공유형태의 취득으로 공유자의 권한은 민법에 따라 전체 부동산에 공유 지분만큼 미치게 되므로 취득하고자하는 농지 일부에 무단 형질변경 또는 불법 건축물이 있는 경우, 사전에 원상복구를 하거나, 취득 후 원상복구를 하겠다는 계획서를 작성하여 그 실현가능성을 인정받은 후 취득할 수 있습니다.

그러나 이 토지는 8분의 1씩 공유하고 있는 다른 공유자 7인이 있고(갑제4-1호증 참조[1]) 해당 토지 위의 건물은 토지의 소유자와는 다른 소유자(조재○)가 존재하며 이 토지 중 원고가 취득하려는 농지의 지분은 전체 농지의 8분의 1로 다른 공유자와 건물 소유자 동의가 없이는 농지로의 복구가 어려운 상황입니다.

—ㄱ 공유분의 보존 행위로서 철거청구가능 (단독으로)

결론적으로, 토지의 8분의 1지분만을 취득하려 하는 원고가 기존 건물들을 철거하면서 해당 토지를 농지로 사용할 것이라고 하는 계획은 실현 가능성이 없다고 보는 것이 타당합니다.

177

3. 이 사건 처분의 적법성

가. 이 사건 토지(지곡면 화천리 ▓▓-2번지)의 현황

이 사건 토지 위에는 ▓▓-3번지에 건축된 1개의 건축물이 경계를 넘어 존재하고 있고, 해당 건물은 견고한 건물로 쉽게 철거가 불가능한 건물입니다. (전체 토지 면적 803㎡ 중 약 10%정도인 101㎡에 있어 다른 사람이 소유하고 있는 건축물이 점유하고 있는 상황입니다.)

< 지곡면 화천리 ▓▓-2 번지 위성사진 >

한편, 원고는 갑제8호증 등기사항전부증명서를 통해 경계에 걸쳐 있는 건축물이 '이상▓' 씨의 건축물이고, 등기가 되어 있는 적법한 건물이라고 주장하나 실제 확인 결과 해당 건물은 조재▓ 씨의 소유 건물로 현재 등기가 이루어져 있지 않은 불법건축물입니다.

이는 현재, ▓▓-3번지 상에는 복수(4채)의 건물이 지어져 있는데, 갑제8호증의 건물은 경계에 걸쳐 있는 건물이 아닌 다른 건물로, 원고는 경계에 걸쳐 있는 건축물이 '이상▓' 씨 소유의 적법한 건축물인 것으로 오인한 것으로 파악됩니다.

4. 이 사건 토지에 대한 동일한 쟁점의 판결 존재

상기와 같은 점을 고려하여, 이 사건 토지에 대하여 2019. 2. 14. 선고가 이루어진 2018구합105674 판결은 (이 사건 토지(■■-2번지)의 농지취득자격 증명 신청 반려에 대하여 2018년 소송이 제기되어, 2019년 판결이 이루어진 바 있습니다)

"① 원고는 경매절차에서 위 토지의 1/8 지분을 취득하고자 이 사건 신청에 이른 것인데, 원고가 취득하고자 하는 토지의 지분은 특별한 사정이 없는 한 위 토지 전부에 미친다고 보아야 하고, 원고의 이 사건 신청도 위 토지 전부를 주말 영농에 사용하겠다는 취지이지 불법건축물의 대지로 사용된 부분을 제외한 나머지 부분만 영농에 사용하겠다는 취지로 볼 수는 없는 점, ② 위 토지 중 농지로 이용될 수 없는 부분이 5~10% 정도로 비교적 적다고 하더라도, 앞서 본 원고의 이 사건 신청 취지에 비추어 원고가 현실적으로 농지로 이용될 수 없는 부분을 어떻게 영농에 사용할 것인지에 관하여 별 의견을 밝히고 있지 아니하고, 이 사건 처분 당시까지 위 부분의 복구 계획도 전혀 제출하지 아니한 점 등을 종합하면, 피고가 이러한 사정을 들어 원고의 위 토지에 대한 농지취득자격증명발급 신청을 거부한 것이 그 재량권을 일탈·남용하였다고 보기 어렵다." 고 판시한 바 있습니다. [을제2호증 판결문 (제9페이지)]

5. 결론

상기와 같은 점을 고려하여 이 사건 판결을 내려주시기 바랍니다.

준 비 서 면

사 건   2019 구합 ████ 농지취득자격증명신청 반려처분 취소

원 고   김성█, 김주█

피 고   서산시 ████면장

위 사건과 관련하여 원고는 피고의 2020. 2. 11.자 답변서에 대하여 다음과 같이 변론을 준비합니다.

- 다   음 -

1. 피고 주장의 요지

피고 주장의 요지는,

① 이사건 토지의 경계를 침범한 건물은 원고 주장의 소외 이상█ 소유 건물이 아니라 소외 조재█ 소유로서 합법적 건축물이 아니라 불법건축물에 해당한다는 것,

② 원상복구 조건으로 자격증명 발급이 가능하다는 원고의 주장에 대하여, 이사건 토지는 총 8인이 8분의 1씩 공유하고 있고 불법건축물의 경우 공유자가 아닌 소외 조재█ 소유인 것을 감안할 때, 이사건 토지의 8분의 1 지분만을 가지고 있는 원고는 다른 공유자들과 건물 소유자의 동의 없이는 원상복구가 불가능하다는 것,

③ 이사건 토지에 대한 동일 사안의 귀원 2018 구합 105674 판결에서도 원고청구를 기각했다는 점,

종합해 보면, 이사건 토지의 지상에는 소외 조재█ 소유의 불법건축물이 존재하여 농지로 원상회복을 선행하지 않는 한 농지취득자격증명 발급이 불가

하다는 것과 원상회복조건 발급에 관하여는 소수지분의 공유자에 불과한 원고가 다른 공유자들과 건물소유자인 소외 조재■의 동의 없이는 건물을 철거하는 것이 불가능하므로 원상복구조건의 발급도 할 수 없다는 주장입니다.

2. 피고의 직무유기

피고는 분명히 이사건 토지의 경계를 침범한 소외 조재■ 소유의 건물이 철거되어야 할 불법 건축물임을 밝히고 있습니다.
위와 같이 행정청인 피고가 이사건 토지 지상에 불법건축물이 존재함을 명확히 알고 있으므로, 따라서 피고는 이사건 불법건축물에 대하여 철거 계고처분 및 대집행 등 행정처분을 단행하여 건물을 철거해서 농지로 원상회복하도록 조치할 의무가 있음에도 불구하고 아무런 조치를 취하지 않고 있는 것은 직무를 유기하고 있다고 봐야 합니다.
따라서 피고는 지금이라도 이사건 불법건축물에 대하여 철거 계고처분 및 대집행을 먼저 실행해야 합니다.

3. 농지로의 원상복구 문제에 관하여

원상복구문제와 관련하여 피고는, 이사건 토지의 공유자도 아닌 소외 조재■의 불법 건축물에 대하여 원고가 임의로 철거할 권한도 없고 실현 불가능하므로 원상복구계획서를 제출한다 하더라도 발급이 불가하다는 것이고 심지어 피고는 원고에게 이사건 토지를 분할하여 건물이 존재하지 않는 부분을 취득하면서 농지취득자격증명신청을 하면 발급해 주겠다고 안내하였습니다.
그러나 갑제9호증 부산고등법원의 판시와 같이, 원고에게 사전에 원상복구를 요구하는 것은 의무 없는 자에게 의무를 지우는 결과가 되므로 우선 원상복구계획서를 받고 농지취득자격증명을 발급하여야 하며 차후 원상복구가 되지 아니하여 행정처분을 하는 것은 별개의 문제인 것입니다.

또한 현재 공유지분을 취득한 상태도 아닌 원고에게 공유물분할을 먼저 해오라는 안내를 한다는 것은 이해하기 어려운 처사입니다.

4. 원상복구가 불가능하다는 피고의 주장에 관하여

피고의 주장에 따르면, 원고는 이사건 토지에 관하여 불과 8분의 1 지분만을 가지고 있으므로 다른 공유자들의 동의 없이는 소외 조재황의 건물을 철거할 수 없다고 단정하고 있습니다.

이는 피고가 공유물에 관한 민법규정을 잘못 이해한 데에 기인하는 주장입니다.

민법 제265조는 공유물의 관리행위와 보존행위를 구분하고 있고, 관리행위의 경우 과반수의 찬성을 요하나, 보존행위에 관하여는 공유자 각자 지분에 상관없이 단독으로 행사할 수 있는 것으로 규정하고 있습니다.

소외 조재황은 불법 건축물을 소유하면서 이사건 토지소유권을 침해하고 있고, 그 철거를 구하는 것은 공유물의 보존행위에 해당하는 바, 원고가 단독으로 얼마든지 소외 조재황을 상대로 철거소송을 제기하여 판결을 득한 후 철거 및 원상복구가 가능한 상황입니다.

소외 조재황 소유의 이사건 건물은 불법성을 면할 수 없고, 이사건 토지를 사용할 어떠한 권한도 존재하지 아니하여 당연히 철거판결이 선고되리라 예상할 수 있습니다.

위와 같은 사정을 감안했을 때, 원상복구가 불가능하다는 피고의 주장은 배척되어야 마땅합니다.

피고는 원고에게 원상복구계획서를 제출하도록 안내해야 할 상황에서 단정적으로 원상복구가 불가능하다는 잘못된 판단 하에 무조건 안된다고, 공유물분할을 해오라는 이야기를 하였습니다.

이것이 진짜
부동산 소송이다 Ⅰ

5. 피고 처분의 부당성

불법건축물을 철거하여 농지로 원상복구 하라는 취지는 불법으로 전용된 농지를 원상회복하여 **농지법의 이상을 실현하고자 함**에 있습니다.

그런데 이사건의 경우 피고가 계고처분 등의 의무가 있음에도 직무를 유기하고 나아가 농지로 원상복구 하겠다는 원고의 의사마저 묵살하고 **원상회복이 불가하다고 단정 지었으므로, 피고의 단정적 의사와 처분은 농지인 이사건 토지 지상의 불법건축물을 계속 존재하도록 도와주는 결과**, 이사건 토지는 영원히 원상복구가 불가능하게 되었다고 볼 것이며 원상복구를 하도록 조치해야 하는 행정청이 오히려 원상복구를 만들 수 없게 도와주는 처분을 했다고 볼 수 있습니다.

위와 같은 사정을 고려하면, 이제 **이사건 토지는 농지법상 농지에 해당하지 않게 되었다고 보아야 하고, 농지취득자격증명신청에 대한 반려사유도 "이건 토지는 농지법상 농지에 해당하지 않는다"**가 되어야 하는 것입니다.

피고는 이사건 토지가 원상복구가 불가능하다고 판단하면서, 한편으로는 원상복구를 하지 않는 한 농지취득자격증명의 발급이 불가하다는 모순된 논리를 펴고 있습니다.

원상복구가 불가능하다면 농지법상 농지가 아니라는 사유로 반려처분을 해야 하고, 만약 원상복구가 가능하다면 원상복구 조건으로 자격증명을 발급해야하는 상황이 분명함에도 두가지 사유를 교묘하게 섞어 놓고 무조건 않된다고 하는 피고의 처분은 부당함을 면할 수 없는 것입니다.

6. 결어

피고의 주장대로 이사건 토지가 농지로의 원상회복이 불가능하다고 가정할 경우 "이건 토지는 농지법상 농지에 해당하지 아니함"이라는 사유를 넣어 반려처분을 해야 하고, 이사건 토지가 농지법상 농지에 해당한다면 "원상복구 조건"으로 농지취득자격증명을 발급해야 합니다.

원상복구와 관련하여, 공유물의 보존행위로서 원고 단독으로 얼마든지 소외 조재▓▓을 상대로 철거소송을 제기하여 원상복구가 가능합니다.

또한 행정청인 피고가 스스로 불법건축물 철거 계고처분 및 대집행을 통해서도 원상복구가 가능하다 할 것이므로, 어느모로 보나 피고의 원고를 상대로 한 이건 행정처분은 부당하다 할 것입니다.

첨부서면

1. 준비서면 부본   1통

2020. 2.   .

위 원고 김성▓   김주▓

대전지방법원   귀중

지곡면의 2차 답변

준 비 서 면

사 건 2019구합1243 농지취득자격증명신청 반려처분 취소

원 고 김 성 ■, 김 주 ■

피 고 서산시 ■■■면장

위 사건에 관하여 피고는 다음과 같이 변론을 준비합니다.

다 음

1 원고들의 농지 사용 가능성 여부

원고 1 김성■은 안산시 상록구에 주소를 둔 자이며 원고 2 김주■은 과천시 부림로에 주소를 둔 자입니다. 원고들은 이 사건 토지가 위치하고 있는 서산시에 아무런 연고를 가지고 있지 않는 것으로 파악되며, 주소지에서 해당 토지까지 수차례 왕복하면서 농지로 사용할 것이라고 현실적으로 기대하기도 어렵습니다.

더군다나 원고들은 이 사건 토지 상 위치한 건물을 철거할 수 있다고 2020. 2. 25.자 준비서면을 통해 주장하나 실제로 비용과 시간을 투입하여 건물 철거를 이행할 것이라 기대하는 것은 상식적으로 어렵다할 것 입니다.

2. 농지법의 취지

농지법은 제3조제1항은 "농지는 국민에게 식량을 공급하고 국토 환경을 보전하는 데에 필요한 기반이며 농업과 국민경제의 조화로운 발전에 영향을 미치는 한정된 귀중한 자원이므로 소중히 보전되어야 하고 공공복리에 적합하게 관리되어야 하며, 농지에 관한 권리의 행사에는 필요한 제한과 의무가 따른다."고 규정하고 있으며, 제3조제2항은 "농지는 농업 생산성을 높이는 방향으로 소유 이동되어야 하며, 투기의 대상이 되어서는 아니된다."고 규정하고 있습니다.

3. 조건부 원상복구명령의 실현 가능성

피고 지자체에서는 원고와 같이 서산시(또는 충청남도 지역)에 연고가 없이 농지를 매수한 자는 농지취득자격증명을 받아 소유권을 가진 후 실제 농지로 경작하거나 해당 토지를 원상복구하는 대신, 다시 제3자에게 웃돈을 받고 해당 토지를 매도하는 경우가 발생하고 있습니다. 이 경우, 원상복구의 당사자가 불분명해져 원상복구가 원활하게 이루어지지 못 하였고, 농지법의 취지도 심각하게 저해되었습니다.

이 같은 사례가 발생하는 것을 방지하기 위해서는 농지법의 취지에 근거 농지취득자격증명을 반려할 수 있는 재량의 범위를 넓게 해석하는 것이 필요합니다.

결론적으로, 농지법에 따른 농지취득자격증명을 발부함에 있어,
서산시 (적어도 충청남도)에 연고가 있는지 여부는 실제 농지로
활용할 수 있는지 여부를 판단할 때 중요한 요소로 보아야 하고,
이 사건 토지와 같이 위에 철거해야 할 건물이 있고 복토해야할
토지가 있는 경우, 추가적 비용을 소요하면서까지 농지로
활용하는 경우는 거의 없었다는 점을 고려하여 농지취득자격증명
반려처분의 적법성이 판단되어야 할 것입니다.

4. 이 사건 토지에 대한 판결의 고려

이 사건 토지는 지곡면의 중심부에 위치한 토지로 원고의 소송
제기 전에도 농지취득자격증명원의 발급 여부에 대하여 많은
문의가 있던 토지였습니다.

피고는 이 같은 문의에 대해 최근인 2019. 2. 14. 선고가
이루어진 2018구합105674 판결을 제시하며
농지취득자격증명원을 반려하는 토지라는 답변을 하였습니다.

그런데, 이와 다른 판단이 이루어질 경우, 피고 행정청 및
사법기관의 신뢰가 저해될 수 있다는 점도 고려되어야 할
것입니다.

5. 결론

농지법에서 규정한 농지취득자격증명 제도의 취지 및 상기의 점 등을 고려하여 이 사건 판결을 내려주시기 바랍니다.

2020. 3. .

피고 서산시 ██면장

대전지방법원 귀중

지곡면의 보충 답변 **준 비 서 면 (2)**

사　　건　　2019구합1243 농지취득자격증명신청 반려처분 취소

원　　고　　김 성 █, 김 주 █

피　　고　　서산시 ███면장

위 사건에 관하여 피고는 다음과 같이 변론을 준비합니다.

다　　음

1. 침범 건물의 사진 및 면적

이 사건 토지 위의 불법건축물 사진을 제출합니다. (중앙 붉은색
건물)

(정면)

(측면)

(후면)

중앙 붉은색 건물의 침범 면적은 약 100㎡로 추정되는데, 이 사건 토지(지곡면 화천리 ████-2번지 803㎡)의 약 12.6%인 것으로 파악됩니다.

참고로, 원고 김성█과 김주█이 취득하고자 하는 토지는 각

16분의 1 지분에 해당하는 토지이므로 각 50.19㎡입니다.

2. 농지법의 취지

농지법의 목적을 정의한 제1조에서는 「농지의 소유·이용 및 보전 등에
필요한 사항을 정함으로써 농지를 효율적으로 이용하고 관리하여
농업인의 경영 안정과 농업 생산성 향상을 바탕으로 농업 경쟁력
강화와 국민 경제의 균형있는 발전 및 국토 환경 보전에 이바지하는
것을 목적으로 한다」고 규정하고 있어 농지취득자격증명서 발급
기관이 농지의 이용과 관리를 위해 농지취득자격증명서 발급 시점부터
가능여부를 확인토록 하고 있습니다.

한편, 농지법 제6조 제1항은 「농지는 자기의 농업경영에
이용하거나 이용할 자가 아니면 소유하지 못한다.」 라고
규정하고 있고 제2항에서는 각 호의 예를 들어 농지소유 가능
자격에 대한 구체적 예시를 적시하여 농업 목적 이외
농지소유를 엄격히 제한하고 있으며,

농지법 시행규칙 제7조제3항은 「농지취득자격을 확인할 때에는
다음 각 호의 사항을 종합적으로 고려하여야 한다.」라고 규정하고
제5호에서는 「농작물의 경작지 또는 다년생식물의 재배지 등으로
이용되고 있지 아니하는 농지의 경우에는 농지의 복구가능성 등

취득대상 토지의 상태를 고려하여야 한다」고 규정하고
있습니다.

3. 이 사건 토지의 분할의 어려움

김성█외 1인이 경락받은 농지는 현재 8명의 공유지분으로 되어
있어 소유자간 농지를 분할하여 확인할 수 있는 경계선 구분이
불가능하고

지분을 공유하고 있는 농지를 분할하여 소유자 농지를 8등분 한다고
가정할 경우 불법건축물이 있는 위치를 분할 받기를 원하는 소유자는
없을 것으로 사료됩니다.

4. 반복적인 경매 진행에 대하여

피고 █████면장은 농지법 등 관련 법령에 따른 판단 및 집행을
수행하고 있으며, 만약 농지법에 따른 판단 및 집행이 충실히
이루어지지 않을 경우, 특정인에게 특혜를 주었다는 이유로
신분상 징계를 받을 수도 있는 사안입니다. 따라서,
농지취득자격증명 반려 대상 토지에 반복적인 경매가 진행한다고
하여 이를 행정청이 임의적으로 허용하기 어렵습니다.

반복적인 경매 진행이 발생하는 것을 방지하기 위해, 법원 경매계에서는 행정청에 경매 진행 전 사실조회를 하고 있으며, 행정청은 이에 대해 사실 조회 회신(을 제3호증)을 하고 있습니다.

사실 조회 회신 문서에는 "농지이나 건축물의 일부 점유 부분에 대하여 복구가 필요함"이라고 분명하게 기재되어 있으며, 경매 참여자들은 이 문서를 미리 조회 가능하므로, 원고들이 불측의 손해를 입었다고 보기 어렵습니다.

5. 결론

농지법에서 규정한 농지취득자격증명 제도의 취지 및 상기의 점 등을 고려하여 이 사건 판결을 내려주시기 바랍니다.

증 명 자 료

1. 을제3호증 사실조회회신(공문)

2020. 5. .

피고 서산시 ██면장

준 비 서 면

사 건   2019 구합 1243 농지취득자격증명신청 반려처분 취소

원 고   김성■, 김주■

피 고   서산시 ■■면장

위 사건과 관련하여 원고는 피고의 2020. 7. 3.자 준비서면에 대하여 다음과
같이 변론을 준비합니다.

- 다 음 -

1. 판사님 지시사항

지난번 변론기일에 판사님께서 원고에게 소명하라고 지시하신 사항에 대하
여 나음과 같이 진술합니다.

원고 김성■과 김주■은 오래전부터 매우 가깝게 지내는 친구이고, 현재 거
주지는 경기도 안산과 경기도 과천이며 이사건 토지와의 거리는 김성■의
경우 직선거리 63㎞, 차량도로거리 90㎞, 차량 이동시간은 60분이며, 김주■
의 경우 직선거리 80㎞, 차량도로거리 110㎞, 차량 이동시간은 80분 정도 소
요됩니다.

경작 및 운영계획은, 경매대상 토지 세 필지 화천리 ■■-3, ■■13, ■■2 중
경매대상 오■헌의 지분 8분의1 (총 환산면적은 353.5㎡, 갑제1호증 부동산등
기사항증명서 (화천리 ■■2번지 토지) 및 갑제10호증의 1 (화천리 301-3번지
토지), 2 (화천리 ■■-13번지 토지) 각 부동산등기사항증명서 참조)을 취득하
여 공유물분할을 통하여 약 107평 정도의 부지를 원고들만의 공유로 만들고
그 지상에 작은 농막을 짓고 텃밭을 경작하면서 노후의 여가 생활을 영위하

고자 계획하였습니다.

2. 거리제한 규정에 관하여

경작거리에 대한 제한규정은 피고의 준비서면에도 나와 있듯이 1996년에 이미 폐지되어 전혀 문제가 없으므로 원고들이 서산에 거주하지 않으면서 이 사건 토지를 경작한다는 것은 불가능 하다는 피고의 주장을 배척하여 주시기 바랍니다.

거리제한 규정은 도로와 교통망이 발달된 현재 전국이 1일 생활권이므로 실효성이 없어서 폐지되었다고 사료됩니다.

이사건 토지를 경작하기 위하여 원고들이 매일 방문할 필요는 없으며 주말에만이라도 소일거리 삼아 방문하는데 아무런 문제가 없습니다.

3. 원상회복과 공유물분할 등에 관하여

피고는 건물주와 협의가 없으므로 원상복구가 불가능하다는 것과, 건물을 철거하여 원상회복을 하지 않는다면 이사건 토지의 공유자 간에 원만한 공유물분할도 할 수 없다고 주장합니다.

그러나 이사건 관련 세필지 토지가 일괄매각 대상이고, 세필지의 지분 합계는 약107평 정도 되는 바, 세필지를 놓고 얼마든지 특정부분의 현물분할이 가능하다 사료됩니다.

그리고 원상회복으로서 건물철거도 건물소유자와의 합의는 사실상 건물소유자가 자진해서 건물을 철거하겠다고 (이 경우 원고들과 건물주 간에 철거비용에 대하여도 합의가 되어야 할 것임) 해야 하는데, 사실상 건물주가 자진해서 철거하리라 기대하기 어렵습니다.

따라서 원고들은 건물주를 상대로 무허가 불법건축물의 철거소송을 제기하

여 승소판결을 받은 후 강제로 철거하는 방법을 모색할 예정이고 불법건축
물이므로 당연히 승소판결을 예상할 수 있습니다.

4. 피고의 직무유기

피고는 분명히 이사건 건물(조재■ 소유)이 무허가 불법 건축물이라고 주장
하였습니다.

그렇다면 행정청인 피고가 이사건 토지 지상에 불법건축물이 존재함을 알고
있으므로 피고는 이사건 불법건축물에 대하여 철거 계고 처분 및 대집행 등
행정처분을 단행하여 건물을 철거해서 농지로 원상회복하도록 조치할 의무
가 있습니다.

그럼에도 불구하고 아무런 조치를 취하지 않고 있는 것은 직무를 유기하고
있다고 보아야 할 것입니다.

피고가 위와 같이 건물철거의 행정처분을 단행한다면 더욱더 원상회복의 가
능성이 커지고, 원고들에게 원상복구조건으로 농지취득자격증명을 발급해 주
는 것도 아무런 문제가 없을 것입니다.

5. 결어

위와 같은 사정 등을 감안하여 주시고, 2020. 7. 9. 자로 종결한 변론을 재개
하여 주시기를 청하오며, 피고가 적극적으로 행정처분을 단행할 경우 이사건
토지를 농지로 원상회복하는데 아무런 문제가 없으므로 이사건 원고의 청구
취지 대로 판결하여 주시기 바랍니다.

대 전 지 방 법 원

제 2 행 정 부

판 결

사 건	2019구합1243 농지취득자격증명신청반려처분취소
원 고	1. 김성█
	안산시 상록구 이호로5길 █. ███호(본오동)
	2. 김주█
	과천시 부림로 2, 91██동 ███ █ █ █ █동, 주공아파트)
	원고들 송달장소 평택시 평남로 1029, ███호(동삭동)
피 고	서산시 ███면장
	소송수행자 박성█, 김윤█
변 론 종 결	2020. 7. 9.
판 결 선 고	2020. 8. 13.

주 문

1. 피고가 2019. 10. 17. 원고들에 대하여 한 농지취득자격증명신청 반려처분을 취소한다.

2. 소송비용은 피고가 부담한다.

수 없게 되는 점, ③ 농지가 불법 형질변경된 경우 관할청은 행위자에게 원상회복을
명하고 이를 이행하지 않을 경우 대집행으로 원상회복하는 등 불법행위를 단속할 의무
가 있음에도 이를 하지 않은 채, 오히려 불법 형질변경이 있다는 이유로 최고가 매수
신고인의 농지취득자격증명 발급신청을 거부하는 것은 행정청이 스스로 하여야 할 의
무이행을 경매라고 하는 우연한 기회를 이용하여 최고가 매수신고인에게 전가시키는
것인 점 등을 종합하여 볼 때, 적법하다고 보기 어렵다.

3. 결론

그렇다면 원고들의 청구는 이유 있어 이를 인용하기로 하여 주문과 같이 판결한다.

재판장　판사　오영■　　오 영

　　　　판사　이혜■　　이 혜

　　　　판사　이성■　　이 성

사건 개요 합법적인 건물이 옆 농지 침범 및 불법 축사 설치

02

2필지의 지상에 주택과 축사가 건축되어 있고, 주택이 건축물대장상의 토지 옆까지 침범했으며, 불법 축사가 설치되었다고 농취증을 반려한 사례다.

일괄매각, 지목이 답이나 현황 주거 기타(축사 등)로 이용 중. 농지취득자격증명 필요(미제출시 보증금 몰수함, 행정기관의 사실조회 회신결과에 의하면 농지전용허가(신고)를 받지 아니하고 불법건축물이 조성되어있는 부분은 '농지로의 복구계획서를 포함한 농업경영계획서'의 내용이 실현 가능하다고 판단 될 시 농지취득자격증명이 발급 가능하다고 하므로 자세한 내용은 행정기관에 문의.

. 기호(7,8,9,10,11,12) 위 지상에 별첨 "사진용지"와 같이 타인소유로 탐문조사 되는 제시외건물(별첨 공부서류 참조)이 소재하고 기호(1,4) 위 지상에 별첨 "사진용지" 및 "지적개황도"와 같이 소유자미상의 제시외건물이 소재하여 이로 인하여 해당 토지가 소유권행사에 제한받게 되는 경우 토지의 적정가액을 별지 "토지감정평가명세표" 비고란에 표기하였으며, 기호(1,4) 위 지상의 소유자미상의 제시외건물[㉠,㉡,㉢]은 개략적으로 실측사정 및 관찰감가를 하여 평가하였는 바 경매진행 시 소유권 및 일괄경매여부 등을 재확인하시기 바람.

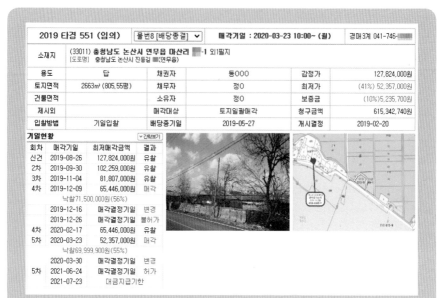

2019 타경 551 (임의)	물번8 [배당종결] ✔	매각기일 : 2020-03-23 10:00~ (월)		경매3계 041-746-■■■■
소재지	(33011) 충청남도 논산시 연무읍 마산리 ■-1 외1필지 [도로명] 충청남도 논산시 진동길 ■■(연무읍)			
용도	답	채권자	동○○○	감정가	127,824,000원
토지면적	2663㎡ (805.55평)	채무자	정○	최저가	(41%) 52,357,000원
건물면적		소유자	정○	보증금	(10%)5,235,700원
제시외		매각대상	토지일괄매각	청구금액	615,342,740원
입찰방법	기일입찰	배당종기일	2019-05-27	개시결정	2019-02-20

기일현황 ✔건물보기▼

회차	매각기일	최저매각금액	결과
신건	2019-08-26	127,824,000원	유찰
2차	2019-09-30	102,259,000원	유찰
3차	2019-11-04	81,807,000원	유찰
4차	2019-12-09	65,446,000원	매각
	낙찰71,500,000원(56%)		
	2019-12-16	매각결정기일	변경
	2019-12-26	매각결정기일	불허가
4차	2020-02-17	65,446,000원	유찰
5차	2020-03-23	52,357,000원	매각
	낙찰69,999,900원(55%)		
	2020-03-30	매각결정기일	변경
5차	2021-06-24	매각결정기일	허가
	2021-07-23	대금지급기한	

? 물건현황/토지이용계획

연무초등학교 남측 인근, 북동측 인근 및 근거리, 북서측 근거리에 소재

인근은 논산훈련소 인근으로 로변 상가, 펜션, 주택 및 농경지 등이 소재

본건 및 본건인근까지 차량접근이 가능하고 인근에 시내버스정류장이 소재하는 등 제반 교통상황은 보통

부정형 평지

남서측으로 로폭 약7미터 도로가 소재함

기호10)농업진흥구역

생산녹지지역(마산리 ■-1)
생산녹지지역(마산리 ■-8)

※ 감정평가서상 제시외건물가격이 명시 되어 있지않음. 입찰시 확인요함.

🔍 토지/임야대장

🔍 계정농지법 🔍 부동산 통합정보 이음

🔍 감정평가서

? 감정평가현황 (주)■■감정

가격시점	2019-04-11
감정가	127,824,000원
토지	(100%) 127,824,000원

? 면적(단위:㎡)

[토지]
마산리 ■-1 답
생산녹지지역
1655㎡ (500.64평)
현황 "주거기타"

마산리 ■-8 답
생산녹지지역
1008㎡ (304.92평)
현황 "주거기타"

[제시외]
마산리 ■-1 외 1필지
(사) 주택 제외
미상

마산리 ■-1 외 1필지
(어) 축사 제외
미상

? 임차인/대항력여부

배당종기일: 2019-05-27

- 매각물건명세서상 조사된 임차내역이 없습니다

🔍 매각물건명세서
🔍 예상배당표

? 등기사항/소멸여부

소유권	이전
1993-09-15	토지
정○	
협의분할 에 인한 재산상속	

(근)저당	토지소멸기준
2005-12-28	토지
논○○○○	
200,000,000원	

(근)저당	소멸
2015-09-25	토지
두○○○	
845,000,000원	

임의경매	소멸
2019-02-21	토지
동○○	
청구 : 615,342,740원	

▷ 채권총액 :
1,045,000,000원

🔍 등기사항증명서

토지열람 : 2019-08-12

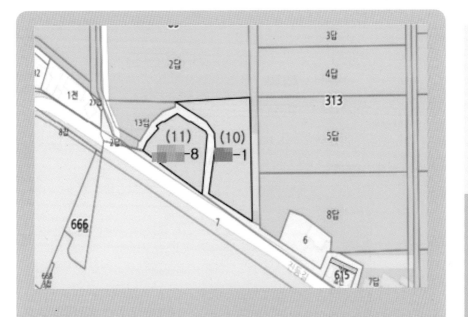

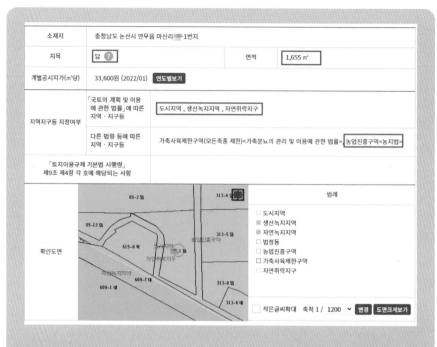

소재지	충청남도 논산시 연무읍 마산리 ■■-1번지		
지목	답 ❓	면적	1,655 ㎡
개별공시지가(㎡당)	33,600원 (2022/01) 연도별보기		
지역지구등 지정여부	「국토의 계획 및 이용에 관한 법률」에 따른 지역·지구등	도시지역 , 생산녹지지역 , 자연취락지구	
	다른 법령 등에 따른 지역·지구등	가축사육제한구역(모든축종 제한)<가축분뇨의 관리 및 이용에 관한 법률> , 농업진흥구역<농지법>	
	「토지이용규제 기본법 시행령」 제9조 제4항 각 호에 해당되는 사항		

확인도면

범례

☐ 도시지역
■ 생산녹지지역
■ 자연녹지지역
☐ 법정동
☐ 농업진흥구역
☐ 가축사육제한구역
☐ 자연취락지구

☐ 작은글씨확대 축척 1/ 1200 ∨ 변경 도면크게보기

이것이 진짜
부동산 소송이다 Ⅰ

소재지	10. 충청남도 논산시 연무읍 마산리 ▓▓-1
점유관계	채무자(소유자)점유
기타	.제시외 토지 및 기호 11.토지 와 일단지의 삼지상 지상 채무자 정정▓ 겸 소유자의 남편 망 김일▓ 소유로 조사되는 제시외 `주택 1동, 창고 2동, 주택증축부분 1동, 비가림시설 1식, 변소 1동, 물치장 1동, 퇴비장 1동, 축사 1동, 축사(일부 반파) 1동`이 소재함.
	.본건 제시외 주택은 채무자 정정▓이 주거 중이며, 주민등록상 정정▓ 세대만 전입되어 있음.
소재지	11. 충청남도 논산시 연무읍 마산리 ▓▓-8
점유관계	채무자(소유자)점유
기타	.본건 일부 토지상 채무자 정정▓ 겸 소유자의 남편 망 김일▓ 소유로 조사되는 제시외 `축사 1동`이 소재함.

[토지] 충청남도 논산시 연무읍 마산리 ▓▓-1 답 1655㎡

1. 소유지분현황 (갑구)

등기명의인	(주민)등록번호	최종지분	주　　　소	순위번호
정정▓ (소유자)	410204-*******	단독소유	충청남도 논산시 연무읍 진동길 ▓▓	1

2. 소유지분을 제외한 소유권에 관한 사항 (갑구)

순위번호	등기목적	접수정보	주요등기사항	대상소유자
2	임의경매개시결정	2019년2월21일 제5182호	채권자 ▓▓팜스주식회사	정정▓

3. (근)저당권 및 전세권 등 (을구)

순위번호	등기목적	접수정보	주요등기사항	대상소유자
2	근저당권설정	2005년12월28일 제41693호	채권최고액 금300,000,000원 근저당권자 논산축산업협동조합	정정▓
2-1	근저당권변경	2013년3월8일 제6944호	채권최고액 금200,000,000원	정정▓
6	근저당권설정	2015년9월25일 제31208호	채권최고액 금845,000,000원 근저당권자 ▓▓생물자원주식회사	정정▓

■건축물대장의 기재 및 관리 등에 관한 규칙 [별지 제1호서식] <개정 2018. 12. 4.>

일반건축물대장(갑)

(2쪽 중 제1쪽)

고유번호	4423025321-1-▓▓▓▓▓				명칭			호수/가구수/세대수 0호/1가구/0세대	
대지위치	충청남도 논산시 연무읍 마산리			지번 ▓▓-8		도로명주소	충청남도 논산시 연무읍 진동길 ▓▓		
※대지면적 0 ㎡	연면적 533.54 ㎡		※지역		※지구		※구역		
건축면적 533.54 ㎡	용적률 산정용 연면적 533.54 ㎡		주구조 세멘브럭 톱벽돌		주용도 주택		층수 지하 층, 지상 1층		
※건폐율 0 %	※용적률 0 %		높이 m		지붕 세면기와 스레트		부속건축물 3 동 452.04 ㎡		
※조경면적 ㎡	※공개 공지·공간 면적 ㎡		※건축선 후퇴면적 ㎡		※건축선 후퇴 거리 m				

건축물 현황					소유자 현황			
구분	층별	구조	용도	면적(㎡)	성명(명칭) 주민(법인)등록번호 (부동산등기용등록번호)	주소	소유권 지분	변동일 변동원인
주1	1층	톱벽돌/스레트	주택	22.5	▓▓▓▓	경기도 ▓▓▓ ▓▓▓▓▓▓ ▓▓ 206 동 170▓▓▓ ▓▓▓▓▓	1/1	2022.3.10. 소유권이전
주2	1층	시멘브럭/세면기와	주택	59▓	▓▓▓▓-▓▓▓			
부1	1층	세멘브럭/스레트	축사	267.84	- 이하여백 -			
부2	1층	세멘브럭/스레트	축사	15.5	※ 이 건축물대장은 현소유자만 표시한 것입니다.			

이 등(초)본은 건축물대장의 원본내용과 틀림없음을 증명합니다.

논산시장

발급일자: 2023년 2월 13일
담당자:
전 화:

■건축물대장의 기재 및 관리 등에 관한 규칙 [별지 제1호서식]

(2쪽 중 제2쪽)

고유번호	4423025321-1-▓▓▓▓▓		명칭			호수/가구수/세대수 0호/1가구/0세대	
대지위치	충청남도 논산시 연무읍 마산리	지번 ▓▓-8		도로명주소	충청남도 논산시 연무읍 진동길 ▓▓		

구분	성명 또는 명칭	면허(등록)번호	※주차장				승강기		허가일 ※▓
			구분	옥내	옥외	인근	면제	승용 대 비상용 대	착공일
건축주									사용승인일 1960
설계자							※하수처리시설		
공사감리자			자주식	㎡ 대	㎡ 대	㎡ 대	형식		관련 주소
공사시공자 (현장관리인)			기계식	㎡ 대	㎡ 대	㎡ 대	용량		지번

※제로에너지건축물 인증	※건축물 에너지효율등급 인증	※에너지성능지표 (EPI) 점수	※녹색건축 인증	※지능형건축물 인증	
등급	등급	점	등급	등급	
에너지자립률 0 %	1차에너지 소요량 (또는 에너지절감률) 0 kWh/㎡(%)	※에너지소비총량 0 kWh/㎡	인증점수 점	인증점수 점	
유효기간 . . .~ . . .	유효기간 . . .~ . . .		유효기간 . . .~ . . .	유효기간 . . .~ . . .	도로명
내진설계 적용 여부	내진능력	특수구조 건축물	특수구조 건축물 유형		
지하수위 G.L m	기초형식	설계지내력(지내력기초인 경우) t/㎡	구조설계 해석법		

변동사항				
변동일	변동내용 및 원인	변동일	변동내용 및 원인	그 밖의 기재사항
	주택(59.00㎡)축사(267.84㎡)축사(15.50㎡) 197 6년 건축 축사(168.70㎡) 1980년 건축 90.6 지붕개량	2011.12.28.	건축물대장 기초자료 정비에 의거 (표제부(건축면적:'0' -> '533.54',용적률 산정용 연면적 '0' -> '533.54 ')) 직권변경 - 이하여백 -	85.6.5특정건축물허가준공 - 이하여백 -

205

「활기찬 논산 행복한 시민」

연 무 읍

수신 주█████ (우10070 경기도 김포시 김포한강████ ██ ██ ██ (구래동,
나████████))
(경유)
제목 **농지취득자격증명반려**(민원접수번호:202045400430003998,대표자명:주 █)

귀하께서 신청하신 논산시 연무읍 마산리 ███-1번지(답) 1,655㎡, 마산리 ███-8번지
(답) 1,008㎡'의 농지취득자격증명 신청에 대하여 아래와 같은 사유로 민원서류 반려
및 대안 통보함을 알려드립니다.

【관련법령】
○ 농지법제8조,동법시행령제7조,동법시행규칙제7조,발급심사요령제8조및제9조

【반려사유】
○ 신청대상 농지를 취득하려는 경우에는 농지취득자격증명을 발급받아야 하는 농지
법상 농지이나 불법으로 형질변경 또는 불법건축물이 있어 농업경영 등에 이용하기 어려운
상태로 복구가 필요하며 현 상태에서는 농지취득자격증명을 발급할 수 없음
○ "농지원상복구계획서"의 내용이 농지로의 복구 등 실현가능성 없음

【대 안】
○ 현재 사용하고 있는 목적에 맞춰 지목변경 하거나, 농지로 복구하고 농지취득자
격증명을 신청하여야 함

──── 《알림사항》 ────
본 처분에 불복이 있을 경우「민원사무 처리에 관한 법률」제18조(거부처분에 대한 이의신청)
제1항에 따라 거부처분을 받은 날부터 90일 이내에 논산시장에게 문서로 이의신청을 할 수 있으며,
「행정심판법」제27조(심판청구의 기간)제1항에 따라 처분이 있음을 알게 된 날부터 90일 이내에
재결청인 충청남도지사에게 행정심판을 청구할 수 있음을 알려 드립니다.

논산시연무읍장

매각허가 결정기일 연기 신청서

사　　건　　　　2019 타경 551 부동산임의경매
채 권 자　　　　■팝스주식회사
채 무 자　　　　정정■
소 유 자　　　　정정■, 김희■

최고가매수신고인　주광■

위 사건과 관련하여 최고가 매수신고인 주광■은 2020. 3. 30. 로 예정된 매
각허가 결정 기일에 대하여 다음과 같은 사유로 기일 연기를 신청하오니 허
가하여 주시기 바랍니다.

- 다　　음 -

1. 매각불허가 사유

위 사건의 매각대상 토지인 논산시 연무읍 마산리 ■-1. 마산리 ■-8 두 개
토지(이하 '이사건토지' 라 칭함)는 지목이 농지여서 논산시연무읍장에게
농지취득자격증명 발급을 신청하였으나, 2020. 3. 26. 연무읍장이 반려처분을
하였는바 그 사유를 살피건데, 이사건 토지는 농지법상의 농지이나 불법으
로 형질변경 또는 불법건축물이 있어 현 상태에서는 농지취득자격증명을 발
급할 수 없다는 것입니다.
위와 같은 불허가 사유로는 등기가 불가능한 상황으로 매각불허가 결정이
예상되고 있습니다

2. 연무읍장의 행정 착오

연무읍은 신청인의 농지취득자격증명 발급신청에 대해 이사건 토지들이 농지법상 농지임을 전제로 반려하면서 그 사유로 해당토지의 지상에 불법 건축물 등이 존재하여 자격증명의 발급이 불가하며, 농지원상복구계획서의 내용도 실현 가능성이 없다고 기재하였으나, 이는 명백한 행정착오라 하지 않을 수 없습니다.

만약, ① 원상복구가 불가한 상황이라면 농지법상 농지에 해당하지 않음이 명백하여 [이사건 토지는 농지법상 농지에 해당하지 않는다]는 반려문구가 들어가야 하고, ② 농지법상 농지에 해당함이 분명하고, 농지로의 원상복구가 가능하다면, **원상복구를 조건으로 농지취득자격증명을 발급**해야 합니다.

신청인의 원상복구계획이 실현 가능한지에 대해 연무읍에서는 실현가능성이 없다고 자의적으로 단정하고 있으나 이에 대해서는 연무읍에서 판단할 사안이 아니라 사료됩니다.

③ 다음 하급심 판례와 같이 원상복구를 조건으로 농지취득자격증명을 발급하는 것이 당연한 행정조치라 할 것입니다.

토지의 불법 형질변경을 이유로 농지취득자격증명의 발급을 거부할 수 있는지에 관하여 보건대, 경매절차를 통하여 위 토지를 낙찰받기 위하여 농지취득자격증명을 발급받으려는 자는 위 토지를 낙찰 받아 **소유권을 취득하기 전에는 원상회복 등의 조치를 할 아무런 권원이 없으므로 그에게 형질 변경된 부분의 복구를 요구한다는 것은 법률상 불가능한 것을 요구하는 것인 점,** 불법적으로 형질 변경된 농지에 대하여 농지취득자격증명의 발급을 거부한다면, 농지의 소유자가 **농지를 금융기관에 담보로 제공한 후** 농지를 불법으로 형질변경하거나 지상에 무허가건물을 짓는 경우에는 스스로 원상복구하지 않는 한 제3자가 이를 **경락받지 못하므로 담보물권자는 농지를** 한가할 수 없게 되는 점 등을 참작하면, 불법으로 형질 변경된 위 토지에 대하여는 농작물의 재배가 가능한 토지로 원상 복구된 후에 농지취득자격증명의 발급이 가능하다는 피고의 처분사유는 적법한 것이라 할 수 없다. 원고들이 위 토지를 취득한 다음 관할 관청에서 그 원상회복을 위한 행정조치를 취하는 것은 별개의 문제이다(부산고등법원 2006. 12. 22. 선고 2006누1791 판결).

3. 적법한 건축물

이사건 양토지의 지상에 걸쳐 건축물 4개동(주택 및 축사)이 존재하고 있고 건축물대장을 살펴건대, 최근 2011. 12. 28. 건축물대장 기초자료 정비까지 이루어지는 등 합법적 건축물로 판단됩니다.
다만, 대지위치 표시란에 마산리 -8번지만 기재되어 있고 마산리 -1번지 토지는 관련지번으로 기재되어 있지 아니합니다.
그러나, 위 건축물의 사용승인 당시 이미 양 토지가 동일인 소유이면서 그 토지소유자가 합법적으로 건축허가를 득하고 신축을 했다고 보아야 하며 다만 오래전 수기로 모든 대장을 관리하던 시절 착오로 관련지번이 누락된 것으로 사료됩니다.
그뿐만 아니라, 현행 농지법 시행 이전에 농지 상에 건축된 건물이 있는 경우 불법 건축물로 보지 않고 있으며 이 경우 농지취득자격증명 신청에 대해 반려하면서 그 반려 사유로 이건 토지는 농지법상 농지에 해당하지 아니함」이라고 기재하는 것이 통상적인 모습이고, 위와 같은 내용의 반려처분은 등기가 가능하여 매각허가결정을 하게 됩니다.
이사건 건물의 경우, 1960년에 사용승인을 득한 합법적인 건축물에 해당할 뿐만 아니라 현행 농지법의 시행 이전에 건축물이 축조된 것이 명백합니다.

소 장

원 고 주□ █████ ████7529)

김포시 김□ ████ ████ ████ ████ ██████마을리슈빌)

송달장소 : 평택시 평남로 1029, 203호 (동삭동)

송달영수인 : 법무사 유종█

피 고 논산시 ██읍장

논산시 연무읍 안심로 █████읍사무소

농지취득자격증명신청 반려처분 취소 청구의 소

청 구 취 지

1. 피고의 원고에 대한 2020. 3. 24. 자 충청남도 논산시 ████읍 마산리 ██-1 답 1655㎡, 마산리 ██-8 답 1008㎡에 관한 농지취득자격증명신청 반려처분을 취소한다.

2. 소송비용은 피고가 부담한다.

라는 판결을 구합니다.

청 구 원 인

1. 이사건 토지의 소유관계 및 강제경매

충청남도 논산시 연무읍 마산리 ██-1 답 1655㎡, 같은 곳 ██-8 답 1008㎡ (이하 "이사건토지" 라 함)는 소외 정정█이 소유하고 있는 바, 이사건 토지에 대하여 근저당권자인 ███팜스주식회사(변경전 상호 ███생물자원주식회사)의 신청에 의하여 대전지방법원 논산지원 2019 타경 ▓▓ 부동산임의경매가 2019. 9. 20. 개시되어 현재 진행 중에 있습니다(갑제1호증의 1, 2 각 부동산등기사항증명서, 갑제2호증 경매사건검색표, 갑제3호증의 1, 2 각 토지대장 각 참조).

2. 최고가매수신고인 지위 취득과 농지취득자격증명발급신청 및 반려처분

위 경매사건에서 2020. 3. 23. 매각기일에 원고는 최고가 매수신고인의 지위를 득하고, 매각허가결정 기일인 2020. 3. 30. 이전에 농지취득자격증명을 법원에 제출하기 위하여 피고 ▓▓읍장에게 이사건 토지들에 대하여 농지취득자격증명 신청서를 제출하였습니다.

양 지상에 걸쳐 아직 미등기이나 건축물대장이 존재하는 합법적 건물이 존재하므로(갑제4호증 건축물대장 참조) 예비적으로 원상복구계획서도 준비하여 함께 제출하였습니다.

원고의 위 신청에 대하여 피고는 2020. 3. 24. 농지취득자격증명 반려처분을 하였는 바, [반려사유]로 "이사건 토지는 농지법상 농지이나 <u>불법으로 형질변경 또는 불법건축물이 있어 농업경영 등에 이용하기 어려운 상태로 복구가 필요하며 현 상태에서는 농지취득자격증명을 발급할 수 없고, 신청인의 농지원상복구계획서</u>"의 내용이 농지로의 복구 등 실현가능성이 없음 "이라고 기재하였고, [대안]으로, 지목변경을 하거나 또는 농지로 복구 후 자격증명을 신청해야 한다고 기재하고 있습니다(갑제5호증 농지취득자격증명반려통지서 참조).

3. 매각허가기일의 연기

최고가 매수신고인인 원고로서는 매각불허가결정 이후 즉시항고를 하는 방법도 생각할 수 있으나, <u>농지취득자격증명발급에 문제가 있다는 사유는 민사</u>

<u>집행법상 즉시항고 사유에 해당하지 아니하여</u> 소기의 목적을 달성할 수 없는 바, 그렇다면 결국 매각허가결정기일의 연기를 신청하고 행정소송에서 승소판결을 득하여 피고로부터 농지취득자격증명을 발급받아 경매법원에 제출하는 방법이 유일한 구제방법에 해당합니다.

원고의 잘못이 아니라 피고의 잘못된 행정처분으로 원고는 입찰보증금까지 몰수될 처지에 처하여, 원고는 위 피고의 반려통지서를 경매법원에 제출하는 한편 피고의 반려처분이 부당함을 법원에 피력하면서 매각허가결정 기일의 연기를 신청을 하였고, 법원에서도 원고의 주장을 인정하여 이사건 행정소송의 결과가 나오기까지 매각허가결정 기일을 추후 지정으로 연기 하였습니다 (갑제2호증 경매사건검색표 참조).

4. 피고 행정처분의 부당성

피고가 원고에게 한 이사건 토지들에 대한 농지취득자격증명 반려처분은 다음과 같은 사유로 부당하다 할 것입니다.

가. 농지법상 농지 해당 여부

(1) 농지법은 다음과 같이 농지에 대해 정의하고 있습니다.

제2조(정의) 이 법에서 사용하는 용어의 뜻은 다음과 같다.

　　1. "농지"란 다음 각 목의 어느 하나에 해당하는 토지를 말한다.

　　　　가. 전·답, 과수원, 그 밖에 법적 지목(지목)을 불문하고 실제로 농작물 경작지 또는 다년생식물 재배지로 이용되는 토지. 다만, 「초지법」에 따라 조성된 초지 등 대통령령으로 정하는 토지는 제외한다.

　　　　나. 가목의 토지의 개량시설과 가목의 토지에 설치하는 농축산물 생

산시설로서 대통령령으로 정하는 시설의 부지

위 규정에 의하면 공부상의 지목과 상관없이 **실제로 농작물을 경작하는 경우를 농지법상 농지로 규정**하고 있습니다.

(2) 판례는 농지에 대하여 다음과 같이 정의하고 있습니다.

"농지법 제2조 제1호 소정의 농지인지 여부는 공부상 지목 여하에 불구하고 당해 토지의 사실상의 현상에 따라 가려져야 할 것이고, 공부상 지목이 답인 토지의 경우 그 농지로서의 현상이 변경되었다고 하더라도 그 변경 상태가 일시적인 것에 불과하고 농지로서의 원상회복이 용이하게 이루어질 수 있다면 그 토지는 여전히 농지법상 농지에 해당한다"(대법원 1998. 4. 10. 선고 97누256 판결 등 다수).

결국 판례의 입장은 사실상의 현상에 따라 농지여부를 판단하되, **그 변경상태가 일시적이어서 원상회복이 용이한지, 아니면 농지로의 원상회복이 어려운지 추가로 판단**하여야 한다는 것입니다.

(3) 소결

위 농지법의 농지에 대한 정의와 대법원 판례를 종합해 볼 때 이사건 토지의 경우, 미등기이기는 하나 건축물대장을 살펴건데, **현행 농지법 시행 이전이 명백한 1960년 사용승인을 득한 주택 두 개동, 축사 2개동이 존재하는 바, 경작을 위한 농지로의 원상회복이 용이하지 아니하여 농지법상 농지에 해당하지 않는다고** 사료 됩니다(갑제6호증 지적개황도, 갑제7호증 항공사진, 갑제8호증 사진용지 각 참조).

나. 피고의 행정착오

피고는 원고의 농지취득자격증명 발급신청에 대해 **이사건 토지들이 농지법**
상 농지임을 전제로 반려하면서 그 사유로 해당토지의 지상에 불법 건축물
등이 존재하여 자격증명의 발급이 불가하며, 농지원상복구계획서의 내용도
실현 가능성이 없다고 기재하였으나, 이는 명백한 행정착오라 하지 않을 수
없습니다.

만약, ① 원상복구가 불가한 상황이라면 농지법상 농지에 해당하지 않음이
명백하여 [이사건 토지는 농지법상 농지에 해당하지 않는다]는 반려문구가
들어가야 하고, ② 농지법상 농지에 해당함이 분명하고, 농지로의 원상복구
가 가능하다면, 원상복구를 조건으로 농지취득자격증명을 발급해야 합니다.
원고의 원상복구계획이 실현 가능한지에 대해 연무읍에서는 실현 가능성이
없다고 자의적으로 단정하고 있으나 이에 대해서는 연무읍에서 판단할 사안
이 아니라 사료됩니다.

원고는 우선 농지취득자격증명을 받아 법원에 제출하고 경락허가결정을 득
한 후 잔대금을 납부하여 소유권을 취득한 후에 건물소유자를 상대로 건물
철거 및 토지인도 등 청구의 소를 제기하여 판결을 득하면 얼마든지 농지로
원상회복이 가능한 상황이라 보아야 합니다.

만약 이사건토지의 지상 건물이 철거대상인 불법건축물이라고 가정할 경우
에 피고는 ③ **다음 하급심 판례와 같이 원상복구를 조건으로 농지취득자격**
증명을 발급하는 것이 당연한 행정조치라 할 것입니다(갑제9호증 하급심판례
참조).

토지의 불법 형질변경을 이유로 농지취득자격증명의 발급을 거부할 수 있는
지에 관하여 보건대, 경매절차를 통하여 위 토지를 낙찰받기 위하여 농지취
득자격증명을 발급받으려는 자는 위 토지를 낙찰 받아 소유권을 취득하기

전에는 원상회복 등의 조치를 할 아무런 권원이 없으므로 그에게 형질 변경된 부분의 복구를 요구한다는 것은 법률상 불가능한 것을 요구하는 것인 점, 불법적으로 형질 변경된 농지에 대하여 농지취득자격증명의 발급을 거부한다면, 농지의 소유자가 농지를 금융기관에 담보로 제공한 후 농지를 불법으로 형질변경하거나 지상에 무허가건물을 짓는 경우에는 스스로 원상복구하지 않는 한 제3자가 이를 경락받지 못하므로 담보물권자는 농지를 환가할 수 없게 되는 점 등을 참작하면 불법으로 형질 변경된 위 토지에 대하여는 농작물의 재배가 가능한 토지로 원상 복구된 후에 농지취득자격증명의 발급이 가능하다는 피고의 처분사유는 적법한 것이라 할 수 없다. 원고들이 위 토지를 취득한 다음 관할 관청에서 그 원상회복을 위한 행정조치를 취하는 것은 별개의 문제이다(부산고등법원 2006. 12. 22. 선고 2006누1791 판결).

5. 적법한 건축물

그러나 이사건 토지의 지상에는 미등기이기는 하나, 양 토지에 걸쳐서 건축물 4개동(주택 및 축사, '이하 이사건 건물'이라 칭함)이 존재하고 있고 건축물대장을 살펴보건데, 최근 2011. 12. 28. 건축물대장 기초자료 정비까지 이루어지는 등 이사건 건물은 합법적 건축물로 판단됩니다.

다만, 대지위치 표시란에 마산리 ■■■-8번지만 기재되어 있고, 마산리 ■■-1번지 토지는 관련 지번으로 기재되어 있지 아니합니다.

그러나, 이사건 양 토지의 폐쇄등기부등본 기재에 의하면 이사건 건물이 사용승인을 득한 1960년 이후가 명백한 1979년에 농지개량에 의해 환지 및 분할되었음이 명백하고, 그 당시 양 토지의 소유자도 소외 김일■으로 동일인임을 알 수 있습니다(갑제10호증의 1, 2 각 폐쇄등기부증명서 참조).

위 건축물의 사용승인 당시(1960년) 농지개량에 의한 환지 및 분할이 이루어지기 전 이사건 양 토지가 동일인 소유이면서 그 토지소유자가 합법적으로 건축허가를 득하고 신축을 한 것이 분명하며 다만 농지개량, 환지, 분할을 거치면서 오래전 수기로 모든 대장을 관리하던 시절 착오로 관련지번이 누락된 것으로 사료됩니다.

그뿐만 아니라, 현행 농지법 시행 이전에 농지 상에 건축된 건물이 있는 경우 불법 건축물로 보지 않고 있으며 이 경우 농지취득자격증명 신청에 대해 반려하면서 그 반려 사유로 [이건 토지는 농지법상 농지에 해당하지 아니함] 이라고 기재하는 것이 통상적인 모습이라 하겠습니다.

이사건 건물의 경우, 1960년에 사용승인을 득한 합법적인 건축물에 해당할 뿐만 아니라 현행 농지법의 시행 이전에 건축물이 축조된 것이 명백합니다.

5. 결어

결론적으로, 피고는 원고의 이사건 토지에 대한 농지취득자격증명 발급신청에 대하여, ① [이사건 토지는 농지법상 농지에 해당하지 않는다]는 반려문구를 기재하여 반려했어야 마땅하며, 만약 이사건 건물이 불법건축물에 해당하여 철거대상이 확실하다고 가정할 경우에는 ② 원상복구계획서를 제출받고 (나중에 원상복구가 되지 않아 행정처분을 하는 등의 사정은 별론으로 해야함) 자격증명을 발급했어야 합니다.

위와 같은 사유로 원고는 피고를 상대로 이사건 청구취지와 같은 판결을 구하게 되었습니다.

입 증 방 법

1. 갑제1호증의 1, 2   부동산등기사항증명서   각1통
1. 갑제2호증   경매사건 검색표
1. 갑제3호증의 1, 2   토지대장   각1통
1. 갑제4호증   건축물대장

답 변 서

표성출판(주)㉮ 215

사 건 : 대전지법2020구합▒▒ 농지취득자격증명신청반려처분취소

원 고 : 주 ▒▒▒

피 고 : 논산시 ▒▒읍장

청구취지에 대한 답변

1. 원고의 청구를 기각한다.
2. 소송비용은 원고가 부담한다.
   라는 판결을 구합니다.

청구원인에 대한 답변

1. 처분의 경위

가. 원고는 2020. 3. 23. 충남 논산시 ▒▒읍 마산리 ▒▒-1(답 1,655㎡), ▒▒-8(답, 1,008 ㎡)에 관하여 대전지방법원 논산지원 2019타경▒▒▒호 부동산임의(강제)경매 사건에 참가 하여 최고가 매수신고인이 되고, 이 사건 신청대상 농지에 대한 소유권을 이전 받기 위 하여 2020. 3. 23. 원고가 피고에게 위 토지에 대한 농지취득자격증명을 신청(원상복구 계획서 포함)하였고 이에 피고는 현지확인 결과, 농지의 형질변경(건물조성)한 부분에 대한 복구가 필요하며 그 계획의 실현가능성이 낮아 농지취득자격증명을 발급받을 수 없다는 이유로 2020. 3. 24. 농지취득자격증명 반려 통보함(입증-을제1호증~4호증)

나. 이에 원고는 최고가 매수인으로서 농지취득자격증명 반려에 대한 법원의 매각 불허 가 결정이후 즉시 항고를 하는 방법도 생각할 수 있으나, 농지취득자격증명 발급에 문

제가 있다는 사유로 민사집행법상 즉시항고에 해당하지 아니하여 소기의 목적을 달성
할 수 없는 바, 그렇다면 매각허가 결정기일의 연기를 신청하고 행정소송에서 승소판결
을 득하여 피고로부터 농지취득자격증명을 발급받아 경매법원에 제출하는 방안이 유일
한 구제방안에 해당하여 매각허가결정기일을 추후 지정으로 연기하고 2020. 4. 1. 행정
소송을 제기함.

2. 원고의 주장에 대한 반론

가. 피고 행정처분의 부당성-농지법상 농지 해당 여부

〉농지법에 의한 농지의 정의와 대법원판례로 볼 때 이 사건 토지의 경우 미등기이기는
하나 건축물대장을 살피건대, 현행 농지법 시행 이전이 명백한 1960년 사용승인을 득
한 주택2개동, 축사2개동이 존재하는 바, 경작을 위한 농지로의 원상회복이 용이하지 아
니하여 농지법상 농지에 해당하지 아니한다는 주장에 대하여

(답변) 일반건축물대장(갑)의 건축물현황 1쪽을 보면/주1, 주택(흙벽돌/스레트) 22.5㎡',
/주2, 주택(시멘브럭/세멘기와) 59㎡/부1, 축사 267.84㎡/부2, 축사 15.5㎡'가 기재되어
있으며, 2쪽의 사용승인일 표기는 1960년, 건축의 변동원인사항란에 기재된 것을 보면
주1, 주택22.5㎡'를 제외한 4개동(주택 및 축사)은 1976년에, 축사 168.70㎡'는 1980년
신축한 것으로 표시되어 있다(입증-을제5호증 건축물관리대장)
따라서 주1의 흙벽돌 주택22.5㎡' 1개동만 1960년도에 신축된 것으로 1973년도에 촬영
된 국토정보지리원의 항공사진에서 추정해 볼 수 있다. 그 건물도 현지확인 결과, 존재
하는지 육안으로 불분명하며 그 주택이 1960년도에 신축된 것이라면 건축면적 22.5㎡'
는 전체 토지면적 2,663㎡'에서 차지하는 면적이 극히 일부면적에 불과하고 나머지 90%
이상 대부분 건축물대장상의 주택 및 건물은 농지법 시행 이후로 증축되고 신축된 것
으로 기록되어 있기에 1973년 농지법시행 이전에 사건농지에 건물이 존재하여 농지법
상 농지가 아니라고 하는 주장은 납득할 수가 없다. 실지 1973년 이전 건물이 존재했
다라는 것을 확인을 위해 국토지리원에서 발급한 1973년도 사건토지의 항공사진을 보면
연무읍 마산리 ▇▇-1(일원), ▇▇-8(일원)에 희미하게 보이는 형체가 있는데 그것이 이 사건
토지위의 건축물대장상에 기록된 흙벽돌조의 22.5㎡' 주택이라고 특정할 수도 없다
(입증-을제6호증 국토정보지리원 항공사진)

나. 피고의 행정착오

①원상복구가 불가능한 상황이라면 농지법상 농지에 해당하지 않음이 명백하여 [이 사건 토지는 농지법상 농지에 해당하지 않는다]는 반려문구가 들어가야 하고 ②농지법상 농지에 해당함이 분명하고, 농지로의 원상복구가 가능하다면, 원상복구를 조건으로 농지취득자격증명을 발급하여야 하며 ③하급심 판례(부산고등법원 2006. 12. 22. 선고 2006누1791 판결)와 같이 원상복구를 조건으로 농지취득자격증명을 발급하는 것이 당연한 행정조치라는 주장에 대하여

(①에대한답변)농지법제2조(정의)제1호 "농지"란 다음 각목의 어느 하나에 해당하는 토지를 말한다. 가. 전, 답, 과수원, 그밖의 법적 지목을 불문하고 실지 경작에 이용되는 토지라고 규정되어 있듯이 이 사건토지는 지목이 '답'이므로 농지법상 농지에 해당한다

(②에대한답변)농지법제8조(농지취득자격증명의 발급)제2항은 농지취득자격증명을 발급받으려는 자는 농업경영계획서를 작성하여 발급 신청을 하도록 되어 있고, 농지법시행령제7조(농지취득자격증명의 발급)제2항제3호는 농업경영계획서의 내용이 신청인의 농업경영능력 등을 참작할 때 실현가능하다고 인정되어야 한다고 규정하고 있으며, 농지법시행규칙제7조(농지취득자격증명신청서 등)제3항제5호엔 농지취득자격을 확인할 때 농지의 복구가능성 등 취득대상 토지의 상태를 고려하도록 규정하고 있으며[농지취득자격증명발급심사요령]제8조(자격증명 발급요건)제1항제8호에 의하면 농업경영계획서에 농지로의 복구 계획을 포함하여 작성한 경우에는 그 계획이 실현가능할 것을 확인·심사한 후 자격증명을 발급하여야 한다고 되어 있습니다.

따라서 위 관련 규정에 의거, 심사결과 원고가 제출한 원상복구계획서에 본인이 2020. 7. 30.까지 철거하고 원상복구 하겠다는 것은 본인의 의지에 불과할 뿐 이 사건토지 위의 건물소유권자인 망 김일◯의 상속인들과 현재 거주하고 있는 배우자인 정정◯과 철거에 대한 어떠한 협의도 이루어지지 않아 농지로의 복구계획이 실현가능성이 없다고 판단하여 농지취득자격증명을 반려한 것은 적법하다

(③에대한답변)최근판례(대전지방법원 2018. 12. 20. 선고 2018구합663 판결)는 이번소송의 내용과 유사한 것으로 원상복구를 조건으로 하는 농지취득자격증명 발급에 있어 원상복구계획 자체가 사건토지의 건물소유권자와 철거에 대한 협의도 없는 것은 실현불가능하여 농지취득자격증명을 미발급하는 것이 당연한 처분이라고 하였습니다.(입증-

을 제7호증 판결)

원고가 제출한 복구계획확약서는 건물소유주와 건축물 철거에 관한 합의가 이루어지지 아니하였을뿐만 아니라 협의의 내용 또는 조건 등에 관하여 아무런 구체적인 내용이 포함되어 있지 아니하다. 따라서 이 사건 토지상의 건축물이 원고가 주장하는 시기까지 철거되어 농지의 본래 모습으로 복구될 수 있을지가 불확실하다고 본 피고의 판단이 합리성을 결하였다고 볼 수 없다. 원고는 최고가 매수인에 불과하여 위 건축물의 철거를 구할 법적 권한이 없으므로 피고가 복구계획의 실현 가능성을 문제삼는 것은 법적으로 불가능한 것을 요구하는 것이어서 부당하다는 취지로 다투나, 원고가 소유권을 취득하기 전이라도 건축물 소유자와 협의 등을 통하여 실현 가능한 복구계획을 수립하는 것 자체가 불가능하다고 볼 수 없고, 농지인 이 사건 토지를 매수하고자 하는 원고에게 농지법의 취지에 따라 그 복구계획을 요구한 것이 농지법의 취지에 어긋난다거나 현저히 합리성을 결한 것이라고 볼 수도 없다(대전지방법원 2018. 12. 20. 선고 2018구합663 판결)

위 판시한 것과 같이 이 사건 또한 토지의 농지복구계획을 심사한 후, 그 계획 자체가 지상의 건물 소유권자와 협의가 없는 것은 실현불가능한 것으로 보아 원고에게 농지취득자격증명을 발급하지 아니한 이 처분 또한 원고가 주장하는 바와 같이 위법이 있다고 볼 수 없다.

다. 적법한 건축물

①이 사건 토지의 지상 건물은 2011. 12. 28. 건축물대장 기초자료 정비까지 이루어지는 등 이 사건 건물은 합법적 건축물로 판단되며 ②농지법 시행이전인 1960년에 사용승인을 득한 합법적인 건축물에 해당할 뿐만 아니라 현행 농지법 시행 이전에 건축물이 축조된 것이 명백하고, 만약 이 건물이 불법건축물에 해당하여 철거대상이 확실하다고 가정할 경우에는 원상복구계획서를 받고(나중에 원상복구가 되지 않아 행정처분을 하는 등의 사정은 별론으로 해야 함) 자격증명을 발급했어야 한다는 주장에 대하여

((①에대한답변)사건토지위의 건축물대장상 2쪽의 그밖의 기재사항을 보면 "85. 6. 5. 특정건축물허가준공"으로 기록되어 있는데 특정건축물 정리에 의한 특별조치법에 의해 해당 건축물에 대한 양성화를 받은 건축물이라 하더라도 위 규정에 따른 농지전용을

받은 것은 아니며 철거되어야 할 불법건축물로 농지법42조(원상회복 등)의 규정에 의거 원상회복 대상입니다.

(②에대한답변)1960년에 사용승인을 득한 건축물은 건축물관리대장상의 주1, 주택22.5㎡으로 추정되며 나머지 대부분의 주택과 축사는 1973년 농지법시행 이후의 건축물로 확인되므로 건축물대장상의 전체건물이 1960년대에 사용승인 되었다고 주장하는 것은 건축물대장의 세부내용에 1976년, 1980년에 순차적으로 증축되고 신축된 것을 간과한 것이다. 따라서 대부분 사건토지 위의 대부분 건물은 1973년 농지법 이후에 신축된 것이라고 할 수 있다. 또한 나중에 원상복구가 되지않아 행정처분을 하는 등의 사정은 별론으로 해야 한다고 하면서 원상복구계획서를 받고 자격증명을 발급했어야 한다는 주장은 농지법의 농지취득자격증명 발급에 대한 절차를 무시하는 것이다. 농지법 제8조,동법시행령제7조,동법시행규칙제7조 및 [농지취득자격증명발급심사요령] 제8조(자격증명발급요건)제1항제8호에 의하면 농업경영계획서에 농지로의 복구계획을 종합하여 작성한 경우에는 그계획이 실현가능할 것을 확인·심사한 후 자격증명을 발급하라고 되어 있으므로 반드시 원상복구계획 자체가 실현가능할 것을 요구하고 있어 단순히 원상복구계획서만 제출하면 농지취득자격증명을 발급하여야 한다는 규정은 농지법에 존재하지 않는다.

3. 결론

①원고의 이 사건 토지에 대한 농지법에 의한 농지가 아니라는 농지취득자격증명반려통지를 주장하는데 »당초 피고는 대전지법 논산지원 사무과 경매3계에서 사실조회 요청한 「2019타경551」부동산 임의경매건에 대하여 2019. 12. 30. 논산지원으로 사실조회 회신시, 1.별지 기재의 현황이 농지인지 여부에 있어 현재 사건토지는 실제의 토지 현황이 농작물 경작지로 이용되고 있지 아니하나, 지목이 '전'이므로 농지법에 의한 농지에 해당하며, 6.사건토지에 대한 농지취득자격증명 발급이 가능한지 여부 및 발급에 어떤 조건이 필요하다면 어떠한 조건 성취가 필요한지 여부의 회신내용에 농지전용허가(신고)를 받지 아니하고 불법건축물이 조성되어 있는 부분은 농지로의 복구계획치를 포함한 농업경영계획서의 내용이 실현가능하다고 판단될 시 농지취득자격증명이 발급 가능하다고 하였고 그 세부적인 조건으로 농지로의 복구계획서에 건물소유주들 및 거주하고 있는 정정■(망 김일■의 배우자)와 협의 및 동의의 내용이 포함되어 있을 경우에만 복구계획

이 타당하다 하여 자격증명을 발급할 수 있다고 하며 대전지방법원 논산지원의 경내개발 농지취득자격증명 발급대상 농지로 통보한 바 있습니다.

②원상복구계획서를 제출받고(나중에 원상복구가 되지 않아 행정처분을 하는 등의 사정은 별론으로 해야함) 자격증명을 발급했어야 한다고 주장하는데 ≫농지취득자격증명발급 신청시 농업경영계획을 작성하도록 되어 있고 취득농지가 농지로의 복구가 필요할 경우 복구계획서를 받아서 심사하도록 되어 있으므로 원고가 주장하는 바와 같이 나중에 원상복구 미이행시 행정처분을 하는 등의 사정은 별론으로 해야한다는 규정은 농지법의 농지취득자격증명 발급요건에 명시되어 있지 않습니다.

이상 살펴본 바와 같이 이 사건의 반려처분이 위법 부당한 처분이라는 원고의 주장은 전혀 이유가 없는바, 원고의 청구를 기각하여 주시기 바랍니다.

입 증 방 법

1. 을 제1호증 농지취득자격증명반려 공문 1부.
1. 을 제2호증 결과보고서 1부.
1. 을 제3호증 농지취득자격증명 신청서 1부.
1. 을 제4호증 농지원상복구계획서 1부.
1. 을 제5호증 건축물관리대장 1부.
1. 을 제6호증 국토정보지리원 항공사진 1부.
1. 을 제7호증 대전지방법원2018구합663 판결 1부.

첨 부 서 류

1. 관련법령(농지법제2조제1호)
1. 관련법령(농지법제8조)

정답의 1차   **준 비 서 면**

사 건   2020 구합 345 농지취득자격증명신청 반려처분 취소
원 고   주■■
피 고   논산시 ■■읍장

위 사건과 관련하여 원고는 피고의 2020. 5. 6.자 답변서에 대하여 다음과 같이 변론을 준비합니다.

- 다   음 -

1. 피고 주장의 요지

피고 주장의 요지는,
① 이사건 토지의 지상에 존재하는 건축물은 대부분 농지법 시행 이후에 불법 증축된 것으로 이사건 토지는 농지법상 농지에 해당하고 불법건축물을 철거하는 등 원상회복 없이는 농지취득자격증명 발급이 불가하고,
② 원상복구 조건으로 자격증명 발급이 가능하다는 원고의 주장에 대하여, 원고의 의지에 불과할 뿐, 건물소유자와 어떠한 협의도 이루어지지 않아 복구계획은 실현 불가능하다,
는 주장으로 정리할 수 있습니다.

2. 농지법상 농지

원고가 소장 청구원인 중 이사건 토지는 농지법상 농지에 해당하지 않는 것으로 사료된다고 주장하였으나, 이는 어디까지나 피고가 계속 건물의 불법성

올 주장하므로 그것을 전제로 가정한 것으로서, 농지법상 농지에 해당하고 불법 건축물이 존재한다면 원상복구 조건으로 농취를 발급했어야 한다는 주장이었을 뿐입니다.

농지법 시행령은 제2조(농지의 범위) 제3항 제2호 나목에서 [축사·곤충사육사와 농림축산식품부령으로 정하는 그 부속시설]등 축사의 부속토지도 농지임을 분명히 하고 있습니다.

농림축산 식품부의 [농지취득자격증명발급심사요령] 제2조 농지에 대한 정의에서 제1항 제3호 나목에서도 [축사 또는 곤충사육사와 그 부속시설]을 규정하고 있고, 제2조 제8항에서는 축사 및 곤충사육사의 부속시설에 대하여 규정하고 있습니다.

위 규정들을 종합해 볼 때 이사건 토지는 농지법상 농지에 해당하는 것으로 볼 수 있습니다.

3. 농지법상 농지의 용법대로의 사용

지목이 농지이고 그 지상에 축사 및 농가주택이 있는 것은 농지를 농지의 용법대로 적법하게 사용하고 있는 것입니다.

농지와 그 지상의 축사를 취득하면서 농지취득자격증명을 신청할 경우 아무 문제없이 농지취득자격증명을 받을 수 있다는 것은 실제 업무를 담당하고 있는 피고가 더욱 잘 알고 있을 것입니다.

다만, 축사가 합법인지 불법인지에 따라 결론이 달라질 수 있을 것입니다.

4. 건축물대장이 존재하는 적법한 건물

이사건 건물은 엄연히 갑제4호증과 같이 건축물대장이 존재하는 합법적 건물에 해당하고, 피고도 답변서에서 주장하고 있는 바와 같이 건축물대장 2페이지 하단부 기재에 의하면 86. 6. 5. 특정건축물허가준공 이라고 기재되어 있는 등 건축물의 관리를 담당하고 있는 논산시에서는 이사건 건물을 합법적 건물로 인정하였으므로 허가준공이라고 기재한 것인데 논산시의 하급관청인 피고는 상급관청의 판단과 모순되게 불법건축물이라고 주장합니다.

위와 같이 이사건 건물이 합법적 건물이고 지목이 농지인 토지 위에 지어진 축사 및 농가주택이므로 농지를 용법대로 사용하고 있는 것이 분명하다 할 것이고, 당연히 아무 문제없이 농지취득자격증명을 받을 수 있어야 합니다.

5. 농지민원 사례집

다음으로 2013. 12. 농림축산식품부 농지과에서 발간한 [농지민원사례집]을 살펴보고자 합니다(갑제13호증 농지민원사례집 참조).

위 사례집은 피고를 비롯한 농지민원을 담당하고 있는 전국에 있는 모든 공무원들이 공유하고, 실무에서 벌어지는 문제의 해결 방향을 제시하는 실무자료로서 피고도 잘 알고 있는 내용이라 사료됩니다.

[문] 2007. 7. 4. 이전에 불법으로 설치한 축사부지는 복구되어야 하는 농지인지?
[답] 농지에 해당하며 원상회복 조치는 필요하지 않음.
해설은 갑제13호증을 참고하여 주시기 바랍니다.

[문] 축사부지에 대하여 농지취득자격증명을 발급받아야 하는지?
[답] 1) 2007. 7. 4. 이전 허가받은 축사는 농취증명 없이 취득가능
     2) 2007. 7. 4. 이전 허가받지 않은 축사는 농취증명 발급 필요
     3) 2007. 7. 4. 이후 설치한 축사는 농취증명 발급 필요
해설은 갑제13호증을 참고하여 주시기 바랍니다.

위 사례집 해설 내용을 이사건 토지 및 건물에 적용해 볼 경우, (1) 우선 이 사건 축사 등은 **2007년 7월 4일 (개정 농지법) 이전에 축조**되었다는 것은 원고와 피고 간 다툼없는 사실이므로 위 첫 번째 질의응답에 따라 **원상회복 조치가 필요없음**을 알 수 있습니다.

(2) 농취자격증명에 관하여 위 두 번째 질의응답 사례와 같이 ① 이사건 축사가 허가받은 축사라면 농취자격증명 자체가 필요없으므로, 피고는 원고에게 반려처분을 하면서 농지취득자격증명발급이 필요없이 취득할 수 있는 축사부지라는 반려사유를 기재해야 하고, ② 허가받지 않은 축사라면 농지취득자격증명을 발급해야 하며 이 경우 원상회복을 요구하거나 그 계획서를 제출하게 하면 안됩니다.

③ 두 번째 사례의 답변 3항은 이사건 건물이 2007. 7. 4. 이전에 지어진 것이 분명하므로 해당사항이 없다 하겠습니다.

6. 추가사항(예비적주장)

위와 같은 원고의 주장이 받아들여지지 아니하고 피고 주장대로 이사건 건물들이 불법 건축물에 해당하고 원상회복이 반드시 필요하다면 예비적으로 다음과 같이 주장합니다.

가. 피고의 직무유기

피고는 분명히 이사건 토지 지상의 건물 대부분이 철거되어야 할 불법 건축물이라고 주장하고 있습니다.

그렇다면 행정청인 피고가 이사건 토지 지상에 불법건축물이 존재함을 알고 있으므로 피고는 이사건 불법건축물에 대하여 철거 계고 처분 및 대집행 등 행정처분을 단행하여 건물을 철거해서 농지로 원상회복하도록 조치할 의무가 있음에도 불구하고 아무런 조치를 취하지 않고 있는 것은 직무를 유기하고 있다고 보아야 할 것입니다.

나. 원상복구 실현 가능성에 대하여

원고가 제시한 부산고등법원의 판례와는 약간 상반된 내용인 피고가 제시한 하급심판례는 원상회복 방법에 관하여 건물소유자와 합의가 없었다는 이유로 원고청구를 기각하였으나 이에 대해 패소한 원고가 항소를 하지 않아 그대로 확정되었으나, 항소를 하였더라면 충분히 다른 결과가 나올 수 있는 사안이었다고 조심스럽게 예상합니다.

피고가 제시한 위 하급심 판례는 원상회복 방법에 관하여 건물주와의 협의가 유일한 원상회복 방법인 양 잘못 판단하였다 사료됩니다.

원고는 토지를 취득하고 나서 곧바로 건물주를 상대로 철거 및 토지인도 소송을 제기할 예정이고, 피고의 주장대로 이사건 건물들이 불법이라면 더욱 손쉽게 철거판결을 받아 얼마든지 원상회복이 가능하다 사료됩니다.

그럼에도 불구하고 피고는 위 하급심판례를 인용하면서 건물주와 협의가 없어 원상구구가 불가능하다고 자의적으로 판단하고 있는 것입니다.

사실관계가 위와 같다면 피고는 원고에게 원상복구계획서를 제출받고 농지취득자격증명을 발급하여야 마땅합니다.

8. 결어

위와 같이 이사건 토지는 농지법상 농지에 해당하고 이사건 건물은 건축물대장까지 존재하는 합법적 건물에 해당하며, 2007. 4. 이전에 축조된 것이 분명하므로 농지민원 사례집 질의응답과 같이 원상회복의 조건을 달 것도 없이 농지취득 자격증명을 발급했어야 합니다.

따라서 원고의 청구취지대로 판결하여 주시기 바랍니다.

입증방법

1. 갑제13호증   농지민원사례집

첨부서면

1. 위 입증방법   2통
1. 준비서면 부본   1통

2020. 7.   .

위 원고 주▨▨▨

대전지방법원   귀중

준비서면에 대한 답변 원고 1차 답변에 대한

사 건 : 대전지법2020구합345 농지취득자격증명신청반려처분취소

원 고 : 주 광 ■■

피 고 : 논산시 ■■■읍장

1. 원고주장의 요지

① 이 사건 축사 등이 2007. 7. 4. 이전에 축조되었다는 것은 원고와 피고의 다툼없는 사실이므로 개정 농지법에 의한 농지로서 원상회복 조치가 필요없다.

② 이 사건 부동산은 불법 건축물이 아니다.

③ 원고는 토지를 취득하고 나서 곧바로 건물주를 상대로 철거 및 토지인도소송을 제기할 예정이고 피고가 주장하듯 위 사건 건물이 불법이라면 더욱 손쉽게 철거판결을 받아 얼마든지 원상회복이 가능하다.

2. 원고의 주장에 대한 반론

① 사건 부동산에는 축사만 있는 것이 아니라 현지 사진에 보는 것처럼 2필지 걸쳐서 25평 정도의 농가주택이 존재하고 있음을 원고는 간과하고 있다.

축사부분이 차지하고 있는 부지면적은 개정 농지법에 의한 농지로 인정한다 하더라도 농취증 발급에 문제가 되는 것은 농가주택임을 알 수 있다.

이 주택은 농지법에 의하면 농지전용 없이 타용도로 사용(불법전용)된 경우로 원상복구 되어야 할 농지에 해당한다.

따라서 축사와 별도의 필지로 구분됨이 없기에 주택부분이 원상회복 되지 않고서는 사건 부동산에 대한 농지취득자격증명 발급은 불가하다.

② 사건 부동산은 '86. 6. 5. 특정건축물허가준공' 이라 하여 건축물대장상에 기록되어

있으므로 합법건축물이라고 주장한다.

하지만 그 논거는 건축법에 의한 합법의 정의이고, 농지법상은 농지전용없이 타용도의 건물로 불법형질변경된 원상복구 되어야 할 농지이다.

③ 원고는 추후 토지인도소송 및 철거판결로 사건부동산에 대해 농지로 원상회복을 주장하지만 농지법의 농지취득자격증명 발급에 관한 규정 그 어디에도 원고의 그 같은 취득후의 사정을 들어 원상회복가능성을 심사하는 규정은 없다.

농취증을 발급하는 데 있어서 농지로의 원상복구가 필요한 경우 농지법시행규칙제7조 제3항제5호, 농지취득자격증명발급심사요령(예규)제8조제1항제5호 및 제8호의 규정에 의거 처리하고 있다.

사건부동산의 경우 원상복구후 농취증을 제출하여 발급하는 것이 원칙이나 경매의 경우 1주일 이내에 증명서를 법원에 제출하여야 하는 바, 불가피한 경우로 원고에게 원상회복 계획서를 받아 심사하였던 것이다.

현재 이 건물엔 건축물대장상 소유자인 "망 김일남"처 "정정▉(41.02.04)"이 1985년부터 거주하고 있어 법정지상권의 성립여지 및 건물 상속자들과의 철거권원으로 인한 법적 분쟁으로 원상복구가 용이하지 않을 것으로 누구라도 알 수 있는 것이므로, 원고의 원상 복구계획서에 최소한 주택 거주자 및 상속권자들과의 협의 및 동의내용이 기재되어 있어야 원상복구 실현가능성이 있다하여 농취증 발급을 고려할 수 있다.

따라서 그 복구계획서에 건물주와의 어떠한 협의 내용이 없으므로 농지취득자격증명을 반려하는 것이 타당함을 다시 한번 주장한다.

이 사건과 같은 내용과 부합하는 최근 판결,
(대전지방법원 2018.12.20. 선고 2018구합.663판결)에 판시되어 있다.

입 증 방 법

1. 을 제1호증 현지사진대지 1부.

원고의 2차

준 비 서 면

사 건   2020 구합 345 농지취득자격증명신청 반려처분 취소

원 고   주▨▨▨

피 고   논산시 ▨▨읍장

위 사건과 관련하여 원고는 피고의 2020. 7. 23.자 준비서면에 대하여 다음과
같이 변론을 준비합니다.

- 다 음 -

1. 피고 주장의 요지

피고의 2020. 7. 23. 자 준비서면 주장의 요지는,

① 축사부분이 차지하고 있는 부분은 농지법상 농지로 인정한다 하더라도
약 25평 정도의 농가주택은 불법전용된 경우로서 원상회복 대상에 해당한다,

② 사건 부동산은 "86. 6. 5. 특정건축물허가준공"이라 기록되어 있으므로, 합
법건축물이라는 주장에 관하여, 그 논거는 건축법상의 정의이고, 농지법상
농지전용허가 없이 타 용도로 불법 형질변경이 되었으므로 원상복구가 되어
야 한다,

③ 건축물대장 상 소유자인 "망 김일▨의 처 정정▨"과 철거에 관한 아무런
협의가 없으므로 원고의 원상복구계획은 실현 가능성이 없다,

는 주장으로 정리할 수 있습니다.

2. 이사건 주택에 관하여

이사건 건물 중 주택은 1960년에 신축된 22.5㎡(이하 '제1동' 이라함)와 1976

년에 신축된 59㎡(이하 '제2동'이라함)의 2개 동이 존재합니다(갑제4호중 일반건축물대장 및 갑제12호중 건축물관리대장등본(수기작성분) 참조).

1960년에 신축된 제1동은 개정 농지법 시행 이전에 신축되었으므로 피고도 문제삼지 않을 것으로 사료되오며, 다만 문제삼고 있는 부분은 1976년 신축된 제2동 59㎡ 부분이라 사료됩니다.

후에 신축된 제2동에 관하여 예상 하건데, 1976년 신축하여 건축물대장에 등재되었으나 신축당시에는 전용허가를 받지 않고 있다가 1985. 6. 5. 에 전용허가를 득하여 양성화를 하였으므로 "특정건축물허가준공" 이라고 기재되었을 것으로 짐작됩니다.

건축물대장에 등재된 합법적 건축물에 대하여 피고는 계속 불법이라고 주장하고 있으나 그 주장의 근거가 무엇인지 전혀 알 수 없습니다.

3. 원상복구 실현 가능성에 대하여

원고의 복구계획은 건물소유자인 소외 정정✚과 철거에 대한 어떠한 합의도 되어있지 아니하여 실현 불가능하다는 주장은 피고의 일방적이고 자의적인 판단에 불과합니다.

이미 토지가 경매로 처분될 상황에서 그 지상의 건물소유자가 순순히 철거에 동의할 이유가 없고(원고로서는 아직 토지의 소유권을 취득한 것도 아니어서 건물소유자와 협의를 한다는 것은 생각하기 어려움), 철거방법이 반드시 건물소유자와 합의가 되어야만 하는 것도 아니며 철거소송을 통해서도 얼마든지 철거가 가능하며, 피고의 주장대로 이사건 건물 중 주택이 불법건축물에 해당한다면 소송이 아니라 피고 행정청의 철거계고처분 등 행정조치에 따라 농지로 원상회복이 용이하게 이루어질 수 있다고 사료됩니다.

한편, 원고가 이미 이사건 토지의 소유권을 취득하였다면 불법건축물의 철거 계고처분을 위한 민원 신청을 하였을 것이나, 아직 취득전이어서 민원신청을 할 자격이 없다 할 것이나, 피고는 민원제기가 들어올 것을 기다릴 것 없이 불법 건축물의 존재를 알았다면 직권으로 철거 계고처분의 행정조치를 단행할 의무가 있습니다.

4. 선행된 매각불허가 결정에 관하여

가. 선행 낙찰 및 농지취득자격증명 반려처분

원고는 이사건 소송 진행 중, 최근에 법원경매계 및 경매신청채권자 등을 만나서 다음과 같은 사실을 확인하였습니다.

이사건 부동산에 대하여 실시된 2019. 12. 9. 매각기일에 소외 구선근이 낙찰을 받았고, 소외인이 곧바로 피고에게 농지취득자격증명을 신청하였는데, 피고는 2019. 12. 11.에 농지취득자격증명발급신청 반려처분을 하였고, 그 반려사유로 [농지법상 농지에 해당되지 아니함] 이라고 기재하였고, 그 당시 담당 직원도 현재와 동일하게 산업계장 한계수] 입니다(갑제14호증 농지취득자격증명신청 반려처분 참조).

위와 같은 반려사유는 부동산등기법 및 등기실무 상 농지취득자격증명을 첨부하지 아니하고 소유권이전등기를 신청할 수 있습니다(갑제15호증 등기선례 참조).

나. 매각불허가 결정

따라서 위 반려처분을 소외인이 법원에 제출하였으므로 아무런 조건없이 매각허가결정을 받았어야 하는데, 법원의 담당 공무원과 사법보좌관이 부동산등기법 및 위 등기선례 등 실무를 알지 못하고, 만연히 농지취득자격증명 미제출을 원인으로 매각불허가 결정을 하였으며, [농지취득자격증명이 필요없는 부동산에 대하여 그 제출을 조건으로 하여 매각절차가 진행된 절차상 하자가 있으므로 민사집행법 제121조 5호, 제123조 제2항에 따라 불허가한다]

라고 불허가 사유를 기재하였습니다(갑제16호증 매각불허가결정 참조).

위 불허가 결정 사유에 따른다면, 나중에 진행된 원고가 낙찰받은 매각기일에는 매각물건명세서에 농지취득자격증명의 발급 및 제출이 필요없는 부동산이라고 명시 되었어야 마땅하나, 동일하게 농지취득자격증명의 제출을 조건으로 하여 매각절차가 진행되었습니다.

다. 사실조회의 실시

왜 위와 같이 변동없이 차후 절차가 진행된 것인지에 관하여 원고가 알아본 바에 의하면, 위 매각불허가 결정은 2019. 12. 26.에 있었는데, 그 3일 전인 2019. 12. 23. 에 사법보좌관 이성■ 명의로 법원에서 피고에게 사실조회서 (갑제17호증 사실조회서 참조)를 발송하였고, 이에 대하여 매각불허가결정이 난 이후인 2020. 1. 3.에 피고가 회신서를 제출하였는 바, 그 회신의 요지는 [농지법상 농지에 해당하고, 농지취득자격증명을 발급하여야 취득할 수 있으며, 현 상태에서는 발급불가하며 원상복구가 필요함] 이라고 기재되어 있습니다(갑제18호증 사실조회회신서 참조).

라. 피고의 일관성 없는 입장

피고는 분명 2019. 12. 11. 자 반려처분에서 [농지법상 농지에 해당하지 않는다]라고 기재해 놓고 얼마 지나지 않아 다시 입장을 바꾸어 [농지법상 농지에 해당한다]라고 정반대의 해석을 내 놓았습니다.
피고의 담당직원이 정말 농지법과 부동산등기법을 정확히 알고 일처리를 하고 있는지 의심스럽습니다.
피고는 위와 같이 입장을 번복한 이유에 대해 분명한 설명을 해야 하고, 건축물대장 상 합법적인 건물이 왜 농지법상 불법에 해당하는지에 대하여도 정확한 근거를 제시해야 할 것입니다.

건축법상 합법적 건물이 존재한다면, 그 농지는 사실상 장시간에 걸쳐 건축법상 합법적 건물을 위한 대지로 이용되어 온 것이므로 농지법상 농지에 해당하지 않게 되었다고 보아야 할 상황이지 선행해서 철거를 해야 한다는 피고의 처분은 국민 개인의 재산권을 침해하는 위법한 처분입니다.

5. 결어

위와 같이 피고의 주장은 입장을 번복하는 등 그 신빙성이 의심되며 건축물대장 상 합법적 건물을 불법이라고 하는 근거도 없는 억지 주장에 불과하므로 원고의 청구취지 대로 판결하여 주시기 바랍니다.

입증방법

1. 갑제14호증　　농지취득자격증명신청 반려처분
1. 갑제15호증　　등기선례
1. 갑제16호증　　매각불허가결정
1. 갑제17호증　　사실조회서
1. 갑제18호증　　사실조회회신서

첨부서면

1. 위 입증방법　　　　　　2통
1. 준비서면 부본　　　　　1통

2020. 8.   .

위 원고 주■■

대 전 지 방 법 원

제 2 행 정 부

판 결

사 건	2020구합345 농지취득자격증명신청반려처분취소	
원 고	주■■■	
	김포시 김포한 ■■■ ■■ ■■ ,704호 (구래동, ■■■■■■■)	
	송달장소 평택시 평남로 1029, ■■호 (동삭동)	
	(송달영수인 법무사 유종■■)	
피 고	논산시 ■■■읍장	
	소송수행자 양응■■	
변 론 종 결	2021. 4. 22.	
판 결 선 고	2021. 5. 13.	

주 문

1. 피고가 2020. 3. 24. 원고에 대하여 한 농지취득자격증명신청 반려처분을 취소한다.

2. 소송비용은 피고가 부담한다.

청 구 취 지

주문과 같다.

이 유

1. 처분의 경위

가. 원고는 2020. 3. 23. 대전지방법원 논산지원 2019타경551 부동산임의경매사건에서 충남 논산시 연무읍 마산리 ■■-1 답 1,655㎡ 및 마산리 ■■-8 답 1,008㎡(이하 합하여 '이 사건 토지'라 한다)에 관하여 최고가 매수신고인이 된 사람이다.

나. 원고는 2020. 3. 23. 피고에게 이 사건 토지에 관한 소유권을 취득하기 위하여, 취득자 구분란을 '신규영농', 취득목적란을 농업경영으로 표기하여 농지취득자격증명의 발급을 신청하였다.

다. 피고는 2020. 3. 24. 원고에게 아래와 같은 이유로 농지취득자격증명의 발급신청을 반려하는 처분(이하 '이 사건 처분'이라 한다)을 하였다.

[근거법령]
농지법 제8조, 동법 시행령 제7조, 동법 시행규칙 제7조, 발급심사요령 제8조, 제9조

[반려사유]
○ 신청대상 농지를 취득하려는 경우에는 농지취득자격증명을 발급받아야 하는 농지법상 농지이나 불법으로 형질변경 또는 불법건축물이 있어 농업경영 등에 이용하기 어려운 상태로 복구가 필요하며 현 상태에서는 농지취득자격증명을 발급할 수 없음
○ "농지원상복구계획서"의 내용이 농지로의 복구 등 실현가능성 없음

[대 안]
○ 현재 사용하고 있는 목적에 맞춰 지목변경하거나 농지로 복구하고 농지취득자격증명을 신청하여야 함

[인정근거] 다툼 없는 사실, 갑 제1호증의 1, 2, 제2, 5호증, 을 제1, 3, 4, 5호증의 각 기재, 변론 전체의 취지

2. 이 사건 처분의 적법 여부

가. 원고의 주장

피고는 이 사건 토지가 농지법상 농지이나 불법으로 형질변경되었거나 불법건축물이 있어 농업경영 등에 이용하기 어려운 상태여서 복구가 필요하다는 이유를 들어 원고의 농지취득자격증명 발급신청을 반려하였다. 피고는 불법건축물에 대한 철거 등을 실행할 권한이 있고 원고로부터 원상복구계획서를 제출받고 자격증명을 발급할 수 있었음에도 불구하고 단순히 위와 같은 이유만으로 원고의 농지취득자격증명 발급신청을 반려한 이 사건 처분은 위법하다.

나. 관련 법령

별지 관련 법령 기재와 같다.

다. 판단

1) 농림축산식품부 예규인 '농지취득자격증명 발급심사요령' 제9조 제3항 제4호는 농지법을 위반하여 불법으로 형질변경된 농지에 대한 농지취득자격증명의 발급을 신청받은 경우 자격증명 미발급 사유로 '신청대상 농지는 취득 시 농지취득자격증명을 발급받아야 하는 농지이나 불법으로 형질이 변경된 부분에 대한 복구가 필요하며 현 상태에서는 농지취득자격증명을 발급할 수 없음'이라고 기재하도록 규정하고 있고, 피고는 위 조항 등을 근거로 이 사건 토지에 불법으로 형질변경된 부분 및 불법건축물이 있어 이에 대한 복구가 필요하다는 이유로 이 사건 처분을 하였다.

2) 그러나 앞서 든 증거들 및 갑 제3호증의 1, 2, 제4, 6, 7, 8호증, 제10호증의 1, 2의 각 기재, 변론 전체 취지를 더하여 알 수 있는 다음과 같은 사정들을 종합하여 보면, 피고가 원고에게 농지취득자격이 있는지 여부를 실질적으로 심사하지 않은 채 단순히 이 사건 토지가 원상복구되지 않았다는 이유만으로 원고의 농지취득자격증명의 발급신청을 반려한 이 사건 처분은 위법하다고 봄이 타당하다.

가) 우리 헌법은 경자유전의 원칙을 선언하고(헌법 제121조), 농지법은 이를 구현하기 위하여 농지의 보전, 소유, 이용에 관한 기본이념을 천명하고(농지법 제3조), 국가와 지방자치단체로 하여금 위와 같은 기본이념의 실현을 위한 시책을 수립하고 시행할 의무를 부과하고 있다(농지법 제4조).

이에 따라 농지법은 원칙적으로 자기의 농업경영에 이용하지 않은 자는 농지를 소유하지 못하도록 하고(제6조 제1항), 예외적인 경우 한정적으로 농업경영에 이용하지 않더라도 농지를 소유하도록 허용하고 있다(제6조 제2항). 또한 농업경영에 이용하지 않은 농지 등의 처분(제10~12조), 농지의 전용허가 제한(제34조, 제37조), 농지의 지목변경 제한(제41조), 원상회복(제42조) 등의 규정을 통해 헌법상 경자유전의 원칙을 관철하고 농지를 보전하도록 하고 있다.

농지취득자격증명은 위와 같은 헌법, 농지법 등의 규정에 따라 농지를 취득하려는 자가 농지를 취득할 자격이 있는지 여부를 적극적으로 심사함으로써 농지에 관한 기본이념을 구현하기 위한 제도라고 볼 수 있다. 따라서 농지취득자격증명은 취득하려는 토지가 농지인 이상 취득 대상 농지의 상태보다도 본질적으로 농지를 취득하려는 자에게 농지취득자격이 있는지 여부에 중점을 두고 심사하는 제도이고 위와 같은 방향으로 제도가 운용되는 것이 적절하고 바람직하다.

나) 농지법 제8조 제1항 본문은 농지를 취득하려는 자는 농지 소재지를 관할하는 시장, 구청장, 읍장 또는 면장에게서 농지취득자격증명을 발급받아야 한다고 규정하고 있고, 농지법 제6조 제1항은 농지는 자기의 농업경영에 이용하거나 이용할 자가 아니면 소유하지 못한다고 규정하면서, 같은 조 제2항에서는 위 제1항에도 불구하고 주말·체험영농(농업인이 아닌 개인이 주말 등을 이용하여 취미생활이나 여가활동으로 농작물

을 경작하거나 다년생식물을 재배하는 것을 말한다)을 하려고 농지를 소유하는 경우(제3호) 등에는 농지를 소유할 수 있다고 규정하고 있다. 또한 농지법 시행령 제7조 제2항은 시·구·읍·면의 장은 농지취득자격증명의 발급신청을 받은 때에는 농지법 제6조 제1항이나 제2항 제2호·제3호·제7호 또는 제9호에 따른 취득 요건에 적합할 것(제1호), 농업인이 아닌 개인이 주말·체험영농에 이용하고자 농지를 취득하는 경우에는 신청 당시 소유하고 있는 농지의 면적에 취득하려는 농지의 면적을 합한 면적이 농지법 제7조 제3항에 따른 농지의 소유상한(총 1천 제곱미터 미만) 이내일 것(제2호), 농업경영계획서를 제출하여야 하는 경우에는 그 계획서에 농지법 제8조 제2항 각 호의 사항이 포함되어야 하고, 그 내용이 신청인의 농업경영능력 등을 참작할 때 실현가능하다고 인정될 것(제3호) 등의 요건에 적합한지 여부를 확인하여 농지취득자격증명을 발급하여야 한다고 규정하고 있다. 또한 농지법 시행령 제7조 제3항의 위임에 따라 농지법 시행규칙 제7조 제3항은 농업경영계획서를 제출하여야 하는 경우에 있어서의 농지취득자격의 확인기준 등에 관한 세부사항을 규정하고 있다.

위와 같은 관련 규정의 내용 및 취지를 고려할 때 피고는 농지취득자격증명 발급신청을 받는 경우 대상 토지가 농지법 제2조 제1호의 농지[1]에 해당하는 이상, 위 농지법 제8조 제1항, 제2항 및 농지법 시행령 제7조 제2항, 농지법 시행규칙 제7조 제3항 등에 따라 그 신청인에게 농지취득자격이 있는지를 심사하여 농지취득자격증명의 발급 여부를 판단하여야 한다.

다) 원고가 취득자의 구분을 신규영농으로 취득목적을 농업경영으로 기재하여 피고에게 농지취득자격증명의 발급신청을 한 점은 앞서 본 바와 같다. 그런데 농지법 제8

---

1) 원고는 이 사건 토지가 농지법상 농지에 해당함을 전제로 하여 이 사건 처분의 취소를 구하고 있고, 피고 역시 이 사건 토지가 농지에 해당함을 전제로 하여 이 사건 처분을 한 것이므로, 이 사건 토지가 농지인 점에 관하여 다툼이 없다.

조, 농지법 시행령 제7조 제2항 각 호의 규정 등을 종합하면, 취득자의 구분 및 취득목적에 따라 농지취득자격의 요건이 상이하므로, 피고로서는 원고의 취득자 구분 및 취득목적을 명확히 하여 그에 따른 원고의 농지취득자격 요건의 구비 여부를 확인하였어야 한다. 즉, 원고가 취득하려는 이 사건 토지의 면적은 합계 2,663㎡로 상당한 면적에 해당하고, 원고는 41세로 이 사건 토지로부터 약 200㎞ 떨어진 경기도 김포시에 거주하고 있고 자영업에 종사하면서 자기노동력으로 농업경영을 한다고 기재되어 있는바(농업경영을 위한 기계·장비의 확보 방안에 관하여는 아무런 기재가 없다), 피고로서는 농지법 시행규칙 제7조 제3항 각 호에 규정된 위와 사정들을 종합적으로 고려하여 원고에게 농지취득자격을 발급할 수 있는지 여부를 심사했어야 할 것이다. 여기에서 이 사건 토지의 농지로의 복구가능성은 위 시행규칙 제7조 제3항 제5호에 기재된 취득대상 토지의 상태에 관한 고려요소 중의 하나에 불과하다. 그럼에도 불구하고 피고가 원고의 취득자 구분 및 취득목적을 명확히 하여 그에 따른 실질적인 심사를 하였다고 볼 만한 자료가 없다.

라) 앞서 본 농지취득자격증명 발급심사요령은 불법으로 형질변경된 농지에 대한 농지취득자격증명 발급신청에 대하여 원상복구를 이유로 그 발급신청을 반려하도록 규정하고 있기는 하나, 위 농지취득자격증명 발급심사요령은 농지취득자격증명 발급기준이나 절차에 관한 행정기관 내부의 사무처리준칙을 정한 것에 불과하여 대외적으로 국민이나 법원을 구속하는 법규로서의 효력이 있다고 보기는 어렵다.

마) 또한 이 사건 토지가 농지로서 원상복구되지 않았다는 이유만으로 농지취득자격증명의 발급신청을 반려하는 것은, ① 농지를 취득하려고 하는 자는 소유권을 취득하기 전에는 원상복구를 할 수 있는 법적 권원이 없어 소유자가 스스로 원상복구를 하지

아니하는 이상 아무런 조치를 취할 수 없는 점, ② 더구나 이 사건과 같이 경매절차를 거쳐 농지 소유권이 이전되는 경우에는 소유자의 자진 원상복구를 기대하기 어려우므로, 피고와 같은 처분청이 농지취득자격증명이 필요한 농지라고 하면서도 불법 형질변경을 이유로 농지취득자격증명의 발급신청을 반려한다면 매각 자체가 허가되지 아니하여 경매절차가 계속 공전될 수밖에 없어 농지의 담보권자가 담보농지를 환가할 수 없게 되는 점, ③ 농지가 불법 형질변경된 경우 관할청은 행위자에게 원상회복을 명하고 이를 이행하지 않을 경우 대집행으로 원상회복하는 등 불법행위를 단속할 의무가 있음에도 이를 하지 않은 채, 오히려 불법 형질변경이 있다는 이유로 최고가 매수신고인의 농지취득자격증명 발급신청을 거부하는 것은 행정청이 스스로 하여야 할 의무이행을 경매라고 하는 우연한 기회를 이용하여 최고가 매수신고인에게 전가시키는 것인 점 등을 종합하여 볼 때, 적법하다고 보기 어렵다.

3. 결론

그렇다면 원고의 청구는 이유 있어 이를 인용하기로 하여 주문과 같이 판결한다.

재판장   판사   오영■

판사   정아■

판사   김동■

242

사건 개요 지구단위계획구역의 불법 건축물이 있는 농지의 1/5 지분

목록 1, 3. 현황 '일부 주거용 건부지', 목록2. 현황 '전', 목록 1, 2, 3. 농지취득자격증명 필요(미제출 시 보증금 반환하지 않음), 발급기관의 농지취득자격증명 신청 반려 처분에 의해 불허가 후 재매각 물건이다.

3필지의 농지 지상에 불법 건축물이 있는 농지의 1/5 지분 매각 토지이용계획 확인서상 지구단위계획구역으로 도시계획시설의 예정 도로가 있다.

※ 판결은 주말 체험 농지는 영농 계획 없이 소유할 수 있다고 판결함.

본건 기호(1, 3) 지상 위에 "지적 및 건물개황도, 사진용지"와 같이 소유자 미상의 건물이 소재하나 본건 토지는 이에 구애됨이 없이 감정평가하였으며, 기호(1)은 지상에 목구조 슬래브지붕 약 60.64㎡ 제시외 건물 ㉠로 인해 제한받는 정도를 감안한 금액을 비교란에 병기하였으니, 경매 입찰시 참고하시기 바람.

[토지] 충청남도 서산시 고북면 기포리 ▨-1 전 357㎡

1. 소유지분현황 (갑구)

등기명의인	(주민)등록번호	최종지분	주　　　　소	순위번호
김삼▨ (공유자)	510212-*******	5분의 1	충청남도 서산시 고북면 고북1로 ▨-5	14
김환▨ (공유자)	530228-*******	5분의 2	충청남도 서산시 고북면 고북1로 ▨-6	10
이기▨ (공유자)	470910-*******	5분의 1	서울시 구로구 개봉동 470 삼환아파트 ▨▨▨▨호	1
최선▨ (공유자)	690519-*******	5분의 1	경기도 광명시 광명동 200-6 한진아파트 ▨▨ ▨▨호	7

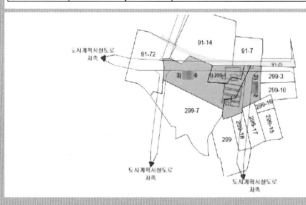

2019 타경 51312 (임의)		매각기일 : 2021-02-02 10:00~ (화)		경매2계 041-660-■■■■
소재지	(32027) 충청남도 서산시 고북면 기포리 ■■-1 외2필지			
[도로명] 충청남도 서산시 고북1로 311-5(고북면)				

용도	전	채권자	기00000	감정가	45,237,200원
지분토지	542㎡ (163.95평)	채무자	박00000	최저가	(34%) 15,254,000원
건물면적		소유자	김O	보증금	(10%)1,525,400원
제시외	제외 : 127.24㎡ (38.49평)	매각대상	토지지분매각	청구금액	122,127,640원
입찰방법	기일입찰	배당종기일	2019-06-13	개시결정	2019-03-15

기일현황 ▽ 간략보기

회차	매각기일	최저매각금액	결과
신건	2020-06-30	44,473,100원	유찰
2차	2020-08-04	31,131,000원	유찰
3차	2020-09-08	21,792,000원	유찰
4차	2020-10-20	15,254,000원	매각
김OO/입찰5명/낙찰24,660,000원(55%)			
	2020-10-27	매각결정기일	불허가
	2020-12-29	15,254,000원	변경
4차	2021-02-02	15,254,000원	매각
황OO/입찰12명/낙찰25,693,000원(57%)			
	2021-02-09	매각결정기일	변경
4차	2022-06-09	매각결정기일	허가

🏠 물건현황/토지이용계획

고북초등학교 북동측 인근에 위치

주위는 농경지 및 단독주택이 혼재

본건까지 차량접근 가능하며 인근에 누석버스 정류장이 소재하는 등 제반 교통상황은 보통임

공히 인접토지 대비 대체로 등고 평탄한 부정형의 토지

공히 북측으로 폭 약 4미터의 아스팔트 포장도로에 접함

제한보호구역

계획관리지역(기포리 ■■-1)

계획관리지역(기포리 ■■-2)

계획관리지역(기포리 ■■-6)

※ 감정평가서상 제시외건물가격이 명시 되어 있지않음. 입찰시 확인요함.
※ 제시외건물이영향을받지않은감정가(기포리 ■■-1번지:5,997,600원)
※ 감정가격은 제시외건물의 영향을 받지않는 토지의 가격이나 경매진행은 제시외건물의 영향을 받아 감안된 토지의 가격으로 진행합니다. 입찰시 확인요함.

🔲 개정농지법 🔲 부동산 통합정보 이음

🏠 면적(단위:㎡)

【(지분)토지】
기포리 ■■-1 전
계획관리지역
71.4㎡ (21.6평)
현황 "일부 주거용건부지"
357면적중 김삼■지분 71.4전부 제시외건물로 인한감안감정

기포리 ■■-2 답
계획관리지역
145.4㎡ (43.98평)
현황 "전" 727면적중 김삼■지분 145.4전부

기포리 ■■-6 전
계획관리지역
325.2㎡ (98.37평)
현황 "일부 주거용건부지"
1,626면적중 김삼■지분 325.2전부

【제시외】
기포리 ■■-1
(ㄱ) 주택등 제외
60.64㎡ (18.34평)
목구조슬래브

🏠 임차인/대항력여부

배당종기일 : 2019-06-13

김O   있음
  전입 : 2008-09-17
  확정 : 없음
  배당 : 없음
  점유 :
99다25532 판례보기
04다26133 판례보기

🔲 매각물건명세서
🔲 예상■배당표

🏠 등기사항/소멸여부

(근)저당(지
분)   토지소멸기
1994-09-30   준
이O   토지
150,000,000원
  배상■지분

(근)저당(압류)   소멸
2019-02-13   토지
기O000
근저당부채권압류김삼■지분

소유권(지분)   이전
2018-07-25   토지
김O
매매
  배상■지분

임의경매(지분)   소멸
2019-03-15   토지
기O000
청구 : 122,127,640원
  김삼■지분

▷ 채권총액 :
  150,000,000원

🔲 등기사항증명서
토지열람 : 2020-06-25

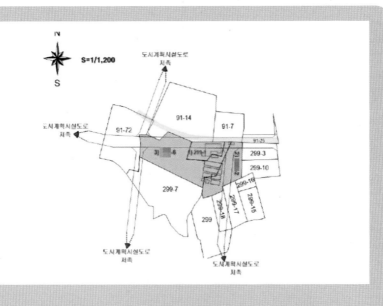

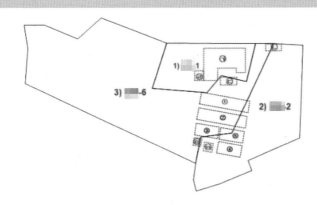

제시외 건물
㉠ 목구조 칼라강판지붕 (주택 등) 약 60.64㎡
㉡ 컨테이너박스 (창고) 약 18㎡
㉢ 컨테이너박스 (창고) 약 18㎡
㉣ 철골조 철판지붕 (창고) 약 16㎡
㉤ 철골조 (닭장) 약 5.6㎡
㉥ 판넬조 판넬지붕 (창고) 약 9㎡

소재지	충청남도 서산시 고북면 기포리 ▦-1번지			
지목	전 		면적	357 m²
개별공시지가(m²당)	101,500원 (2023/01) 연도별보기			
지역지구등 지정여부	「국토의 계획 및 이용에 관한 법률」에 따른 지역 · 지구등	계획관리지역 , 주거개발진흥지구 , 지구단위계획구역		
	다른 법령 등에 따른 지역 · 지구등	가축사육제한구역(200m일부제한:모든 축종 불가)<가축분뇨의 관리 및 이용에 관한 법률>, 상대보호구역<교육환경 보호에 관한 법률>, 제한보호구역(전술항공:5km)(해발고도57미터미만위임)<군사기지 및 군사시설 보호법>		
	「토지이용규제 기본법 시행령」 제9조 제4항 각 호에 해당되는 사항			

확인도면

범례
- ▨ 계획관리지역
- ☐ 주거개발진흥지구
- ☐ 지구단위계획구역
- ☐ 상대보호구역
- ☐ 중로3류(폭 12m~15m)
- ☐ 소로3류(폭 8m 미만)
- ☐ 법정동

☐ 작은글씨확대   축척 1 / 1200 ∨   변경   도면크게보기

247

원상복구 계획서

o 이름 : 함 ▓

o 농지 : 서산시 ▓▓면 거로리 ▓▓▓ -1 (전)
　　　　　　　　　　　　　　 ▓▓▓ -2 (답)
　　　　 〃　　　　　　　　 ▓▓▓ -6 (전)

위 본인은 위 농지에 대해 농지 취득자격
증명을 신청한 바, 무허가 건축물이 1993년
농지법 이전에 존재한 것이므로 농지법 대상
에 해당되지 않는다면, 위 농지에 있는
무허가 건축물을 다른 점유자들과 협의 또는
소송을 통하여 원상복구 하겠음을 확약합니다.

2024. 2. 3.

함 　▓▓

소　　장

원　고　황철 (650＿＿＿6512)

인천 남동구 장승남로 ＿＿＿＿1호 (만수동,현대아파트)

송달장소 : 평택시 평남로 1029, 203호 (동삭동)

송달영수인 : 법무사 유종수

피　고　서산시 ＿＿면장

서산시 고북면 고북1로 ＿＿＿＿면행정복센터

농지취득자격증명신청 반려처분 취소 청구의 소

청 구 취 지

1. 피고의 원고에 대한 2021. 2. 5. 자 충청남도 서산시 ＿＿면 기포리 ＿＿-1
전 356㎡ 중 일부 71.4㎡, 같은 곳 ＿＿-2 답 727㎡ 중 일부 145.4㎡, 같은
곳 ＿＿-6 전 1626㎡ 중 일부 325.2㎡ 에 관한 농지취득자격증명신청 반려
처분을 취소한다.

2. 소송비용은 피고가 부담한다.

라는 판결을 구합니다.

청 구 원 인

1. 이사건 토지의 소유관계 및 임의경매

충청남도 서산시 고북면 기포리 ＿＿-1 전 357㎡, 같은 곳 ＿＿-2 답 727㎡,
같은 곳 ＿＿-6 전 1626㎡(이하 "이사건 토지들" 이라 칭함)는 소외 김삼＿

가 5분의 1, 소외 김환▒가 5분의 2, 소외 이기▒이 5분의 1, 소외 최선필이 5분의 1의 각 지분으로 공유하고 있는 바, 이사건 토지 중 소외 김삼◆ 지분 5분의 1 전부에 대하여 채권자 기술보증기금의 신청에 의하여 대전지방법원 서산지원 2019 타경 51312호 부동산임의경매가 2019. 3. 15. 개시되어 현재 진행 중에 있습니다(갑제1호증의 1, 2, 3 각 부동산등기사항증명서, 갑제2호 증의 1, 2, 3 각 토지대장, 갑제3호증 경매사건검색표 각 참조).

2. 최고가매수신고인 지위 취득과 농지취득자격증명발급신청 및 반려처분

위 경매사건에서 2021. 2. 2. 원고는 최고가 매수신고인의 지위를 득하고(갑 제3호증 경매사건검색표 참조), 매각허가결정 기일인 2021. 2. 9. 이전에 농지취득자격증명을 법원에 제출하기 위하여 피고 고북면장에게 농지취득자격증 명 신청서를 제출하였습니다.

원고의 위 신청에 대하여 피고는 2021. 2. 5. 농지취득자격증명 반려처분을 하였는 바, 미발급 사유로 "신청대상 농지는 취득시 농지취득자격증명을 발급받아야 하는 농지이나 불법으로 현질이 변경되었거나 불법건축물이 있는 부분에 대한 복구가 필요하며 현 상태에서는 농지취득자격증명을 발급할 수 없다"라고 기재하였습니다(갑제4호증 농지취득자격증명반려통보서 참조).

3. 매각허가기일의 연기신청

원고는 이사건 행정소송 제기와 동시에 반려사유가 위와 같은 이상, 매각불허가 결정이 예상되는 상황에서 피고의 반려처분이 부당함을 피력하고 대전지방법원 서산지원에 매각허가결정 기일의 연기를 신청하였습니다.

피고의 농지취득자격증명신청반려처분 및 농취미발급은 민사집행법 상 즉시 항고의 사유가 되지 못하여 부득이 허가결정기일의 연기 및 행정소송이 필요한 상황입니다.

4. 피고 행정처분의 부당성

피고가 원고에게 한 이사건 토지들에 대한 농지취득자격증명 반려처분은 다음과 같은 사유로 부당하다 할 것입니다.

가. 지구단위계획구역 내 농지취득 시 농지취득자격증명이 필요한지 여부

농림식품부 농지과에서 발간한 농지민원 사례집의 문25 [지구단위계획구역 내 농지취득 시 농지취득자격증명이 필요한지?]를 살펴보시면 [계획관리지역에 2009. 11. 28. 이후 지정된 지구단위계획구역 내의 농지를 취득하는 경우 농지취득자격증명이 필요 없다]라고 규정하고 있습니다(갑제5호증의 1 농지민원사례 참조).

한편, 위 농지민원사례집은 피고와 같은 행정청에서 농지민원을 담당하는 공무원이 그때그때 상황에 따라 업무지침의 역할을 하는 것으로 알고 있고, 따라서 피고도 잘 알고 있는 내용이라 사료됩니다.

이사건 토지들의 토지이용계획확인원을 살펴보면 세 필지 모두 지구단위 계획구역으로 지정되어 있고, 향후 도로 및 주거지역으로 편입이 예정되어 있습니다(갑제6호증의 1, 2, 3 각 토지이용계획확인원 참조).

따라서 피고는 위 농지민원 사례집 기재에 따라, 반려사유에 [이사건 토지는 지구단위계획구역으로 지정된 토지로 농지법상 농지에 해당하지 아니하여 취득시 농지취득자격증명이 필요없다]라고 기재했어야 마땅하며, 그러한 반려문구라면 경매법원에서도 아무 문제없이 매각허가결정을 하게 됩니다.

나. 불법전용된 농지에 관하여

농지민원 사례집 문12 [지목이 전인........필요한지?]를 살펴보시면, 불법형질변경 또는 불법건축물이 있더라도 농지취득자격증명이 필요하다고 전제한

후, [다만, 1973. 1. 1. 이전부터 농업경영 외의 용도로 전용되었다면, 농지법상 농지에서 제외되며, 동 토지를 취득할 경우 농지취득자격증명발급이 필요하지 않다]라고 설명하고 있습니다(갑제5호증의 2 농지민원사례 참조).

이사건 토지들 중 ▇▇-1번지 지상에는 미등기 주택이 소재하고 있으며, ▇▇-2번지 일부 및 ▇▇-6번지 일부에는 철거 또는 수거가 용이한 비닐하우스가 존재합니다(갑제7호증 지적도등본, 갑제8호증 지적도, 갑제9호증 건물개황도, 갑제10호증의 1 내지 8 각 사진용지 각 참조).

▇▇-2, ▇▇-6번지 양 지상에 소재한 비닐하우스는 농업용이라 볼 수도 있고, 언제라도 수거하여 원상으로 복구하는데 아무런 문제가 없으므로 불법으로 형질이 변경되었다고 보기 어려워 농지취득자격증명을 발급해도 아무런 문제가 없는 상황이라 여겨집니다.

그리고 ▇▇-1번지 지상에 소재하는 주택의 경우, 농지법 시행 이전부터 존재하던 건물인 바, 1967. 9. 12. 자 항공사진을 살펴보더라도 현재의 건물과 동일한 건물이 존재하고 있었음을 알 수 있습니다(갑제11호증 1967년항공사진, 갑제12호증 2020년항공사진 각 참조).

결국, 농지법 시행 이전에 ▇▇-1번지 지상에는 이미 건물이 축조되어 있었고 동 건물이 현재까지 그대로 존재하고 있으므로 위 농지민원 사례집에 따라 ▇▇-1번지 토지는 농지법상 농지에 해당하지 않는다고 보아야 합니다.

이 경우의 반려사유는 이사건 토지는 농지법상 농지에 해당하지 않는다가 되어야 하고 그 경우에 매각허가결정을 득하는데 아무런 문제가 되지 않습니다.

다. 원상복구계획서 제출과 관련하여

위에 열거한 두가지 사안에 관하여 원고가 피고의 담당 공무원에게 충분히 의견피력을 하였으나 피고는 계속 않된다는 답변으로 일관하므로, 원고는 차선책으로 피고에게 원상복구계획서를 첨부하겠으니 발급해 달라고 요청하였습니다.

원고가 이사건 토지들을 일단 취득한 후, 건물소유자와의 원만한 합의를 통하여 철거 및 원상복구를 하거나, 협의무산 시 철거소송을 통해 철거하는 방법, 그리고 피고의 말대로 미등기무허가 불법건축물이 분명하다면 서산시 건축과에 민원을 제기하여 [철거계고처분]을 단행하는 방법 등 실제로 원상복구 방법은 다양하게 존재하고 실현 가능합니다.

원고의 위 요청에 대해 피고측에서는 공유자들의 동의를 받아오라는 말도 않되는 요구를 하였는 바, 위와 같은 피고의 요구는 부당하다 사료되오며, 다음의 하급심 판례(부산고등법원 2006 누 1791 농지취득자격증명신청반려처분취소)의 판결이유 설시와 같이 피고는 원고에게 원상복구를 조건으로 농지취득 자격증명을 발급했어야 합니다(갑제13호증 하급심판례 참조).

농지법상 농지에 해당하나 불법 형질변경이 되어 있는 경우에 토지를 경락매수인이 취득도 하기 전에 원상복구를 하지 않으면 농지취득자격증명을 발급할 수 없다는 것은 의무 없는 자에게 의무를 지우는 모순이 있으므로 우선 농지취득 자격증명을 발급해야 하고, 경락매수인이 소유권을 취득한 이후에 관할 관청에서 그 원상회복을 위한 행정조치를 취하는 것은 별개의 문제라 할 것이다.

위와 같이 하지 않을 경우 농지의 소유자가 농지를 금융기관에 담보로 제공한 후 농지를 불법으로 형질변경하거나 지상에 무허가 건물을 짓는 경우에는 스스로 원상복구하지 않는 한 제3자가 이를 경락받지 못하므로 담보물권자는 농지를 환가할 수 없게 되는 불합리한 결과가 발생하게 되기 때문이다.

라. 소결

위와 같이 피고는 원고에게 지구단위계획구역 지정에 따라 또는 농지법시행 이전부터 전용된 점을 감안하여 [이사건 토지들은 농지법상 농지에 해당하지 아니하여 농지취득자격증명의 발급없이 취득이 가능하다]라는 사유로 반려를 했어야 마땅하오며, 백번 양보하여 이사건 토지들이 여전히 농지법상 농지에

253

해당한다고 가정하더라도 [원상복구조건]으로 농지취득자격증명을 발급했어야 합니다.

5. 결어

위와 같이 피고는 원고의 농지취득자격증명 신청에 이를 발급하거나 반려하더라도 반려사유로 [농지법상 농지에 해당하지 아니함]을 기재해야 마땅하나 피고의 반려사유는 매각불허가사유에 해당하므로 그 처분의 취소를 구하게 되었습니다.

입 증 방 법

1. 갑제1호증의 1 내지 3   부동산등기사항증명서 각1통
1. 갑제2호증의 1 내지 3   토지대장 각1통
1. 갑제3호증   경매사건검색표
1. 갑제4호증   농지취득자격증명신청반려처분통지
1. 갑제5호증의 1 내지 2   농지민원사례 각1통
1. 갑제6호증의 1 내지 3   토지이용계획확인원 각1통
1. 갑제7호증   지적도등본
1. 갑제8호증   지적도
1. 갑제9호증   건물개황도
1. 갑제10호증의 1 내지 8   사진용지 각1통
1. 갑제11호증   1967년항공사진
1. 갑제12호증   2020년항공사진
1. 갑제13호증   하급심판례

준비서면

고북면장의

사   건   2021구합144 농지취득자격증명신청 반려처분 취소
원   고   황 ▨
피   고   서산시 ▨▨면장

위 사건에 관하여 피고 서산시 ▨▨면장은 다음과 같이 변론을
준비합니다.

- 다 음 -

1. 이 사건 토지의 원상복구 가능성

농지취득자격증명의 발급 여부를 검토함에 있어, 원상복구 대상
인 농지의 경우, 토지 현황(소유자 인원수·상태, 불법건축물 규
모, 견고성 등) 및 원상복구계획서(을 제8호증)를 통해서 원상복구
가능여부를 판단하여 결정하고 있는데,

이 사건의 경우 4인의 소유자와 불법건축물(주택)의 소유자 및
거주자(임차인)가 존재하는 토지로 원고의 원상복구계획서의 실현
가능성이 없다고 판단한 사항입니다.

원고는 이와 관련하여 원상복구계획서를 통해 "위 농지에 있는
무허가 건축물을 다른 공유자들과 협의 또는 소송을 통하여 원상
복구하겠음을 확약합니다." 라고 제시하고 있으나, 복잡한 권리관
계가 얽혀있는 이 사건 토지를 농지로 원상 복구할 구체적인 계
획을 전혀 제시하지 못하고 있지 못하고 있습니다.

또한, 원고가 제시한 판례(갑제14호증)의 경우, 복수의 토지 소유자 및 토지 지상 건축물의 소유자 및 점유자가 존재하는 본 사건과 사실 관계가 동일하지 않는다는 점을 고려할 때 해당 판례를 본 사안에 적용해야 한다는 원고의 주장은 아무런 근거가 없습니다.

2. 농지취득반려처분 신청 반려의 필요성

원고는 본인이 원상복구를 이행하겠다고 하나, 토지 소유자가 복수인 경우 실제로 원상복구가 이루어지는 사례는 거의 없으며, 일단 원고가 소유권을 취득한 후에는 원상복구가 이루어지지 않는다고 해도 현실적으로 소유권 이전을 취소할 수가 없어 결과적으로 경자유전이라는 농지법의 취지가 몰각되는 결과로 이어집니다.

3. 결 론

원고는 서산시에 소재한 이 사건 토지의 대상지에서 원거리(네이버 지도상 1시간 43분 소요, 2021. 5. 11. 제출 답변서를 참고하여 주십시오)에 거주하고 있으며, 서산시에 아무런 연고 관계가 없는 것으로 파악됩니다. 또한, 농지를 실제로 경작한 사례가 있는지도 의문입니다.

아울러 이 사건 토지 지상에는 수채의 건물 및 거주인 등 이해관계인이 있는데, 원상복구계획서상 이들 간의 이해관계를 해결하면서 농지로 원상복구할 수 있는 구체적인 방안을 제시하지 못하고 있으며, 실현가능성이 있다고 보기 어렵습니다.

상기의 점을 종합하여 검토해볼 때, 원고가 실제로 농지를 경작하기 위해 농지취득자격증명을 신청한 것으로 보기 보다는, 투기(시세 차익) 목적으로 신청했다고 보는 것이 합리적입니다.

결론적으로 농지법의 기본취지인 경자유전의 원칙을 고려할 때 원고의 농지취득자격증명 신청을 반려한 이 사건 처분은 타당하며, 원고의 청구 기각을 검토하여 주시기 바랍니다.

증 명 자 료

1. 을제8호증 원상복구계획서
2. 을제9호증 농지취득자격증명신청서

2021. 8.

위 피고 서산시 ■■■면장
소송수행자 임봉■■, 박성■■

대전지방법원 제2행정부 귀중

대 전 지 방 법 원

제 2 행 정 부

판 결

사 건	2021구합144 농지취득자격증명신청반려처분취소
원 고	황
	인천 남동구 장승남로 82, ▮▮▮▮▮▮호(만수동, 현대아파트)
	송달장소 평택시 평남로 1029, 203호(동삭동)
	(송달영수인 법무사 유종▮)
피 고	서산시 ▮▮면장
	소송수행자 임봉▮
변 론 종 결	2022. 3. 31.
판 결 선 고	2022. 4. 21.

주 문

1. 피고가 2021. 2. 5. 원고에 대하여 한 농지취득자격증명신청 반려처분을 취소한다.
2. 소송비용은 피고가 부담한다.

청 구 취 지

주문과 같다.

이　　유

1. 처분의 경위

　가. 원고는 2021. 2. 2. 대전지방법원 서산지원 2019타경51312호 부동산임의경매사건에서 서산시 고북면 기포리 ▓▓-1 전 356㎡, 같은 리 ▓▓-2 답 727㎡, 같은 리 전 ▓▓-6 전 1,626㎡('이 사건 토지'라 한다) 중 김삼▓ 명의의 각 1/5 지분에 관하여 최고가 매수신고인이 된 사람이다.

　나. 원고는 이 사건 토지 중 김삼▓ 명의의 각 1/5 지분에 관한 소유권을 취득하기 위하여 2021. 2. 3. 피고에게 '취득자 구분'란 및 '취득목적'란을 각 주말·체험영농'으로 표기하여 농지취득자격증명의 발급을 신청하였다.

　다. 피고는 2021. 2. 5. 아래와 같은 이유로 원고의 위 나.항 기재 신청을 반려하는 처분(이하 '이 사건 처분'이라 한다)을 하였다.

신청대상 농지는 취득시 농지취득자격증명을 발급받아야 하는 농지이나 불법으로 형질이 변경되었거나 불법건축물이 있는 부분에 대한 복구가 필요하며 현 상태에서는 농지취득자격증명을 발급할 수 없음.

[인정근거] 다툼 없는 사실, 갑 제1 내지 3호증(가지번호 있는 것은 가지번호 포함, 이하 같다), 을 제3, 4, 9호증의 각 기재, 변론 전체의 취지

2. 이 사건 처분의 적법 여부에 관한 판단

　가. 원고의 주장 요지

　　1) 이 사건 토지는 지구단위 계획구역으로 지정되어 있어 향후 도로 및 주거지역으로 편입될 예정이고, 그 지상에 미등기 주택 등이 축조되어 있으므로, 농지법상 농지에 해당하지 않는다.

　　2) 설령 이 사건 토지가 농지법상 농지에 해당한다고 하더라도, 피고는 이 사건

토지 지상 불법건축물에 대한 철거 등을 실행할 권한이 있는데다가 원고로부터 원상복구계획서를 제출받고 자격증명을 발급할 수 있었음에도 불구하고 단지 원상복구가 필요하다는 이유만으로 원고의 농지취득자격증명 발급신청을 반려하였는바, 이 사건 처분은 위법하여 취소되어야 한다.

나. 관련 법령

별지 기재와 같다.

다. 판단

1) 먼저 이 사건 토지가 농지법상 농지에 해당하는지 여부에 관하여 살펴본다.

가) 농지법 제2조는 '농지'라 함은 '전·답, 과수원, 그 밖에 법적 지목을 불문하고 실제로 농작물 경작지 또는 다년생 식물 재배지로 이용되는 토지'(제1호 가목)로, '농지의 전용'이라 함은 '농지를 농작물의 경작이나 다년생 식물의 재배 등 농업생산 또는 농지개량 외의 용도로 사용하는 것'(제7호)이라고 각 규정하고 있다. 그런데 농지법은 농지전용허가 등을 받지 않고 농지를 전용하거나 다른 용도로 사용한 경우 관할청이 그 행위를 한 자에게 기간을 정하여 원상회복을 명할 수 있고, 그가 원상회복명령을 이행하지 않으면 관할청이 대집행으로 원상회복을 할 수 있도록 정함으로써(제42조 제1항, 제2항), 농지가 불법 전용된 경우에는 농지로 원상회복되어야 함을 분명히 하고 있다. 농지법상 '농지'였던 토지가 현실적으로 다른 용도로 이용되고 있더라도 그 토지가 농지전용허가 등을 받지 않고 불법 전용된 것이어서 농지로 원상회복되어야 하는 것이라면 그 변경 상태는 일시적인 것이고 여전히 '농지'에 해당한다고 보아야 한다(대법원 2019. 4. 11. 선고 2018두42955 판결 등 참조).

나) 위 법리에 비추어 보건대, 이 사건 토지의 지목이 '전'으로 되어 있는 사실은

이것이 진짜
부동산 소송이다 Ⅰ

앞서 본 바와 같고, 갑 제8 내지 12호증의 각 기재 또는 영상에 의하면 현재 이 사건 토지의 상당 부분이 주택 및 컨테이너 등 부지로 활용되고 있는 사실이 인정된다. 위 인정사실에 변론 전체의 취지를 종합하여 알 수 있는 다음과 같은 사정들, 즉 ① 이 사건 토지에 관하여 농지전용허가 등의 적법한 절차를 거쳤음을 알 수 있는 자료가 제출되지 아니한 점, ② 관할청이 이 사건 토지를 불법 전용한 자에게 원상회복을 명하거나 원고가 이 사건 토지에 대한 지분소유권을 취득하고 원상회복청구소송 등을 제기하여 위 주택 및 컨테이너 등을 철거함으로써 이 사건 토지를 원상복구할 수 있다고 보이는 점 등에 비추어 보면, 이 사건 토지 일부가 현재 농지로서의 현상을 상실하였다고 하더라도 이는 일시적인 것이거나 원상회복이 가능한 상태라고 보인다. 따라서 이 사건 토지는 농지법 제2조 제1호의 농지에 해당한다고 봄이 상당하다. 원고의 이 부분 주장은 이유 없다.

2) 다음으로 농지인 이 사건 토지에 관한 농지취득자격증명신청을 반려한 이 사건 처분의 적법 여부에 관하여 살피건대, 앞서 든 증거들에 변론 전체의 취지를 더하여 알 수 있는 다음과 같은 사정들을 종합하여 보면, 원고에게 농지취득자격이 있는지 여부를 실질적으로 심사하지 않은 채 단순히 이 사건 토지가 원상복구되지 않았다는 이유만으로 농지취득자격증명의 발급신청을 반려한 피고의 이 사건 처분은 위법하다고 봄이 상당하다.

가) 우리 헌법은 경자유전의 원칙(헌법 제121조)을 선언하고 있는 바, 농지법은 이를 구현하기 위하여 농지의 보전, 소유, 이용에 관한 기본이념을 천명하고(농지법 제3조), 국가와 지방자치단체로 하여금 위와 같은 기본이념의 실현을 위한 시책을 수립하고 시행할 의무를 부과하고 있다(농지법 제4조). 이에 따라 농지법은 원칙적으로 자

기의 농업경영에 이용하지 않는 자는 농지를 소유하지 못하도록 하고(제6조 제1항), 예외적인 경우 한정적으로 농업경영에 이용하지 않더라도 농지를 소유하도록 허용하고 있다(제6조 제2항). 또한 농업경영에 이용하지 않는 농지 등의 처분(제10~12조), 농지의 전용허가 제한(제34조, 제37조), 농지의 지목변경 제한(제41조), 원상회복(제42조) 등의 규정을 통해 헌법상 경자유전의 원칙을 관철하고 농지를 보전하도록 하고 있다. 농지취득자격증명은 위와 같은 헌법, 농지법 등의 규정에 따라 농지를 취득하려는 자가 농지를 취득할 자격이 있는지 여부를 적극적으로 심사함으로써 농지에 관한 기본이념을 구현하기 위한 제도라고 볼 수 있다. 따라서 농지취득자격증명은 취득하려는 토지가 농지인 이상 취득 대상 농지의 상태보다도 본질적으로 농지를 취득하려는 자에게 농지취득자격이 있는지 여부에 중점을 두고 심사하는 제도이고 위와 같은 방향으로 제도가 운용되는 것이 적절하고 바람직하다.

　　나) 농지법 제8조 제1항 본문은 농지를 취득하려는 자는 농지 소재지를 관할하는 시장, 구청장, 읍장 또는 면장에게서 농지취득자격증명을 발급받아야 한다고 규정하고 있고, 농지법 제6조 제1항은 농지는 자기의 농업경영에 이용하거나 이용할 자가 아니면 소유하지 못한다고 규정하면서, 같은 조 제2항에서는 위 제1항에도 불구하고 주말·체험영농(농업인이 아닌 개인이 주말 등을 이용하여 취미생활이나 여가활동으로 농작물을 경작하거나 다년생 식물을 재배하는 것을 말한다)을 하려고 농지를 소유하는 경우(제3호) 등에는 농지를 소유할 수 있다고 규정하고 있다. 또한 농지법 시행령 제7조 제2항은 시·구·읍·면의 장은 농지취득자격증명의 발급신청을 받은 때에는 농지법 제6조 제1항이나 제2항 제2호·제3호·제7호 또는 제9호에 따른 취득 요건에 적합할 것(제1호), 농업인이 아닌 개인이 주말·체험영농에 이용하고자 농지를 취득하는 경우에는 신

청 당시 소유하고 있는 농지의 면적에 취득하려는 농지의 면적을 합한 면적이 농지법 제7조 제3항에 따른 농지의 소유상한(총 1천 제곱미터 미만) 이내일 것(제2호), 농업경영계획서를 제출하여야 하는 경우에는 그 계획서에 농지법 제8조 제2항 각 호의 사항이 포함되어야 하고, 그 내용이 신청인의 농업경영능력 등을 참작할 때 실현가능하다고 인정될 것(제3호) 등의 요건에 적합한지 여부를 확인하여 농지취득자격증명을 발급하여야 한다고 규정하고 있다. 또한 농지법 시행령 제7조 제2항의 위임에 따라 농지법 시행규칙 제7조 제3항은 농업경영계획서를 제출하여야 하는 경우에 있어서의 농지취득자격의 확인기준 등에 관한 세부사항을 규정하고 있다.

위와 같은 관련 규정의 내용 및 취지를 고려할 때 피고는 농지취득자격증명 발급신청을 받는 경우 대상 토지가 농지법 제2조 제1호의 농지에 해당하는 이상, 위 농지법 제6조 제1항, 제2항 및 농지법 시행령 제7조 제2항, 농지법 시행규칙 제7조 제3항 등에 따라 그 신청인에게 농지취득자격이 있는지를 심사하여 농지취득자격증명의 발급 여부를 판단하여야 한다.

다) 그런데 농지법 시행령 제7조 제3항, 농지법 시행규칙 제7조 제3항의 해석상 '농업경영'을 목적으로 농지를 취득하는 경우 등 농업경영계획서를 제출하여야 하는 경우에만 '농작물의 경작지 또는 다년생 식물의 재배지 등으로 이용되고 있지 아니하는 농지의 경우에는 농지의 복구가능성 등 취득대상 토지의 상태'(농지법 시행규칙 제7조 제3항 제5호)를 농지취득자격을 확인하는 데 고려하여야 하는바, 원고와 같이 '주말·체험영농'을 목적으로 농지를 취득하는 경우에는 농지법 제8조 제2항 단서에 따라 농업경영계획서를 작성하지 아니하고 농지취득자격증명 발급신청을 할 수 있어 관련 법령상 그 복구계획 등을 제출할 필요가 있다고 볼 수 없다.

라) 또한 이 사건 토지가 농지로서 원상복구되지 않았다는 이유만으로 농지취득자격증명의 발급신청을 반려하는 것은, ① 농지를 취득하려고 하는 자는 소유권을 취득하기 전에는 원상복구를 할 수 있는 법적 권원이 없어 소유자가 스스로 원상복구를 하지 아니하는 이상 아무런 조치를 취할 수 없는 점, ② 더구나 이 사건과 같이 경매절차를 거쳐 농지 소유권이 이전되는 경우에는 소유자의 자진 원상복구를 기대하기 어려우므로, 피고와 같은 처분청이 농지취득자격증명이 필요한 농지라고 하면서도 불법 형질변경을 이유로 농지취득자격증명의 발급신청을 반려한다면 매각 자체가 허가되지 아니하여 경매절차가 계속 공전될 수밖에 없어 농지의 담보권자가 담보농지를 환가할 수 없게 되는 점, ③ 농지가 불법 형질변경된 경우 관할청은 행위자에게 원상회복을 명하고 이를 이행하지 않을 경우 대집행으로 원상회복하는 등 불법행위를 단속할 의무가 있음에도 이를 하지 않은 채, 오히려 불법 형질변경이 있다는 이유로 최고가 매수신고인의 농지취득자격증명 발급신청을 거부하는 것은 행정청이 스스로 하여야 할 의무이행을 경매라고 하는 우연한 기회를 이용하여 최고가 매수신고인에게 전가시키는 것인 점 등을 종합하여 보더라도, 적법하다고 보기 어렵다.

3. 결론

그렇다면 원고의 청구는 이유 있으므로 이를 인용하기로 하여, 주문과 같이 판결한다.

재판장   판사   윤성▓

관련 법령

■ 농지법

제2조(정의)

이 법에서 사용하는 용어의 뜻은 다음과 같다.

1. "농지"란 다음 각 목의 어느 하나에 해당하는 토지를 말한다.

   가. 전·답, 과수원, 그 밖에 법적 지목(지목)을 불문하고 실제로 농작물 경작지 또는 다년생 식물 재배지로 이용되는 토지. 다만, 「초지법」에 따라 조성된 초지 등 대통령령으로 정하는 토지는 제외한다.

제6조(농지 소유 제한)

① 농지는 자기의 농업경영에 이용하거나 이용할 자가 아니면 소유하지 못한다.

② 제1항에도 불구하고 다음 각 호의 어느 하나에 해당하는 경우에는 농지를 소유할 수 있다

3. 주말·체험영농(농업인이 아닌 개인이 주말 등을 이용하여 취미생활이나 여가활동으로 농작물을 경작하거나 다년생 식물을 재배하는 것을 말한다. 이하 같다)을 하려고 농지를 소유하는 경우

04 사건 개요 농지 일부에 1973년 이전 건물이 있어 농지법상 농지에 해당하지 않으나 매수자가 일반 법인이어서 나머지 농지 부분의 취득이 불허됨

농지가 총 2,625㎡ 중 308.82㎡ 면적의 지분 매각이며, 건축물대장 없는 무허가 건축물이 있으나, 항공사진을 살펴본 결과 1966년도에도 존재해 농지법상 농지에 해당하지 않아 농업 법인이 아닌 일반 법인으로 매수하자 건물 부지를 제외한 잔여 농지는 일반 법인이 매수할 수 없다며 불허가 난 경우다.

기호(4) 지상에 소유자 미상의 제시외건물 및 수목이 소재하여 개략적인 실측 후 토지지분비율로 사정 평가하였으며, 제시외 건물 소재로 인하여 해당 토지가 소유권행사를 제한받게 되는 경우 토지의 적정가액을 별지 "토지감정평가명세표" 상에 표기하였는 바, 경매진행시 소유권 여부 및 일괄 경매여부 재확인하시기 바람. 김태○氏 토지소유지분(7650분의 900) 적용

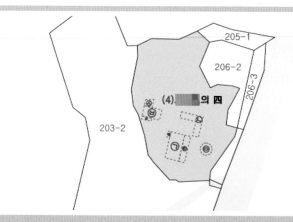

2019 타경 3406 (임의)　물번3 [배당종결] ▼　매각기일 : 2020-09-21 10:00~ (월)　　경매3계 041-746-■■■

소재지	(33017) 충청남도 논산시 가야곡면 조정리 ■■-4 [도로명] 충청남도 논산시 탑정로 ■■■-30(가야곡면)			
용도	답	채권자	이OO	감정가	46,323,000원
지분토지	308.82㎡ (93.42평)	채무자	김OO	최저가	(51%) 23,717,000원
건물면적		소유자	김O	보증금	(10%) 2,371,700원
제시외	제외 : 30㎡ (9.07평)	매각대상	토지지분 매각	청구금액	80,000,000원
입찰방법	기일입찰	배당종기일	2020-01-02	개시결정	2019-09-30

기일현황　　▼간략보기

회차	매각기일	최저매각금액	결과
신건	2020-04-27	46,323,000원	유찰
2차	2020-06-01	37,058,000원	유찰
3차	2020-07-06	29,646,000원	유찰
	2020-08-17	23,717,000원	변경
3차	2020-09-21	23,717,000원	매각
	낙찰24,350,000원(53%)		
	2020-09-28	매각결정기일	불허가
	2021-04-15	배당기일	완료
	배당종결된 사건입니다.		

🅰 물건현황/토지이용계획	🅰 면적(단위:㎡)	🅰 임차인/대항력여부	🅰 등기사항/소멸여부
조정서원 북동측 인근에 위치 주위는 단독주택, 농경지 및 야산 등이 혼재하는 순수농촌지역 본건까지 차량 접근 가능하고, 인근에 버스정류장 등이 소재하고 논산시, 계룡시 중심부 또는 고속도로IC가 차량으로 15~20분 소요되어 제반 교통상황은 보통 인접도로와 인접지와 평지 또는 완경사 이룸 남측으로 너비 약 2-3미터의 포장도로에 접함 농림지역(조정리 ■■-4) 🔍 계정농지법　🔍 부동산 통합정보 이음 🔍 감정평가서	**【(지분)토지】** 조정리 ■■-4 답 농림지역 308.82㎡ (93.42평) 현황'일부 건부지 및 전 등' 2,625㎡면적중 김태■■지분 308.82㎡전부 **【제시외】** 조정리 ■■-4 (ㄱ) 단층 주택 제외 10.71㎡ (3.24평) 목조기와 조정리 ■■-4 (ㄴ) 단층 창고 제외 6.35㎡ (1.92평) 세멘브럭조스레트 조정리 ■■-4 (ㄷ) 단층 처마 제외 4.59㎡ (1.39평) 철파이프조썬라이트 조정리 ■■-4 (ㄹ) 단층 부속사 제외 0.53㎡ (0.16평) 세멘브럭조합석	배당종기일 : 2020-01-02 김O　　　　있음 전입 : 2016-07-12 확정 : 없음 배당 : 없음 점유 : 기호 4. 남서측 일부 토지 99다25532 판례보기 04다26133 판례보기 김O　　　　없음 전입 : 없음 확정 : 없음 배당 : 없음 점유 : 기호 4. 북서측 및 남동측 일부 토지 99다25532 판례보기 04다26133 판례보기 김O　　　　없음 전입 : 없음 확정 : 없음 배당 : 없음 점유 : 기호 4. 북서측 일부 토지 99다25532 판례보기 04다26133 판례보기 🔍 매각물건명세서	**소유권(지분)**　　이전 2008-01-08　　　토지 김OOO 상속 **(근)저당(지분)**　토지소멸기준 2008-03-03　　　토지 이O 100,000,000원 　　　　　　　　김태■■지분 **가압류(지분)**　　소멸 2008-12-10　　　토지 한OOOO　7,490,941원 　　　　　　　　김태■■지분 **압류(지분)**　　　소멸 2013-02-13　　　토지 논O 　　　　　　　　김태■■지분 **압류(지분)**　　　소멸 2015-10-16　　　토지 삼OO 　　　　　　　　김태■■지분 **소유권(지분)**　　이전 2017-11-27　　　토지 유O 협의분할에 의한 상속 　　　　　　　　김연■■지분 **임의경매(지분)**　소멸

🅰 감정평가현황　　■■■감정(주)

가격시점	2019-10-18
감정가	46,323,000원
토지	(100%) 46,323,000원
제시외제외	(15.66%) 7,255,900원

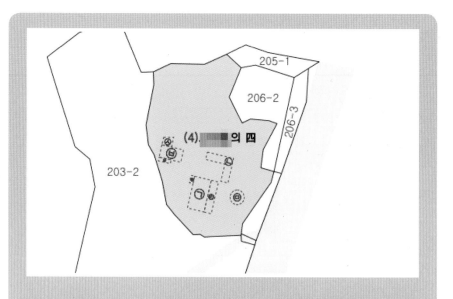

가 야 곡 면

수신 인천광역시 남동구 민수서로 ▓▓ ▓▓▓▓▓호(만수동, 향촌휴먼시아1단지아
파트)(주)▓▓▓디앤씨 귀하

(경유)

제목 농지취득자격증명발급 반려 알림[(주)▓▓▓디앤씨]

1. 귀 회사의 무궁한 발전을 기원합니다.

2. 민원접수번호-3238(2020. 9. 24.)호로 제출하신 농지취득자격증명 신청에 대하여 검토한
결과 농지법 규정에 의하여 적합하지 않아 다음과 같은 사유로 하여 반려됨을 알려드립니다.

농지소재지			공부상 지목	현황	공부상 면적 (㎡)	취득 면적 (㎡)	취득목적	비 고
면	리	지번						
가야곡	조정	▓▓-4	답	대(주택) 과수원	2,625	383.82	주말체험농장	

□ 반려사유

해당 토지에 조성된 건축물은 농지법 시행일(1973. 1. 1.) 이전부터 조성되어 농지법 제2조에
따른 농지가 아니므로 농지취득자격증명을 발급받지 않고 농지취득이 가능하다고
사료되나, 나머지 농지부분에 대해서는 농업법인이 아닌 일반법인은 농지를 취득할
수 없음

《알림사항》

본 처분에 이의가 있을 경우「민원사무 처리에 관한 법률」제18조(거부처분에 대한 이의신청)제1항에
따라 거부처분을 받은 날부터 90일 이내에 논산시장에게 문서로 이의신청을 할 수 있으며,「행정심판법」
제27조(심판청구의 기간)제1항에 따라 처분이 있음을 알게 된 날부터 90일 이내에 재결청인 충청남도지사
에게 행정심판을 청구할 수 있음을 알려 드립니다.

끝.

청탁거절은 단호하게 청렴실천은 당당하게

농림축산식품부

대한민국 대전환
한국판뉴딜

수신 이종실 귀하

(경유)

제목 국민신문고 민원 회신(1BA-2101-0388785)

○ 안녕하십니까? 우리 농림축산식품 업무에 관심을 가져주셔서 감사합니다. 귀하께서 국민신문고를 통해 농식품부 업무와 관련하여 요청하신 사항(접수번호 : 1BA-2101-0388785)에 대해 답변드립니다.

○ 귀하의 민원내용은 "한 필지내에 농지법상 농지인 면적과 농지가 아닌 면적이 혼재되어있을 경우 농지취득자격증명 방법"에 대해 종합적으로 재질의하신 것으로 이해하고 답변드립니다.

○ 지목이 현재 전·답, 과수원으로 되어 있는 농지의 실제현상이 농지전용허가 제도가 처음 도입된 「농지의 보전 및 이용에 관한 법률」 시행일(1973.1.1.) 이전부터 타용도(도로·주택 등)로 사용된 것이 객관적으로 확인될 경우 농지에 해당되지 않으므로 농지취득자격증명을 발급받지 않고 취득할 수 있습니다.

○ 다만, 주택 등으로 전용된 부분이 한 필지 내 일부 면적에 국한되고, 전용된 부분을 제외한 나머지 부분을 경작지로 이용하는 데 큰 지장이 없고, '농업경영계획서'의 내용이 실현 가능하다고 발급권자가 판단하는 경우에는 해당 면적에 대해서는 농지취득자격증명 발급이 가능합니다.

○ 이전 질의의 대한 답변으로 안내드린 사항은 전용된 부분의 토지 분할을 선행 후 농지취득자격증명을 신청할 수 있다는 내용이 아니라 농지로 이용가능한 부분에 대해 농지취득자격증명 발급 이후에 전용된 부분에 대해 분할을 한 후 지목을 변경토록 조치해야 함을 안내드린 것입니다.

○ 또한, 한 필지내에 여전히 농지로서 경작이 가능한 부분에 대해 농업경영을 하지 않을 시 농지법 제10조에 따라 처분의무 대상이 되며 필지 분할 면적에 대한 기준(용적율, 건폐율 등)은 농지법에 규정된 바 없으므로, 해당 농지 소재지 농지 담당 부서와 건축허가 담당 부서에서 협의 후 결정할 사항이라고 판단됩니다.

○ 답변내용에 대한 추가 설명이 필요한 경우 농림축산식품부 농지과 송병█ 주무관(☎044-201-████)에게 연락주시면 친절히 안내해 드리도록 하겠습니다. 감사합니다. 끝.

05

사건 개요 제주도에 농업법인 지사가 없다는 이유로 불허가 예정되어 소송

농업법인이 농지를 낙찰받았으나 법인 영업 종목에 토지 개발과 제주도에 농업법인 지사가 없다는 이유로 불허가 예정되어 소송하며 매각기일 연기 신청 후 법인 등기부 수정 및 제주도에 지사 설립한 후 농취증을 발급하고 소송을 취하한 사례다.

2020 타경 7707 (임의)		매각기일 : 2022-04-26 10:00~ (화)		경매2계 064-729-■■■	
소재지	제주특별자치도 제주시 한림읍 협재리 ■				
용도	전	채권자	김OO	감정가	703,380,000원
토지면적	3702㎡ (1119.85평)	채무자	농OOOO	최저가	(49%) 344,656,000원
건물면적		소유자	농OOOOOO	보증금	(10%) 34,465,600원
제시외		매각대상	토지매각	청구금액	500,000,000원
입찰방법	기일입찰	배당종기일	2020-11-24	개시결정	2020-08-21

기일현황 ☑간략보기

회차	매각기일	최저매각금액	결과
신건	2021-10-12	716,880,000원	유찰
2차	2021-11-15	501,816,000원	유찰
	2021-12-20	351,271,000원	변경
신건	2022-02-08	703,380,000원	유찰
2차	2022-03-22	492,366,000원	유찰
3차	2022-04-26	344,656,000원	매각
	낙찰416,900,000원(59%)		
	2022-05-03	매각결정기일	변경
3차	2022-07-12	매각결정기일	허가
	2022-08-19	대금지급기한 납부 (2022.08.18)	납부
	2022-09-15	배당기일	완료

기호(1) 토지 지상에 조경수(와싱토니아야자, 치자나무, 동백나무, 소나무 등)가 식재되어 있는 바, 제시외 조경수의 관리상태 등을 고려하여 별도 평가 하오니 경매 진행시 참고바랍니다.

소재지	제주특별자치도 제주시 한림읍 협재리 ███번지		
지목	전 ❓	면적	3,702 ㎡
개별공시지가(㎡당)	26,600원 (2023/01) 연도별보기		
지역지구등 지정여부	「국토의 계획 및 이용에 관한 법률」에 따른 지역·지구등	자연녹지지역	
	다른 법령 등에 따른 지역·지구등	가축사육제한구역(일부제한구역)<가축분뇨의 관리 및 이용에 관한 법률>	
「토지이용규제 기본법 시행령」 제9조 제4항 각 호에 해당되는 사항			

확인도면

범례

■ 자연녹지지역
□ 법정동

□ 작은글씨확대 축척 1 / 1200 ▼ 변경 도면크게보기

수신　농업회사법인주식회사상단 귀하

(경유)

제목　농지취득자격증명발급 불가 처리 안내 (민원접수번호202265100370013453, 농
업회사법인주식회사상-)

1. 민원접수번호: 202265100370013453호와 관련입니다.

2. 귀하께서 신청하신 농지취득자격증명 건에 대하여 서류검토 결과 다음과 같은 사유
로 발급 불가 처리하오니 이와 관련한 구체적인 안내가 필요하신 경우에는 붙임 이
의신청안내문을 참고하시어 한림읍사무소 산업팀으로 문의하시기 바랍니다.

3. 이 처분에 대하여 이의가 있을 경우에는 「민원처리에 관한 법률」 제35조 및 동법
시행령 제40조 규정에 따라 **처분을 받은 날로부터 60일 이내에 이의신청을 할 수
있으며**, 이의신청 여부와 관계없이 **처분이 있음을 알게 된 날부터 90일 이내에, 처
분이 있었던 날부터 180일 이내에** 「**행정심판법」**에 의한 행정심판을 청구할 수
있고, **처분이 있음을 안 날부터 90일 이내에, 처분이 있은 날부터 1년 이내에 「행
정심판법」**에 의한 행정소송을 제기할 수 있음을 알려드립니다.

다　　　음

가. 신청내역

| 신청인 | | 신청농지 | | | 취득신청 | 취득 |
주소	성명	소재지	지목	지적(㎡)	면적(㎡)	목적
부산광역시 사하구 제석로　, 상가동 2층	농업회사법인 주식회사상단	한림읍 협재리	전	3702	**3702**	농업 경영

나. 처리결과: 농지취득자격증명 발급 불가

다. 처리사유

○ 해당 농업법인의 등기사항증명서상 목적이 「농어업경영체 육성 및 지원에 관한
법률」 제16조·제19조 및 같은 법 시행령 제11조·제19조에서 정한 사업범위를
벗어나 농업법인의 기본요건에 충족하지 않음

○ 법인 사업자등록증에 부동산업이 포함되어 있어 농업법인의 기본요건에 충족하
지 않음

○ 농업경영계획서상 재배작물, 착수시기 및 노동력확보방안 등 도외 소재 법인의
영농계획이 현실적으로 타당성이 있다고 보기 어려움

○ 그 외 농업인 및 법인의 농업경영 증빙 보완요청서류 미제출 등

라. 처리근거

○ 「농지법」 제2조 및 제8조

○ '농지취득자격증명 심사요령' 제8조 및 제9조

이의신청에 관한 사항

☐ 처분에 대하여 이의가 있을 경우에는 「민원처리에 관한 법률」 제35조 및 동법 시행령 제40조 규정에 따라 처분을 받은 날로부터 60일 이내에 이의신청을 할 수 있으며, 이의신청 여부와 관계없이 처분이 있음을 알게 된 날부터 90일 이내에, 처분이 있었던 날부터 180일 이내에 「행정심판법」에 의한 행정심판을 청구할 수 있고, 처분이 있음을 안 날부터 90일 이내에, 처분이 있은 날부터 1년 이내에 「행정심판법」에 의한 행정소송을 제기할 수 있습니다.

<u>이의신청 시 기재사항</u>

○ 신청인의 이름 및 주소(법인 또는 단체의 경우에는 그 명칭, 사무소 또는 사업소의 소재지와 대표자의 이름)와 연락처

○ 이의신청의 대상이 되는 민원사항의 결정내용

○ 이의신청의 취지 및 이유

○ 민원거부처분의 결정통지를 받은 날 및 거부처분의 내용

이것만은 꼭 알아 둬야 합니다!

☐ 농지는 자기의 농업경영에 이용하거나 이용할 자가 아니면 소유하지 못합니다.

⇒ 이는 농지의 소유자 본인이 직접 자기 농업경영에 당해 농지를 이용 해야함을 의미함.

☐ "농업경영"이라 함은 농업인이나 농업법인이 자기의 계산과 책임으로 농업을 영위하는 것을 말합니다.

※ 농업경영 목적으로 농지 취득한 자가 3년 이내에 농지전용허가 신청한 경우, 해당농지 취득 후 도내거주 하면서 1년 이상 자경하지 않을 시 허가가 제한됩니다.

☐ "주말·체험영농"이란 농업인이 아닌 개인이 주말 등을 이용하여 취미 또는 여가활동으로 농작물을 경작하거나 다년성식물을 재배하는 것을 말합니다.

☐ 농지법상 사전 거주의무 및 통작거리의 제한이 없으므로 농지의 소재지와 관계없이 전국 어디서나 농지를 취득할 수 있습니다.

• 도시민이 주말·체험영농 목적으로 농지를 취득하는 경우 소유상한은 세대별로 1,000㎡미만으로 제한되며,

• 비농가에서 주말·체험영농 목적으로 세대당 1,000㎡를 초과하여 취득할 경우 초과면적에 대해 시장·군수구청장이 처분명령을 하게 됩니다.

※ 단, 기존의 주말·체험영농 목적으로 취득한 농지와 신규로 취득하는 농지에 대하여 농업경영계획서를 제출하는 경우는 신규영농으로 인정

☐ 도시민이 직접 취미·여가 목적으로 영농(또는 농업경영)을 하지 않고, 주말농장사업에 사용하거나 타인에게 임대·사용대·위탁경영할 목적으로는 농지를 취득할 수 없습니다.

농지를 구입한 경우 직접 농사를 짓지 않아 처분 의무통지, 처분명령, 이행강제금 부과 등 불이익을 받지 않도록 주의합시다.

한 림 읍 장

문의처 : 제주시 한림읍사무소 산업담당 ☎ 728-■■■■

매각기일 연기 신청서

사건번호   2020타경 7707호 부동산임의경매
채 권 자   김연█
채 무 자   박병█
매 수 인   농업회사법인주식회사상단 외1

위 사건에 관하여   2022. 05. 03. 16:00   로 경매기일이 지정되었음을 통지받았는바, 매수인의 소송대리인은 위 사건에 관하여 농지취득 자격 증명과 관련 하여 행정소송 진행중에 있는 사정으로 위 사건의 매각결정기일 연기 를 요청하오니 조치하여 주시기 바랍니다.

첨 부 자 료

1. 제주지방법원 2022구합5438 소장
2. 제주지방법원 2022구합5438 접수증명원

2022년 05월 03일

매수인의 소송대리인 법무법인 창 천
담당 변호사 정 재 █

연락처(☎) 02-3476-7070

제주지방법원   경매2계 귀중

서울 강남구 논현로28길 16,
3~6층 우 : 06302   蒼天 법무법인│창천   TEL : 02-3476-7070
FAX : 02-3476-7071

소　　장

원 고　　농업회사법인주식회사상단
　　　　부산시 사하구 제석로 ▨ 상가동 2층
　　　　대표이사 이종실

　　　　위 원고의 소송대리인
　　　　법무법인 창천 담당변호사 윤제▨, 정재윤
　　　　서울 강남구 논현로28길 16 3-6층
　　　　전화 02-3476-7070, 팩스 02-3476-7071

피 고　　제주시 ▨읍장

농지취득자격증명미발급처분 취소의 소

청 구 취 지

1. 피고가 2022.5.2. 원고에 대하여 한 농지취득자격증명 미발급 처분을 취소한다.
2. 소송비용은 피고가 부담한다.
라는 판결을 구합니다.

청 구 원 인

서울 강남구 논현로28길 16,
3~6층　우 : 06302

 蒼天 법무법인 | 창천

TEL : 02-3476-70**70**
FAX : 02-3476-7071

277

1. 처분의 경위

"한림읍 협재리 ▇▇ 전 3702㎡" 토지(이하 '이 사건 토지')에 대하여 경매가 진행되었고, 원고는 2022.4.26. 최고가매수신고인으로서 매각결정을 받았습니다. 원고는 농축산물의 생산·가공·유통 등을 하는 농업법인으로서 2022.4.27. 피고에게 농지취득자격증명의 발급을 신청하였으나, 피고는 원고의 사업자등록증에 "부동산업이 포함" 되어 있어 농업법인의 기본요건에 충족하지 않는다는 등 취지로, 2022.5.2. 농지취득자격증명 발급을 거부하는 처분을 하였습니다(갑 제1호증 등기부등본, 갑 제2호증 법인등기부, 갑 제3호증 농지취득자격증명 미발급 처분서).

해당 처분서에 기재된 처분사유는 아래와 같습니다.

> 나. 처리결과: 농지취득자격증명 발급 불가
> 다. 처리사유
> ○ 해당 농업법인의 등기사항증명서상 목적이 「농어업경영체 육성 및 지원에 관한 법률」 제16조·제19조 및 같은 법 시행령 제11조·제19조에서 정한 사업범위를 벗어나 농업법인의 기본요건에 충족하지 않음
> ○ 법인 사업자등록증에 부동산업이 포함되어 있어 농업법인의 기본요건에 충족하지 않음
> ○ 농업경영계획서상 재배작물, 착수시기 및 노동력확보방안 등 도외 소재 법인의 영농계획이 현실적으로 타당성이 있다고 보기 어려움
> ○ 그 외 농업인 및 법인의 농업경영 증빙 보완요청서류 미제출 등
>
> 〈갑 제3호증 농지취득자격증명 미발급 처분서〉

2. 해당 처분의 위법성

원고로서는 위와 같은 피고의 처분사유가 이해되지 않아 본 소제기에 이르렀고 그 구체적 내용은 아래와 같습니다.

서울 강남구 논현로28길 16,
3~6층 우 : 06302

蒼天 법무법인 | 창천

TEL : 02-3476-7070
FAX : 02-3476-7071

278

이것이 진짜
부동산 소송이다 Ⅰ

먼저, 원고 법인의 등기사항증명서상 목적이 도대체 어떤 점이 농업법인의 기본요건에 충족하지 않는다는 것인지 알 수 없고, 법인 사업자등록에 "부동산업"이 포함된 것 은 단지 법인으로서 이 사건 토지를 취득하는 등 행위를 염두하여 기재된 것 뿐인데 마치 그것이 땅투기라도 하는 목적인 것처럼 치부되버린 것입니다.

또한 농업경영계획서상 재배작물, 착수시기 및 노동력확보방안 등이 현실적으로 타당 성이 있다고 보기 어렵다는 내용에 대하여, 어떤 점에서 "타당성이 없다"고 본 것인 지 제시되지도 않은 지극히 추상적인 판단으로 이 사건 처분이 이루어진 것입니다.

우리 헌법은 경자유전의 원칙을 선언하고(헌법 제121조), 구 농지법은 이를 구현하기 위하여 농지의 보전, 소유, 이용에 관한 기본이념을 천명하고(농지법 제3조), 국가와 지 방자치단체로 하여금 위와 같은 기본이념의 실현을 위한 시책을 수립하고 시행할 의무 를 부과하고 있습니다(농지법 제4조). 이에 따라 농지법은 원칙적으로 자기의 농업경영 에 이용하지 않은 자는 농지를 소유하지 못하도록 하고(제6조 제1항), "농업법인"은 "농업경영에 이용하거나 이용할 자"에 포함됩니다.

농지취득자격증명은 위와 같은 헌법, 농지법 등의 규정에 따라 농지를 취득하려는 자 가 농지를 취득할 자격이 있는지 여부를 적극적으로 심사함으로써 농지에 관한 기본이 념을 구현하기 위한 제도라고 볼 수 있는데, 그러한 심사과정에서, 사실상 아무런 근거 제시라고 볼 수도 없는 이유인 "현실적으로 타당성이 있다고 보기 어렵다"는 추상적 답변만으로 미발급 처분을 하는 것은 재량권을 일탈·남용한 위법한 처분에 해당합니 다.

원고는 본 소장을 통하여 피고가 처분사유로 제기한 내용이 구체적으로 도대체 무엇인 지를 확인할 수 있기를 바라며, 그에 따라 원고가 농업법인으로서 농지를 취득할 자격이 없지 않다는 점을 상세히 반박하도록 하겠습니다.

3. 결어

상기한 바와 같은 이유로, 원고에게 청구취지와 같은 판결을 선고하여 주시기 바랍니다.

입 증 방 법

1. 갑 제1호증   등기부등본
1. 갑 제2호증   법인등기부
1. 갑 제3호증   농지취득자격증명 미발급 처분서

첨 부 서 류

1. 위 입증방법   각 1봉
1. 소송위임장 및 담당변호사지정서   각 1봉
1. 송달료납부서   1봉
1. 소장부본   1봉

2022. 5. .

위 원고의 소송대리인

서울 강남구 논현로28길 16,   蒼天 법무법인│창천   TEL : 02-3476-7576
3~6층 우 : 06302   FAX : 02-3476-7071

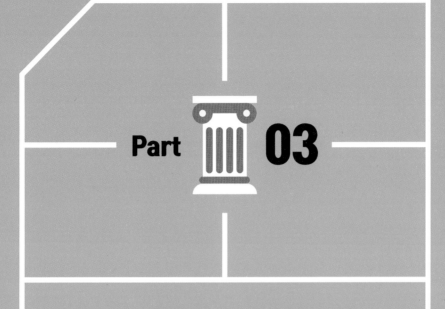

Part 03

지분 매각

01

사건 개요 부부 소유 아파트 협상으로 지분매각

아파트 1/2 지분 강제경매로 청구금이 800만 원 정도여서 취하될 것으로 생각했다. 그러나 배우자의 가출로 인해 공유자 우선 매수를 사용하지 않고, 공유자도 입찰에 신건으로 입찰에 참여했으나 최저가만 적은 공유자는 2등이 되었다. 그 후, 공유자와 합의하고자 했으나 거절해서 1/2 지분으로 1/2 지분권자에게 지료를 청구하자 합의해서 공유자에게 매도한 사건이다.

1. 부동산의 점유관계

소재지	1. 인천광역시 미추홀구 승학길104번길 30, 102동 8층■■■호 (주안동,인천주안한신휴플러스)
점유관계	미상
기타	- 본건 현황조사차 현장에 임한 바, 폐문부재로 이해관계인을 만날 수 없어 상세한 점유 및 임대차관계는 알 수 없으나, 소유자 가족이외 전입세대는 조사되지 아니 함 - 세대출입문에 임차인의 권리신고방법 등이 기재된 `안내문`을 부착해 놓았음. - 본건 주소지내 전입세대 열람내역,주민등록등본 첨부

[집합건물] 인천광역시 미추홀구 주안동 1607외 2필지 인천주안한신휴플러스 제102동 제8층 제■■■호

1. 소유지분현황 (갑구)

등기명의인	(주민)등록번호	최종지분	주 소	순위번호
김■운 (공유자)	670323-*******	2분의 1	인천광역시 남구 승학길104번길 30, 102동 ■■■호(주안동, 한신휴플러스아파트)	3
정■화 (공유자)	710325-*******	2분의 1	인천광역시 남구 승학길104번길 30, 102동 ■■■호(주안동, 한신휴플러스아파트)	3

2. 소유지분을 제외한 소유권에 관한 사항 (갑구)

순위번호	등기목적	접수정보	주요등기사항	대상소유자
6	가압류	2020년10월26일 제467568호	청구금액 금28,234,455 원 채권자 ■■■캐피탈주식회사	정■화
7	압류	2020년11월3일 제479887호	권리자 국	정■화
8	가압류	2020년11월4일 제481789호	청구금액 금7,721,015 원 채권자 ■■■농협캐피탈주식회사	정■화
9	강제경매개시결정	2021년1월27일 제32035호	채권자 ■■■농협캐피탈주식회사	정■화

2021 타경 501855 (강제)	매각기일 : 2022-01-20 10:00~ (목)	경매10계 032-860-■■■

소재지	(22231) 인천광역시 미추홀구 주안동 1607외 2필지 인천주안한신휴플러스 제102동 제8층 제■■■호		
	[도로명] 인천광역시 미추홀구 승학길104번길 30, 제102동 제8층 제■■■호 [주안동 1607외 2필지 인천주안한신휴플러스]		
용도	아파트	채권자	엔00000000	감정가	129,000,000원
지분대지권	16,925㎡ (5.12평)	채무자	정00	최저가	(100%) 129,000,000원
지분전용	29,89㎡ (9.04평)	소유자	정0	보증금	(10%)12,900,000원
사건접수	2021-01-26	매각대상	토지/건물지분매각	청구금액	8,035,895원
입찰방법	기일입찰	배당종기일	2021-05-03	개시결정	2021-01-27

기일현황

회차	매각기일	최저매각금액	결과
신건	2022-01-20	129,000,000원	매각
농00000000000/입찰3명/낙찰129,129,000 원(100%)			
2등 입찰가 : 129,000,000원			
	2022-01-27	매각결정기일	허가
	2022-03-10	대금지급기한 납부 (2022.03.10)	납부
	2022-03-31	배당기일	완료

② 물건현황/토지이용계획

승학체육공원 북측 인근에 위치

인근으로 버스정류장 등이 소재하며, 제반 교통여건은 보통

남측 및 서측, 북측, 동측으로 각각 로폭 약 8미터의 포장도로와 접하며, 단지 내 도로와 접함

제3종일반주거지역

위생 및 급 배수설비, 승강기설비, 도시가스에 의한 난방설비 등

철근콘크리트조

※ 실측면적 : 건물면적(59,78㎡) 토지면적 (33,85㎡)중 지분경매로 1/2만 진행합니다.

🔲 **부동산 통합정보 이음**

🔲 **감정평가서**

시세 실거래가 전월세

② 감정평가현황 (주) ■ 감정

가격시점	2021-02-04
감정가	129,000,000원
토지	(30%) 38,700,000원
건물	(70%) 90,300,000원

② 면적(단위:㎡)

【(지분)대지권】

주안동 1607 외 2필지 대지권

18,724㎡ 분의 16,93㎡

16,93㎡ (5.12평)

33,85면적중 정 지분권 16,925 전부

【(지분)건물】

보존등기일:2007 04 05

주안동 1607 외 2필지 102동

8층■■■호 아파트

29,89㎡ (9.04평)

철근콘크리트조

15층 건중 8층

59,78면적중

경경화지분

29,89전부

🔲 **건축물대장**

② 임차연/대항력여부

배당종기일 : 2021-05-03

- 매각물건명세서상 조사된 임차내역이 없습니다

🔲 **매각물건명세서**

🔲 **예상배당표**

② 등기사항/소멸여부

소유권	이전 집합
2007-04-05 인0000000 보존	

소유권	이전 집합
2007-04-05 백0 매매	

소유권(지분)	이전 집합
2011-10-06 김000 (거래가) 199,500,000원 매매	

(근)저당	소멸기준 집합
2013-10-10 신00 72,000,000원	

가압류(지분)	소멸 집합
2020-10-26 하00 28,234,455원	

압류(지분)	소멸 집합
2020-11-03 구000	

가압류(지분)	소멸 집합
2020-11-04 엔0000 7,721,015원	

(근)저당(지분)	소멸 집합
2020-11-06 정0 60,000,000원	

강제경매(지분)	소멸 집합
2021-01-27 엔0000 청구 : 8,035,895원	

[집합건물] 인천광역시 미추홀구 주안동 1607외 2필지 인천주안한신휴플러스 제102동 제8층 제■■호

3	소유권이전	2011년10월6일 제95896호	2011년9월5일 매매	공유자 지분 2분의 1 김■■ 670323-******* 인천광역시 남구 주안동 1488-9 대호빌라 지분 2분의 1 정■ 710325-******* 인천광역시 남구 주안동 1489-32 대호빌라 거래가액 금199,500,000원
12	3번정■화지분전부이전	2022년3월21일 제87185호	2022년3월10일 강제경매로 인한 매각	공유자 지분 2분의 1 농업회사법인주식회사■■ 124411-■■■■■■ 부산광역시 사하구 제석로 ■■ 상가동2층 (당리동,당리동2차 ■■■■■아파트)
13	6번가압류, 7번압류, 8번가압류, 9번강제경매개시결정, 10번가압류, 11번가압류등기말소	2022년3월21일 제87185호	2022년3월10일 강제경매로 인한 매각	
14	12번농업회사법인주식회사상단지분전부이전	2022년5월30일 제185761호	2022년5월25일 매매	공유자 지분 2분의 1 김■운 670323-******* 인천광역시 미추홀구 승학길104번길 ■■동 ■■호(주안동, ■■■■■아파트) 거래가액 금150,000,000원

02

사건 개요 단독주택 토지, 건물 4/38 지분 소송 후 협의 매각

상속받은 주택에 장남 정병〇가 모친을 모시고 거주 중에 지분권의 1명 지분이 경매로 진행되자 정병〇가 공유자로 낙찰받았다. 그 후 정병〇가 진주로 이사한 후 지분권자 중 정정〇 지분 4/38이 다시 경매로 나왔으나, 정병〇는 공유자 우선 매수를 신청하지 않았다.

우리가 낙찰 후 공유물 분할 소송을 하자 정정〇이 지분을 매수하겠다고 해서 매수했다. 그러나 그 후 다시 정정〇 지분이 또다시 경매로 나오자 최향〇이 다시 낙찰받아 공유물 분할 소송을 했다. 그러자 장남 정병〇의 부인이 연락해서 협의로 지분을 매각했던 사건이다.

2008 타경 14670 (강제)		매각기일 : 2009-06-15 10:00~ (월)			경매2계 055-760-■■■
소재지	(52414) 경상남도 남해군 남해읍 북변리 ■■■-5 [도로명] 경상남도 남해군 화전로 ■번길 15-1 (남해읍)				
용도	주택	채권자	대0000	감정가	16,263,220원
지분토지	22,421㎡ (6,78평)	채무자	정00	최저가	(51%) 8,327,000원
지분건물	5,393㎡ (1,63평)	소유자	정0	보증금	(10%)832,700원
제시외	2,2㎡ (0,67평)	매각대상	토지/건물지분매각	청구금액	36,592,075원
입찰방법	기일입찰	배당종기일	2009-01-12	개시결정	2008-10-24

기일현황

회차	매각기일	최저매각금액	결과
신건	2009-03-02	16,263,270원	유찰
2차	2009-04-06	13,011,000원	유찰
3차	2009-05-11	10,409,000원	유찰
4차	2009-06-15	8,327,000원	매각
정00/입찰3명/낙찰9,275,000원(57%)			
	2009-06-22	매각결정기일	허가
배당종결된 사건입니다.			

2015 타경 5544 (강제)		매각기일 : 2015-12-21 10:00~ (월)			경매4계 055-760-■■■
소재지	(52414) 경상남도 남해군 남해읍 북변리 ■■■-5 [도로명] 경상남도 남해군 남해읍 화전로 ■번길 15-1				
용도	주택	채권자	예00000	감정가	19,859,260원
지분토지	22,42㎡ (6,78평)	채무자	정00	최저가	(64%) 12,710,000원
지분건물	5,39㎡ (1,63평)	소유자	정0	보증금	(10%)1,271,000원
제시외	24,2㎡ (7,32평)	매각대상	토지/건물지분매각	청구금액	9,378,262원
입찰방법	기일입찰	배당종기일	2015-09-02	개시결정	2015-06-11

기일현황 ✔간략보기

회차	매각기일	최저매각금액	결과
신건	2015-10-12	19,859,260원	유찰
2차	2015-11-16	15,887,000원	유찰
3차	2015-12-21	12,710,000원	매각
김00/입찰2명/낙찰13,750,000원(69%)			
	2015-12-28	매각결정기일	허가
	2016-01-22	대금지급기한 납부 (2016.01.14)	납부
	2016-03-14	배당기일	완료

[건물] 경상남도 남해군 남해읍 북변리 ▓▓-5 고유번호 1946-1996-▓▓▓▓

1. 소유지분현황 (갑구)

등기명의인	(주민)등록번호	최종지분	주　　소	순위번호
정병▓ (공유자)	560415-1******	38분의 6	남해군 남해읍 북변동 ▓▓-5	1
정익▓ (공유자)	590809-1******	38분의 4	남해군 남해읍 북변동 ▓▓-5	1
정▓남 (공유자)	620511-2******	38분의 4	진주시 상대동 ▓▓▓-110	1
정▓란 (공유자)	570830-2******	38분의 4	남해군 남해읍 북변동 ▓▓-5	1
정▓례 (공유자)	550126-2******	38분의 4	남해군 남해읍 북변동 ▓▓-5	1
정▓순 (공유자)	530809-2******	38분의 4	마산시 양덕동 49-1 ▓▓호	1
정▓엽 (공유자)	631219-2******	38분의 4	남해군 남해읍 북변동 ▓▓-5	1
정▓자 (공유자)	510525-2******	38분의 1	진주시 인사동 ▓▓-6	1
정▓회 (공유자)	460327-2******	38분의 1	부산 남구 대연동 ▓▓-1	1
하길▓ (공유자)	310104-2******	38분의 6	남해군 남해읍 북변동 ▓▓-5	1

2. 소유지분을 제외한 소유권에 관한 사항 (갑구)

순위번호	등기목적	접수정보	주요등기사항	대상소유자
2	압류	2006년5월25일 제6692호	권리자 국민건강보험공단진주지사	정▓순
3	가압류	2007년5월10일 제4752호	청구금액 금101,509,354원 채권자 ▓▓ 캐피탈주식회사	정▓례
4	강제경매개시결정	2008년10월24일 제21461호	채권자 ▓▓ 캐피탈주식회사	정▓례

물건현황/토지이용계획

남해시외버스터미널 북서측 인근에 위치

부근은 주택, 근린시설등 형성

차량 접근 가능한 소방도로와 접합 인근 시 외버스터미널이 위치 교통사정 보통

남측 왕복 2차선 도로,동측 소폭의 진입로 와 접합

이용상태(주택)

유류보일러 위생설비

준주거지역
제2종일반주거지역(북변리 ▓▓-5)

시멘트블록조

※ 위지상 건물변소(4.96*4/38㎡) 멸실 되 었음.

🔲 부동산 통합정보 이용

🔲 감정평가서

감정평가현황 ▓▓감정

가격시점	2015-07-01
감정가	19,859,260원
토지	(87.27%) 17,330,660원
건물	(3.8%) 754,600원
제시외포함	(8.93%) 1,774,000원

면적(단위:㎡)

【(지분)토지】

북변리 ▓▓-5 대지
준주거지역
제2종일반주거지역
22.42㎡ (6.78평)
213면적중 정▓란지분 22.42전 부

【(지분)건물】

보존등기일:2002-06-10

화전로 ▓▓번길 15-1
단층 주택
5.39㎡ (1.63평)
시멘트블록조
51.24면적중
정▓란지분
5.39전부

🔲 건축물대장

【제시외】

화전로 ▓▓번길 15-1
단층 다용도실 포함
11.2㎡ (3.39평)
조립식판넬조샌드위치판넬지붕

화전로 ▓▓번길 15-1
단층 보일러실 포함
3㎡ (0.91평)
조적조스레트지붕

화전로 ▓▓번길 15-1
단층 창고 포함
10㎡ (3.02평)
조적조슬래브지붕

임차인/대항력여부

배당종기일: 2015-09-02

- 채무자(소유자)점유

🔲 매각물건명세서
🔲 예상배당표

등기사항/소멸여부

소유권(지분)	이전
1986-08-01	건물/토지
정OO	
재산상속	

압류(지분)	소멸기준
2006-05-25	건물/토지
국OOO	

소유권(지분)	이전
2009 00 04	건물/토지
정OO	
강제경매로 인한 매각	
2008타경14670	

압류(지분)	소멸
2010-06-08	토지
사OO	

압류(지분)	소멸
2010-06-23	토지
사OO	

압류(지분)	소멸
2011-05-18	토지
진OO	

압류(지분)	소멸
2011-07-08	건물/토지
사OO	

가압류(지분)	소멸
2014-09-23	건물/토지
경OOO	
9,500,000원	

가압류(지분)	소멸
2014-10-13	건물/토지
농OO 5,438,721원	

가압류(지분)	소멸
2015-02-09	건물/토지
예OOO 8,571,958원	

강제경매(지분)	소멸
2015-06-11	건물/토지
예OOO	
청구 : 9,378,262원	

1. 부동산의 점유관계

소재지	1. 경상남도 남해군 남해읍 화전로 ███길 15-1
점유관계	채무자(소유자)점유
기타	1. 본건에 전입 신고 되어 있는 정██례는 채무자 정█란의 언니임. 2. 정██례 면담.

2019 타경 6491 (강제)		매각기일 : 2020-04-06 10:00~ (월)		경매5계 055-760-████

소재지	(52414) 경상남도 남해군 남해읍 북변리 ███-5 [도로명] 경상남도 남해군 남해읍 화전로███길 15-1 [북변리 ███-5]				
용도	주택	채권자	박OO	감정가	19,367,900원
지분토지	22㎡ (6.65평)	채무자	정OO	최저가	(80%) 15,494,000원
지분건물	5.4㎡ (1.63평)	소유자	정O	보증금	(10%)1,549,400원
제시외	2.6㎡ (0.79평)	매각대상	토지/건물지분매각	청구금액	35,297,260원
입찰방법	기일입찰	배당종기일	2019-11-25	개시결정	2019-09-10

기일현황   ✔ 간략보기

회차	매각기일	최저매각금액	결과
신건	2020-01-20	19,367,900원	유찰
	2020-03-02	15,494,000원	변경
1차	2020-04-06	15,494,000원	매각
	최OO/입찰1명/낙찰15,888,000원(82%)		
	2020-04-13	매각결정기일	허가
	2020-05-21	대금지급기한 납부 (2020.04.28)	납부
	2020-06-01	배당기일	완료

ℹ 물건현황/토지이용계획

남해공용터미널 북서측 인근에 위치

부근은 근린생활시설, 주택 등으로 형성이 어진 주택 및 상가 혼용지대

차량 접근 가능하고, 대중교통 사정은 버스 정류장까지의 거리 및 운행빈도 등을 고려 컨대 보통시됨

남측으로 왕복 2차선 포장도로가 소재하 고, 본건 동측 일부는 소측의 포장도로로 이용중임

문화재보존영향검토대상구역, 하수처리구 역

이용상태(주택)

주택부분에 위생설비 및 난방설비 등

준주거지역
제2종일반주거지역(북변리 ███-5)

시멘트블록조슬라브

ℹ 부동산 통합정보 이용

ℹ 감정평가서

ℹ 감정평가현황 ███ 감정(주)

가격시점	2019-09-24
감정가	19,367,900원
토지	(93.6%) 18,128,000원
건물	(5.3%) 1,026,000원
제시외포함	(1.1%) 213,900원

ℹ 면적(단위:㎡)

[지분]토지
북변리 ███ 대지
준주거지역
제2종일반주거지역
22㎡ (6.65평)
현황 "일부 도로" 213면적중 정
█란지분 22전부

[지분]건물
보존등기일:2002-06-10

화전로122번길 15-1
단층 주택
5.4㎡ (1.63평)
시멘트블록조슬라브
51.24면적중
정█란지분
5.4전부

ℹ 건축물대장

[제시외]

단층 다용도실 포함
11.2㎡ (3.39평)
판넬조판넬지붕

단층 보일러실 포함
3㎡ (0.91평)
조적조스레트지붕

단층 창고 포함
10㎡ (3.02평)
조적조슬라브지붕

화전로122번길 15-1
단층 다용도실 포함
1.2㎡ (0.36평)
판넬조판넬

ℹ 임차인/대항력여부

배당종기일: 2019-11-25

정O 있음
전입 : 1979-12-14
확정 : 없음
배당 : 없음
점유 :
현황조사 권리내역

ℹ 매각물건명세서
ℹ 예상배당표

- 정██례 : 부동산현황조사 보고서에 의하면 본건 채무 자의 언니로 조사되며, 임대 차관계불명분명.

ℹ 등기사항/소멸여부

소유권(지분)	이전
2016-05-04	건물/토지
정O	
(38분의 4)	
매매	

강제경매(지분)	소멸기준
2019-09-10	건물/토지
박O	
청구 : 35,297,260원	

▷ 채권총액 :
    35,297,260원

ℹ 등기사항증명서
건물열람 : 2019-09-25
토지열람 : 2019-09-25

소재지	2. 경상남도 남해군 남해읍 화전로 ▇변길 15-1
점유관계	채무자(소유자)점유
기타	1. 본건 전입 신고 되어 있는 정▇례는 채무자의 언니임.
	2. 채무자의 동생 정▇엽 면담함.

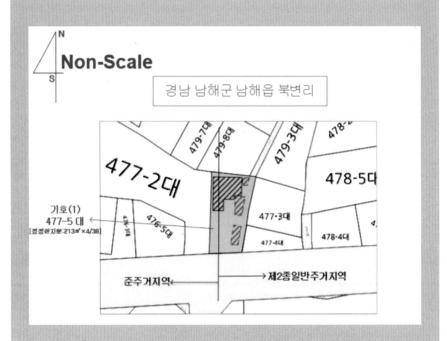

[건물] 경상남도 남해군 남해읍 북변리 ██-5

1. 소유지분현황 (갑구)

등기명의인	(주민)등록번호	최종지분	주　　　　　소	순위번호
정병██ (공유자)	560415-*******	38분의 6	남해군 남해읍 북변동 ██-5	1
정병██ (공유자)	560415-*******	38분의 4	경상남도 진주시 평거동 297-1 평거대화리네르빌 101-██	5
정익██ (공유자)	590809-*******	38분의 4	남해군 남해읍 북변동 ████-5	1
정██남 (공유자)	620511-*******	38분의 4	진주시 상대동 ██-110	1
정██란 (공유자)	570830-*******	38분의 4	경상남도 남해군 남해읍 화전로 ██번길 15-1	15
정██순 (공유자)	530809-*******	38분의 4	마산시 양덕동 49-1, ██호	1
정██엽 (공유자)	631219-*******	38분의 4	남해군 남해읍 북변동 ██-5	1
정██자 (공유자)	510525-*******	38분의 1	진주시 인사동 ██-6	1
정██희 (공유자)	460327-*******	38분의 1	부산 남구 대연동 ██-1	1
하길██ (공유자)	310104-*******	38분의 6	남해군 남해읍 북변동 ██-5	1

2. 소유지분을 제외한 소유권에 관한 사항 (갑구)

순위번호	등기목적	접수정보	주요등기사항	대상소유자
7	압류	2011년7월8일 제9032호	권리자 사천시	정██순
19	강제경매개시결정	2019년9월10일 제11897호	채권자 박복██	정██란

소   장

원 고 김██ (████-1951515)

　　　창원시 진해구 풍호동 ████ ████████ 901호

　　　송달장소 : 평택시 평남로 1045, ███호(동삭동,손문빌딩)

피 고 1. 정병█ (560415-*******)

　　　　진주시 평거동 297-1 평거대화리네르빌 101동 ███호

　　　2. 정익█ (590809-*******)

　　　　경남 남해군 남해읍 북변동 ███-5

　　　3. 정정█ (620511-*******)

　　　　진주시 상대동 ████████

　　　4. 정정█ (530809-*******)

　　　　마산시 양덕동 49-1, ███호

　　　5. 정정█ (631219-*******)

　　　　경남 남해군 남해읍 북변동 ███-5

　　　6. 정정█ (510525-*******)

　　　　진주시 인사동 ███-6

　　　7. 정정█ (460327-*******)

　　　　부산 남구 대연동 ███-1

　　　8. 하길█ (310104-*******)

　　　　경남 남해군 남해읍 북변동 ███-5

공유물분할 청구의 소

청 구 취 지

1. 별지 목록 기재 부동산을 경매에 붙이고 그 대금에서 경매비용을 공제한
   나머지 금액을 각 원고에게 38분의 4, 피고 정병█에게 38분의 10, 피고
   정익█에게 38분의 4, 피고 정정날에게 38분의 4, 피고 정정█에게 38분
   의 4, 피고 정정█에게 38분의 4, 피고 정정█에게 38분의 1, 피고 정정
   █에게 38분의 1, 피고 하길█에게 38분의 6 지분에 따라 각 분배한다.
2. 소송비용은 피고들이 부담한다.

라는 판결을 구합니다.

청 구 원 인

1. 토지의 공유관계

경상남도 남해군 남해읍 북변리 █-5 대 213㎡ 및 같은 곳 지상 시멘트
블록조 스라브지붕 단층주택 51.24㎡ 부속건물 시멘트 블록조 스라브지붕
단층변소 4.96㎡(이하 "이사건 부동산"이라 함)는 이사건 피고들 및 소외 정
정█, 정정█이 1984. 10. 7. 재산상속을 원인으로 각 상속지분에 따라 공동
소유하게 되었고, 그후 소외 정정█의 지분은 피고 정병█가 2009. 07. 14.
강제경매로 인한 매각을 원인으로 취득하였고, 소외 정정█의 지분은 원고가
2016. 01. 14. 강제경매로 인한 매각을 원인으로 취득하여 현재 최종적으로
원고는 38분의 4, 피고 정병█는 38분의 10, 피고 정익█는 38분의 4, 피고
정정█은 38분의 4, 피고 정정█은 38분의 4, 피고 정정█은 38분의 4, 피
고 정정█는 38분의 1, 피고 정정█는 38분의 1, 피고 하길█은 38분의 6의

각 지분으로 공유하고 있습니다.

2. 분할의 필요성

이사건 부동산은 위와 같이 9인의 공동소유로 되어있어 원고와 피고들 모두가 재산권 행사에 많은 제약을 받고 있습니다.

따라서 각 공유지분에 따라 분할을 할 필요가 있습니다.

3. 분할의 방법

이사건 부동산은 토지 및 건물로서 현물로 분할하는 것은 거의 불가능한 일이이므로, 경매에 붙여 그 대금에서 경매비용을 차감한 나머지 금전을 가지고 각 공유자의 지분에 따라 현금으로 분할 하는 것이 가장 적절한 분할 방법이라 할 것입니다.

4. 결어

위와 같은 사유로 원고는 이사건 부동산에 대하여 피고들과의 공유관계를 청산하고 청구취지와 같은 형태의 공유물 분할을 청구하기에 이른 것입니다.

[건물] 경상남도 남해군 남해읍 북변리 ■■-5

순위번호	등 기 목 적	접 수	등 기 원 인	권리자 및 기타사항
			팀 1698)	(사천지사)
18	17번압류등기말소	2017년12월21일 제18025호	2017년12월21일 해제	
~~19~~	~~15번정■탄지분강제 경매개시결정~~	~~2019년9월10일 제11897호~~	~~2019년9월10일 창원지방법원 진주지원의 강제경매개시결 정(2019타경649 1)~~	채권자 박복■ 571115-****** 경상남도 남해군 남해읍 화전로 ■■- (서변리, 퍼블릭모텔)
20	15번정■탄지분전부 이전	2020년5월4일 제5398호	2020년4월28일 강제경매로 인한 때각	공유자 지분 38분의 4 ■동순 61.■15■-****** 경상북도 고령군 대가야읍 덕경길 ■■
21	19번강제경매개시결 정등기말소	2020년5월4일 제5398호	2020년4월28일 강제경매로 인한 낙찰	
22	20번죄항■지분전부 이전	2022년6월3일 제7310호	2022년6월3일 때매	공유자 지분 38분의 4 정병■ 560415-****** 경상남도 남해군 남해읍 망운로 ■■ 때매목록 제2022-730호
23	1번하걸■지분전부 이전	2022년10월4일 제13131호	2022년9월30일 증여	공유자 지분 38분의 6 정병■ 560415-****** 경상남도 남해군 남해읍 망운로 ■■

03

사건 개요 소송 후 조정으로 현물 분할

상속으로 1/4 지분권자가 무허가 건축물을 건축하고 모친과 거주한 적봉리(6○5-69 하천) 및 (6○5-7 대지) 무허가 건축물이 있는 토지의 1/4을 경매로 낙찰 후 철거 및 공유물 분할 청구 소송을 했다. 현물 분할을 원해서 현물로 분할한 사건으로, 6○5-7 전체를 39,748,000원으로 인수하는 것으로 조정되었다.

(3) 형태 및 이용상태

기호1 : 사다리형 평지로서 "전"으로 이용중임.

기호2 : 사다리형 평지로서 "단독주택"건부지로 이용중임

(6) 제시목록 외의 물건

(1-1) 세멘브럭 및 연와조 도단지붕 단층. 주택및창고. 약149㎡
(1-2) 세멘브럭조 스레트지붕 단층. 주택. 약42㎡
(1-3) 철파이프조 스레트지붕 단층. 창고. 약42.8㎡
(1-4) 철파이프조 스레트지붕 단층. 창고. 약12.8㎡
(1-5) 세멘브럭조 스레트지붕. 창고. 약4.5㎡

(7) 공부와의 차이

본건 기호1토지는 공부상 지목이 "하천"이나, 현황은 "전"으로 이용중임.

[토지] 경기도 평택시 서탄면 적봉리 6○5-6 하천 504㎡　　　　　　　　고유번호 1354-1996-

1. 소유지분현황 (갑구)

등기명의인	(주민)등록번호	최종지분	주　　　소	순위번호
김경 (공유자)	610929-*******	4분의 1	경기도 여주군 여주읍 하리 122-7 삼한강변아파트 -9	2
김성 (공유자)	640106-*******	4분의 1	서울특별시 강남구 언주로 21, 18동 3 호 (개포동, 시영아파트)	2
김왕 (공유자)	550222-*******	4분의 1	평택시 서탄면 적봉리 3	2
김용 (공유자)	600120-*******	4분의 1	경기도 여주군 점동면 처리 5	2

2. 소유지분을 제외한 소유권에 관한 사항 (갑구)

순위번호	등기목적	접수정보	주요등기사항	대상소유자
3	임의경매개시결정	2015년9월4일 제31525호	채권자 권광	김성

3. (근)저당권 및 전세권 등 (을구)

순위번호	등기목적	접수정보	주요등기사항	대상소유자
1	근저당권설정	2015년12월2일 제3395호	채권최고액 금45,000,000원 근저당권자 권광	김성

2015 타경 10736 (임의)	매각기일 : 2016-05-09 10:00~ (월)		경매3계 031-650-■■■
소재지	(17702) 경기도 평택시 서탄면 적봉리 6■5-6 외1필지		
용도	하천	채권자	권광■■	감정가	65,059,000원
지분토지	288.5㎡ (87.27평)	채무자	김성■	최저가	(70%) 45,541,000원
건물면적		소유자	김성■ 外	보증금	(10%)4,555,000원
제시외	제외 : 251.1㎡ (75.96평)	매각대상	토지지분매각	청구금액	30,000,000원
입찰방법	기일입찰	배당종기일	2015-11-24	개시결정	2015-09-04

기일현황

회차	매각기일	최저매각금액	결과
신건	2016-04-04	65,059,000원	유찰
2차	2016-05-09	45,541,000원	매각

배순■외3명/입찰7명/낙찰48,910,000원(75%)
2등 입찰가 : 48,110,000원

	2016-05-16	매각결정기일	허가
	2016-06-27	대금지급기한 납부 (2016.06.17)	납부
	2016-07-22	배당기일	완료

배당종결된 사건입니다.

📷 물건현황/토지이용계획

신야리마을내에 위치

인근은 전, 답, 농가주택 등이 혼재한 지방
도주변 순수농촌지대

본건 서측 인근에 소재 회화로변 시내버스
정류장이 소재, 운행횟수, 노선의수 등 보
아 대중교통여건은 다소 불편시, 남측 인근
에 소재한 302번 지방도(왕복4차선)를 통
해 평택↔화성간 고속국도와 1번 국도와
연결 접근여건은 보통

사다리형 평지

기호1)본건 서측및 남측 각각 노폭 약5m와
3m정도의 세멘콘크리트 포장도로와 접함

기호2)본건 남측 노폭 약4m정도의 세멘콘
크리트 포장도로와 접함

계획관리지역(적봉리 6■5-6)
계획관리지역(적봉리 6■5-7)

※ 제시외건물이영향을받지않은감정가
(49,562,000원)

🔲 부동산 통합정보 이용

🔲 감정평가서

📷 감정평가현황 ■■감정

가격시점	2015-10-08
감정가	65,059,000원
토지	(100%) 65,059,000원

📷 면적(단위:㎡)

[지분]토지

적봉리 6■5-6 하천
계획관리지역
126㎡ (38.11평)
504면적중 김성■지분 126전부

적봉리 6■5-7 대지
계획관리지역
162.5㎡ (49.16평)
650면적중 김성■지분 162.5전
부 제시외건물포이한감안감정

[제시외]

적봉리 6■5-6
(ㄱ) 주택및창고 제외
149㎡ (45.07평)
세멘브럭및연와조

적봉리 6■5-6
(ㄴ) 주택 제외
42㎡ (12.7평)
세멘브럭조

적봉리 6■5-6
(ㄷ) 창고 제외
42.8㎡ (12.95평)
철파이프조

적봉리 6■5-6
(ㄹ) 창고 제외
12.8㎡ (3.87평)
철파이프조

적봉리 6■5-6
(ㅁ) 창고 제외
4.5㎡ (1.36평)
세멘브럭조

📷 임차인/대항력여부

배당종기일: 2015-11-24

유O	있음
전입: 1968-10-20	
확정: 없음	
배당: 없음	
점유:	

현황조사 권리내역

🔲 매각물건명세서
🔲 예상배당표

- 유재■은 임대차계약서,
주민등록등본 미제출.

📷 등기사항/소멸여부

소유권 1990-01-11 김O 매매	이전 토지
소유권(지분) 2007-04-06 김OOO 증여	이전 토지
(근)저당(지 분) 2015-02-02 권O 45,000,000원 김성■지분	토지소멸기 준 토지
임의경매(지분) 2015-09-04 권O 청구 : 30,000,000원 김성■근지분	소멸 토지

▷ 채권총액 :
45,000,000원

🔲 등기사항증명서

토지열람 : 2015-09-24

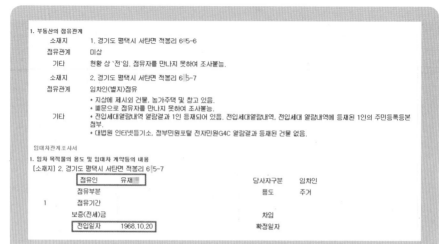

1. 부동산의 점유관계

소재지	1. 경기도 평택시 서탄면 적봉리 6 5-6	
점유관계	미상	
기타	현황 상 `전`임. 점유자를 만나지 못하여 조사불능.	
소재지	2. 경기도 평택시 서탄면 적봉리 6 5-7	
점유관계	임차인(별지)점유	
기타	• 지상에 제시외 건물, 농가주택 및 창고 있음. • 폐문으로 점유자를 만나지 못하여 조사불능. • 전입세대열람내역 열람결과 1인 등재되어 있음. 전입세대열람내역, 전입세대 열람내역에 등재된 1인의 주민등록등본 첨부. • 대법원 인터넷등기소, 정부민원포털 전자민원G4C 열람결과 등재된 건물 없음.	

임대차관계조사서

1. 임차 목적물의 용도 및 임대차 계약등의 내용
[소재지] 2. 경기도 평택시 서탄면 적봉리 6 5-7

	점유인	유재	당사자구분	임차인
	점유부분		용도	주거
1	점유기간			
	보증(전세)금		차임	
	전입일자	1968.10.20	확정일자	

세움터
건축행정시스템

민원서비스　　정보　　알림　　이용안내

건축물대장 발급

건축물대장은 세움터 회원은 물론 비회원 모두 발급이 가능합니다.

지번조회 ✕

경기도 ▼	평택시 ▼	서탄면 적봉리 ▼	대지 ▼	6 5 - 7

OO택지개발지구 　블록　로트

초기화　　조회하기

건축물 소재지를 정확하게 입력하였는지 확인하세요.

확인
하세요!

• 건축물소재지 조회 시 '특수지명'이거나 실제 건물이 존재하지만 조회가 안되는 경우에는 ↑ '도로명 또는 지번으로 조회'를 통하여 조회할 수 있습니다.

• '조회 결과가 없습니다.' 라는 메세지가 나타나는 경우 해당 건축물소재지에 대한 주소가 정확하 않거나, 대장 정보가 존재하지 않는 경우 이니 확인 후 다시 신청하시기 바랍니다.

소재지	경기도 평택시 서탄면 적봉리 6 5-6번지			
지목	대	매입후 대지로 지목변경	면적	486 ㎡
개별공시지가(㎡당)	311,000원 (2022/01) 연도별보기	낙찰금 48,910,000 + 합의금 39,748,000 = 89,865,800 = 평 61만		
지역지구등 지정여부	「국토의 계획 및 이용에 관한 법률」에 따른 지역·지구등	계획관리지역		
	다른 법령 등에 따른 지역·지구등	가축사육제한구역(2022-01-26)(일부제한 300m 이내 - 전 축종 제한)<가축분뇨의 관리 및 이용에 관한 법률>, 비행안전제5구역(전술)<군사기지 및 군사시설 보호법>, 군용비행장 소음대책구역 제2종구역<군용비행장·군사격장 소음 방지 및 피해보상에 관한 법률>, 군용비행장 소음대책구역 제3종구역<군용비행장·군사격장 소음 방지 및 피해보상에 관한 법률>		
	「토지이용규제 기본법 시행령」 제9조 제4항 각 호에 해당되는 사항			
확인도면				

범례

■ 계획관리지역
■ 생산관리지역
■ 농림지역
☐ 농업진흥구역
☐ 법정동
☐ 소로2류(폭 8m~10m)

☐ 작은글씨확대 축척 1 / 1200 ▾ 변경 도면크게보기

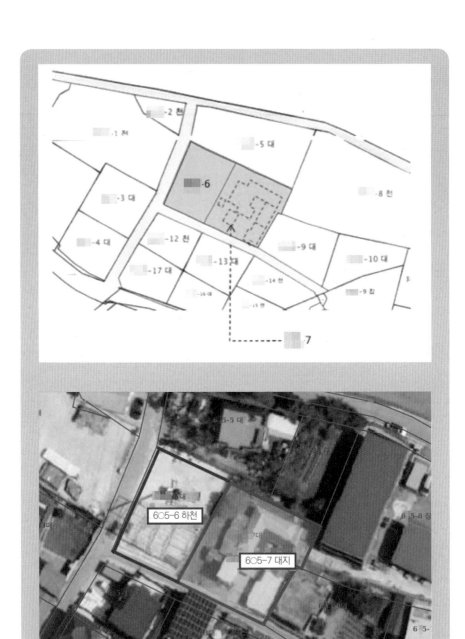

605-6 하천

605-7 대지

이것이 진짜
부동산 소송이다 I

본건

6◯5-6 하천

6◯5-7 무허가 건축물 대지

소　　장

원 고　배순████████████

창원시 마신████████████████████████맨션)

송달장소 : 평택시 평남로 1045, ██호(동삭동,손문빌딩)

송달영수인 : 법무사 유종██

피 고　1. 김경██ (610929-*******)

경기 여주군 ████████████████ 903호

2. 김명█ (7████████

창원시 의창구 ██████████

105동 ████████████████████)

3. 김왕█ (55(█████ *******)

평택시 ███████████

4. 김용█ (60(██ *******)

경기도 ████████████████

5. 이규█ (55██ *******)

창원시 마산합포구 ████████████████████맨션)

6. 이은█ (74████████

창원시 성████████████

121동 1████████████████트)

7. 유재█

평택시 서████████████

공유물분할 등 청구의 소

청 구 취 지

1. 별지 1 목록 기재 토지를 경매에 붙이고 그 대금에서 경매비용을 공제한 나머지 금액을 각 원고에게 16분의 1, 피고 김경ᄅ에게 16분의 4, 피고 김명ᄅ에게 16분의 1, 피고 김왕ᄅ에게 16분의 4, 피고 김용ᄅ에게 16분의 4, 피고 이규ᄅ에게 16분의 1, 피고 이은ᄅ에게 16분의 1 지분에 따라 각 분배하라.

2. 피고 유재ᄅ은 원고에게,

   가. 별지 2 도면 1, 2, 3, 4, 5, 6, 7, 8, 9, 10, 11, 12, 13, 1의 각점을 순차로 연결한 선내 (가)부분 세멘브럭 및 연와조 도단지붕 단층 주택 및 창고 약 149㎡, 5, 14, 19, 6, 5의 각점을 순차로 연결한 선내 (나)부분 세멘브럭조 스레트지붕 단층 주택 약 42㎡, 14, 15, 16, 17, 18, 19, 14의 각점을 순차로 연결한 선내 (다)부분 철파이프조 스레트지붕 단층 창고 약 42.8㎡, 20, 21, 22, 23, 20의 각점을 순차로 연결한 선내 (라)부분 철파이프조 스레트지붕 단층 창고 약 12.8㎡, 24, 25, 26, 27, 24의 각점을 순차로 연결한 선내 (마)부분 세멘브럭조 스레트지붕 창고 약 4.5㎡를 각 철거하고, 별지 1 목록 2번 토지를 인도하고,

   나. 2016. 6. 17.부터 위 토지인도 완료일까지 연 금500,000원을 지급하라.

3. 소송비용은 피고들이 부담한다.

4. 제2항은 가집행 할 수 있다.

라는 판결을 구합니다.

청 구 원 인

1. 토지의 공유관계

경기도 평택시 서탄면 적봉리 6█5-6 하천 504㎡, 같은 곳 6█5-7 대 650㎡(이하 "이사건토지" 라함)는 2007. 4. 6. 증여를 원인으로 피고 김경█, 피고 김왕█, 피고 김용█이 각 16분의 4 지분을 취득하였고, 2016. 6. 17. 임의경매로 인한 매각을 원인으로 원고 및 피고 김명█, 피고 이규█, 피고 이은█이 각 16분의 1 지분을 취득하여 공유하고 있습니다(갑제1호증의 1, 2 각 부동산등기사항증명서, 갑제2호증의 1, 2 각 토지대장 참조).

2. 분할의 필요성 및 그 방법

이사건 토지는 위와 같이 각 7인의 공동소유로 되어있어 원고와 피고들 모두가 재산권행사에 많은 제약을 받고 있는 바, 각 공유지분에 따라 분할을 할 필요가 있습니다.

그런데 이사건 토지는 7인이 공유하고 있고, 별지 1 목록 2번토지 지상에 피고 유재█ 소유의 미등기무허가 건물이 존재하여 현물로 분할하는 것은 거의 불가능하다 할 것이므로, 경매에 붙여 그 대금에서 경매비용을 차감한 나머지 금전을 가지고 각 공유자의 지분에 따라 현금으로 분할하는 것이 가장 적절한 방법입니다.

피고소인들의 **답 변 서**

사   건   2016 가단 8805호 공유물분할

원   고   배▩▩

피   고   김경▩ 외 6명

위 사건에 관하여 피고1. 김▩▩, 피고3. 김용▩, 피고4. 김▩▩, 피고7. 유재▩▩
아래와 같이 답변합니다.

청구취지에 대한 답변

1. 원고의 청구를 기각한다.
2. 소송비용은 원고의 부담으로 한다.
   라는 판결을 구합니다.

청구원인에 대한 답변

1. 이 사건 토지의 공유관계에 대하여

가. 이 사건 토지는 피고 김▩▩, 피고 김▩▩, 피고 김▩▩, 소외 김▩▩의 부친인
소외 김▩▩ 소유인 것을 2007. 4. 6. 김▩▩이 위 4인의 아들에게 각 지분 4분의 1

씩 증여한 토지입니다.

　나. 이 사건 토지 중 경기도 평택시 서탄면 적봉리 6 5-7 대 650㎡ 지상에는 미등기 및 미등록 건물이 존재하고 이 건물은 소외 김종 이 이 사건 토지를 매입하기 전부터 존재하던 건물로 소외 김 과 처인 피고 유 과 위 4인의 피고들이 살고 있었던 건물로 소외 김 이 1990. 1. 11. 이 사건 토지와 함께 매입하였으나 미등기 및 미등록 건물이므로 소유권이전등기절차를 경료하지 않고 현재까지 피고 유재 이 살고 있습니다.

　다. 위 4인의 피고 중 막내인 소외 김성 의 채권자인 소외 권재 가 임의경매신청으로 인하여 2016. 6. 28. 소외 김 의 지분 4분의 1이 원고 피고 김명자. 피고 이규 . 피고 이흔 이 각 지분 16분의 1씩 공동소유로 매각받았습니다.

2. 현물분할의 공평성에 대하여

　가. 이 사건의 경우는 현물로 분할 할 수 없거나 분할로 인하여 현저히 그 가액이 감손될 염려가 있는 때에 해당하지도 않고 오히려 원고의 주장 처럼 건물을 철거하면 경제적 손실이 막대해 질 뿐 아니라 현재 건물이 차지하는 부분도 피고 김경 . 피고 김왕 . 피고 김 의 지분 합계 4분의 3의 범위내이므로 건물의 사용부분에 대하여도 원고에게 토지사용료를 지급할 것도 아닙니다.

　나. 원고, 피고 김 , 피고 이 , 피고 이 이 매각받은 지분은 소외 김 의 지분 4분의 1입니다.

　다. 첨부된 서증인 감정평가서에 의하면 소장 첨부 목록 1.토지(이하 하천이라 함)는 하천 504㎡로 감정가는 ㎡당 241,000원이고 소장 첨부 목록 2.토지(이하 대지라 함)는 대 650㎡로 감정가는 ㎡당 305,000원입니다 .

라. 하천의 금액은 121,464,000원(=241,000원 X 504㎡), 대지의 금액은 198,250,000원(=305,000원 X 650㎡), 2필지 합계 금액은 319,741,000원입니다.

마. 319,741,000원 중 4분의 1 지분에 대한 금액은 79,928,500원(=319,741,000원 / 4)이므로 하천 332㎡(=79,928,500원 / 241,000원)에 해당하는 금액입니다.

바. 따라서 별지 지적도 등본 경기도 평택시 서탄면 적봉리 6[redacted]5-6 하천 504㎡에 표시된 ㄱ, ㄴ, ㅁ, ㅂ을 순차로 연결한 선내 332㎡는 원고, 피고 김[redacted]자, 피고 이[redacted]경, 피고 이[redacted]이 각 4분의 1씩 소유로 ㄴ, ㄷ, ㄹ, ㅁ을 순차로 연결한 선내 172㎡ 및 경기도 평택시 서탄면 적봉리 6[redacted]5-7 대 650㎡는 피고 김[redacted], 피고 김[redacted], 피고 [redacted]용근이 각 3분의 1씩 소유함이 공평하다 하겠습니다.

2016. 8. .

피 고 김경[redacted]

김왕[redacted]

김용[redacted]

유재[redacted]

수원지방법원 평택지원 민사3단독 귀중

감정평가액의 산출근거 및 결정의견

3. 필요제경비 결정

상기 제반사항을 고려하여 2,000원/㎡으로 결정함

VI. 적산임료의 산정

1. 개요

상기 분석자료에서 기초가격, 기대이율, 필요제경비를 적용하여 적산임료의 산정액
은 아래와 같음.

- 산식 : . 연지료= (단위당 기초가격x기대이율 + 필요제경비) x 면적

  . 월지료= 연지료/12

2. 산정

기준 시점	기초가격 (원)	기대 이율치	필요제경비 (원/㎡)	면적 (㎡)	보증금없는 연지료 (원)	보증금없는 월지료1) (원)
2016. 11.18	300,000	0.03	2,000	650	7,150,000	595,833

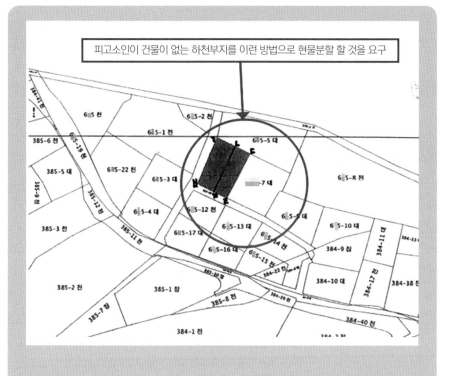

수원지방법원 평택지원

화해권고결정

사 건	2016가단8805 공유물분할
원 고	배○○ (○○○○○718)
	창원시 마산회○○ ○○○○ ○○○○○ ○ 12○호 (호계리,
	서광맨션)
	송달장소 평택시 평남로 1029 2○호 (동삭동,쓰리제이타워)
피 고	1. 김○○○○○○○○○9511)
	창원시 의○○ ○○○○○너로 76 105동 13○호 (무동리,
	창원무동 STX KAN 1차아파트)
	2. 이○○ ○○○○○불상)
	창원시 ○○○○○ ○○○○ ○ 5○호 (신포동2가, 경남
	신포맨션아파트)
	3. 이○○○○○○○○상)
	창원시 성산구 원이대로 ○○○○○ ○호 (빈림동,
	노블파크아파트)
피고(선정당사자)	김경○ (610929-1이하불상)
	경기 여주군 여주읍 하리 12○○ ○○강변아파트 9○○

위 사건의 공평한 해결을 위하여 당사자의 이익, 그 밖의 모든 사정을 참작하여 다음
과 같이 결정한다.

결정사항

1. 평택시 서탄면 적봉리 ○○-6 하천 504㎡를 원고와 피고 김명○, 이규○, 이은○이
각 1/4지분씩 소유하는 것으로 분할하고, 평택시 서탄면 적봉리 ○○-7 대 650㎡를

피고(선정당사자 김경██, 선정██ 임왕██, 김용██이 각 1/3지분씩 소유하는 것으로 분할한다.

2. 원고, 피고 김██하, 이████, 이████는

가. 피고(선정당사자) 김██근에게 각 3,312,333원씩,

나. 선정자 김██에게 각 3,312,333원씩,

다. 선정자 김██에게 각 3,312,333원씩을 지급한다.

3. 원고의 나머지 청구를 모두 포기한다.

4. 소송비용은 각자 부담한다.

결정 이유

적봉리 ██-6 하천 504㎡의 가치는 121,464,000원이고 원고, 피고 김명██, 이규██, 이은██의 지분의 가치는 79,928,500원이므로, 41,535,500원을 추가로 피고(선정당사자)김경██. 선정█ 임왕██, 김용██에게 지급하고 원고, 피고 김██하, 이████, 이████이 위 ██-6 토지를 전부 소유하는 것으로 분할한다. 다만 선정자 유██의 원고, 피고 김██자, 이████, 이██에 대한 1년 동안의 차임 상당 부당이득은 1,787,500원(= 7,150,000/4)이므로 이를 공제하면 39,748,000원이 된다. 따라서 피고(선정당사자) 김경██. 선██ 임██근, 김██ 각 13,249,332원씩 지급받게 됨(원 미만 버림 한 결과).

청구의 표시

청구취지 및 청구원인
별지 기재와 같다.

2017. 5. 24.

04

사건 개요 남해 단독주택 1/2 토지, 건물 협상 결렬 후 경매로 매각

1/2 지분권자인 윤주○는 공유자 우선 매수를 모르고 입찰에 참여했으나 10만 원 정도의 차이로 원고가 낙찰받았다. 그러자 원고에게 낙찰가격의 ○○○만 원을 주겠다며 제안했으나 이미 잔금을 낸 후라 협상가격이 차이가 있었다. 소송을 하자 강제 조정 되었으나 이의신청해서 분할 매각으로 결정되었다. 답사 시 거주자 없이 빈집이었으나 남해의 바닷가 근처로 입찰에 참여했다.

소재지	5. 경상남도 남해군 남면 두양로 ▦ 번길 16
점유관계	채무자(소유자)점유
기타	1. 본건에 전입 신고 되어 있는 박현▦은 임대차조사를 위해 방문한 바, 폐문부재여서 임대차 조사를 위한 안내를 하였으나 조사에 응하지 않음. 2. 본건은 사람이 거주하지 않는 빈집임

[건물] 경상남도 남해군 남면 당항리 ▦▦

고유번호 1946-1996-▦▦▦

1. 소유지분현황 (갑구)

등기명의인	(주민)등록번호	최종지분	주　　　소	순위번호
박운▦ (공유자)	631012-*******	2분의 1	부산광역시 해운대구 반송동 887 남흥아파트 103-▦	2
윤주▦ (공유자)	830830-*******	2분의 1	부산광역시 동래구 충렬대로 271, ▦▦호 (낙민동)	6

2. 소유지분을 제외한 소유권에 관한 사항 (갑구)

순위번호	등기목적	접수정보	주요등기사항	대상소유자
7	강제경매개시결정	2015년6월16일 제78201호	채권자 김심▦	박운▦

2015 타경 5759 (강제)	물번4 [배당종결] ✓	매각기일 : 2016-04-25 10:00~ (월)		경매5계 055-760-■■■
소재지	(52437) 경상남도 남해군 남면 당항리 ■■■ [도로명] 경상남도 남해군 남면 두양로 ■변길 16(남면)			
용도	주택	채권자	김OO	감정가	29,958,000원

용도	주택	채권자	김OO	감정가	29,958,000원
지분토지	193.5㎡ (58.53평)	채무자	박OO	최저가	(51%) 15,338,000원
지분건물	35.37㎡ (10.7평)	소유자	박O	보증금	(10%)1,533,800원
제시외	24㎡ (7.26평)	매각대상	토지/건물지분매각	청구금액	34,600,000원
입찰방법	기일입찰	배당종기일	2015-09-30	개시결정	2015-06-16

기일현황 ☑간략보기

회차	매각기일	최저매각금액	결과
신건	2015-12-28	29,958,000원	유찰
2차	2016-02-15	23,966,000원	유찰
3차	2016-03-21	19,173,000원	유찰
4차	2016-04-25	15,338,000원	매각
이OO/입찰2명/낙찰16,025,000원(53%)			
	2016-05-02	매각결정기일	허가
	2016-06-02	대금지급기한 납부 (2016.05.25)	납부

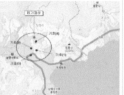

🔲 물건현황/토지이용계획

남명초등학교 북동측 인근에 위치

주위는 마을 주택지, 농경지 등으로 형성

차량접근이 가능하며, 제반교통상황은 보

동측으로 폭 약3미터의 포장도로와 접함

문화재보존영향 검토대상구역

이용상태(단독주택)

위생설비 및 급배수설비

계획관리지역(당항리 ■)

목조

🔲 토지/임야대장

🔲 부동산 통합정보 이음

🔲 감정평가서

🔲 감정평가현황 가온감정㈜

가격시점	2015-07-24
감정가	29,958,000원
토지	(56.19%) 16,834,500원
건물	(35.42%) 10,611,000원
제시외포함	(8.39%) 2,512,500원

🔲 면적(단위:㎡)

【지분】토지

당항리 ■■ 대지
계획관리지역
193.5㎡ (58.53평)
387면적중 박OO 지분 193.5전부

【지분】건물

두양로■변길 16
단층 주택
20,825㎡ (6.3평)
목조
41.65면적중
박OO 지분
20,825전부

두양로■변길 16
단층 주택
14,545㎡ (4.4평)
목조
29,09면적중
박OO 지분
14,545전부

🔲 건축물대장

[제시외]

두양로■변길 16
(ㄱ) 다용도실 포함
6㎡ (1.81평)
시멘트블록조

두양로■변길 16
(ㄴ) 주택일부 포함
7.5㎡ (2.27평)
새시조

🔲 임차인/대항력여부

배당종기일: 2015-09-30

박O .... 있음
전입 : 1980-04-01
확정 : 없음
배당 : 없음
점유 :
현황조사 권리내역

🔲 매각물건명세서

🔲 예상배당표

🔲 등기사항/소멸여부

소유권	이전
1999-06-30	건물/토지
김O	
증여	

소유권(지분)	이전
2011-06-16	건물/토지
박O	
증여	

소유권(지분)	이전
2015-04-14	건물/토지
윤O	
증여	

강제경매(지분)	소멸기준
2015-06-16	건물/토지
김O	
청구 : 34,600,000원	

압류(지분)	소멸
2015-12-04	토지
부OOOO	-

▷ 채권총액 :
34,600,000원

🔲 등기사항증명서

건물열람 : 2015-12-14

토지열람 : 2015-12-14

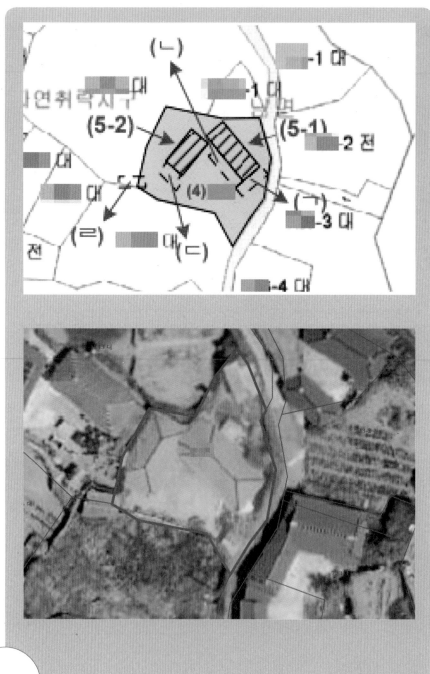

소　　　장

원　고　이░░ ░░░░)-2846310)

　　　　진주시 초░░░░ ░░░░ 1404호

　　　　(초전동, 진주초░░░░ ░░ ░░░░░)

　　　　송달장소 : 평택시 평남로 1045, ░░호 (동삭동, 손문빌딩)

　　　　송달영수인 : 법무사 유종░░

피　고　윤주░ (830830-*******)

　　　　부산광역시 동래구 충렬대로 271, ░░░호 (낙민동)

공유물분할 청구의 소

청 구 취 지

1. 별지 목록 기재 부동산을 경매에 붙이고 그 대금에서 경매비용을 공제한
   나머지 금액을 원고에게 2분의 1, 피고에게 2분의 1 의 각 지분에 따라
   분배한다.
2. 소송비용은 피고가 부담한다.
라는 판결을 구합니다.

<h1 align="center">청 구 원 인</h1>

1. 토지의 공유관계

경상남도 남해군 남면 당항리 ▇▇ 대 387㎡ 및 같은 곳 지상 목조스레트지붕 단층주택 41.65㎡, 목조스레트지붕 단층주택 29.09㎡(이하 "이사건 부동산" 이라 함)는 원고가 2분의 1, 피고가 2분의 1의 각 지분으로 공유하고 있습니다.

2. 분할의 필요성

이사건 부동산은 위와 같이 원고와 피고의 공동소유로 되어있어 원,피고 모두가 재산권행사에 많은 제약을 받고 있으므로 각 공유지분에 따라 분할을 할 필요가 있습니다.

원고는 피고에게 공유물 분할 또는 피고의 지분을 원고에게 매도하거나 원고의 지분을 피고가 매수할 것을 상의하였으나, 서로 간에 이견이 있어 결론에 도달하지 못하였습니다.

3. 분할의 방법

이사건 부동산은 토지 및 건물로서 위와 같이 공유자 서로 간에 원만한 합의점을 찾을 수 없는 가운데 현물로 분할한다는 것은 거의 불가능한 일이므로, 경매에 붙여 그 대금에서 경매비용을 차감한 나머지 금전을 가지고 각 공유자의 지분에 따라 현금으로 분할하는 것이 가장 적절한 분할 방법이라 할 것입니다.

답 변 서

사 건   2016가단 4385   공유물분할

원 고   이 미 ▓

피 고   윤 주 ▓

위 사건에 관하여 피고는 다음과 같이 답변을 준비합니다.

청구취지에 대한 답변

1. 원고의 청구를 기각한다.
2. 소송비용은 원고의 부담으로 한다.

라는 판결을 구합니다.

청구원인에 대한 답변

1. 원고주장의 요지

원고는 2016. 05. 25. 창원지방법원 진주지원 2015타경5759 강제경매로 매물로 나와 있는 경남 남해군 남면 당항리 ▓▓▓번지 상의 토지 378㎡ 중 2분의 1, 건물 70.74㎡ 중 2분의 1 부동산(이하 "이 사건 부동산"이라 함)을 경매낙찰 받아 2016. 6. 1. 각 소유권을 취득하였고.

이 사건 부동산은 토지나 건물이 원, 피고의 각 공동소유로 되어 있어 재산권 행사를 할 수가 없기 때문에, 피고에게 공유물분할 또는 피고의 지분을 원고에게 매도하거나 원고의 지분을 피고가 매수할 것을 상의하였던 바, 이에 서로 간에 이견이 있어 원피고 모두가 원만한 합의점을 찾을 수가 없어 경매에 붙여 낙찰된 대금에서 경매비용을 공제한 나머지 금전을 가지고 각 현금으로 분할하는 것이 가장 적절하다는 이유를 밝혔습니다.

2. 원고 주장에 대하여

가. 피고가 이 사건 부동산을 소유하게 된 경위

(1) 이 사건 부동산은 당초 피고의 외조부님께서 외조모님과 농사를 지어오며 자식들과 가장 소중한 주거지로 외조부님의 소유였으나 외조부님께서 돌아가시기 전에 평생을 고생하신 외조모님이 조금이나마 편안하게 생활할 수 있도록 1999. 6. 28. 외조모님에게 증여를 하였고, 이로써 이 사건 부동산은 외조모님이신 소외 김심▪️ 명의로 소유가 된 것입니다.

(2) 그러나 이후 외조모님이신 소외 김심▪️께서는 외손녀인 피고가 후에 외가의 고향에서도 생활할 수가 있다면서 2016. 4. 9. 이 사건 부동산을 피고에게 증여를 하였고 이로써 동 부동산 중 2분의 1의 지분은 피고의 소유가 되었습니다.

(3) 가족판계증명서 상의 흐름을 살펴보면, 윤주▪️는 피고이고, 박금▪️는 피고의 어머님이시고, 김심▪️는 피고의 외조모(이 사건 부동산 2분의 1소유자 임)"입니다(을제 1호증: 가족판계증명서(피고 윤주▪️, 모, 외조▪️).

나. 경매낙찰

(1) 피고는 외조모님의 뜻에 따라 후에 가족과 함께 외가의 고향에서 생활하려고 2016. 5. 25. 경매법정에서 이 사건 부동산에 대한 경매입찰에 응하였으나, 결국 이 사건 부동산은 약간의 차이로 원고에게 낙찰이 되었습니다.

(2) 이에 피고는 원고에게 외할머니의 한이 맺혀 있는 부동산이니 원고가 낙찰 받은 매매금보다 더 지급해 줄 터이니 피고에게 매매해 줄 것을 애원하였으나 원고는 여러 사람과 같이 경매하는 사람이라며 터무니없는 매매금을 요구하여 피고의 제안은 무산되어 이 사건 부동산을 원고로부터 매수하지 못하였습니다.

3. 소결론

위에서도 밝혔듯이 피고는 2016. 5. 25. 이사건 부동산 중 2분의 1을 경매낙찰을 받았던 원고에게 낙찰금보다 더 올려 지급해 줄 테니 매매를 제안한 사실을 볼 때 이 사건 부동산은 피고의 외가 선대께서 소유하고 있던 부동산으로서 원고의 이 사건 신청과 같이 공유물분할 보다는 우선적으로 피고가 매수하여야 할 이유가 있다 할 것입니다.

한편, 피고는 원고가 가지는 이 사건 부동산을 매수하기 위하여 이 사건에서 반소청구를 하려고 준비 중에 있습니다.

4. 결론

이상 살펴본바와 같이 이 사건 공유물분할 청구는 이유 없으므로 기각되어야 할 것으로 사료됩니다.

창원지방법원 진주지원

화해권고결정

사 건	2016가단4385 공유물분할
원 고	이███(███-2846310)
	진주시 초복로 77, ████████████9, 진주 초장
	엥코타운 더 이스턴파크)
	송달장소 평택시 평남로 1029, ███호(동삭동, 쓰리제이타워)
피 고	윤주██████2110230)
	부산 해운대구 재송2로 ██████████ 센텀그린타워아파트)

위 사건의 공평한 해결을 위하여 당사자의 이익, 그 밖의 모든 사정을 참작하여 다음
과 같이 결정한다.

결정사항

1. 원고와 피고는 원고와 피고의 공유인 별지 목록 기재 각 부동산을 피고의 단독소유
로 하는 것으로 하고, 이에 따라 원고가 취득하는 대가를 ███,000,000원으로 정한다.

2. 피고는 원고로부터 제3항 기재 소유권이전등기를 경료받음과 동시에 원고에게
███,000,000원을 지급한다.

3. 원고는 피고로부터 제2항 기재 금원을 지급받음과 동시에 피고에게 제1항 기재 각
부동산에 관하여 제1항의 공유물분할을 원인으로 한 소유권이전등기절차를 이행한
다.

4. 원고의 나머지 청구를 포기한다.

5. 소송비용은 각자 부담한다.

창원지방법원 진주지원

판 결

사 건	2016가단4385 공유물분할	
원 고	이미	
	전주시 초북로 ███████████████████ 초장 엠코타	
	운 더 (████████)	
	송달장소 평택시 평남로 1029, ██호(동삭동, 쓰리제이타워)	
피 고	윤주██	
	부산 해운대구 ██████ ███(재송동, 센텀그린타워아파트)	
변론종결	2017. 3. 21.	
판결선고	2017. 5. 30.	

주 문

1. 별지 목록 기재 각 부동산을 경매에 부쳐 그 매각대금에서 경매비용을 공제한 나머지 금원을 각 2분의 1의 비율로 분배한다.

2. 소송비용은 각자 부담한다.

청 구 취 지

주문과 같다.

공유물분할을 위한 형식적 경매신청

신청인 어대▒▒▒▒▒▒ 2846310)

　　　　진주시 초북로 ▒▒

　　　　309동 1404호(▒▒▒▒▒▒▒▒▒▒▒▒▒▒▒ | 이스턴파크)

　　　　송달장소 : 평택시 평남로 1029. ▒▒호(동삭동,쓰리제이타워)

　　　　송달영수인 : 법무사 유공▒▒

상대방 윤주▒▒▒▒▒ -2110230)

　　　　부산 해운대구 재송2로 ▒▒▒▒▒▒(재송동,센텀그린타워아파트)

　　　　등기부상주소 : 부산 동래구 충렬대로 271. 1102호(낙민동)

경매할 부동산의 표시

별지 목록 기재와 같습니다.

집행권원의 표시

창원지방법원 진주지원 2016 가단 4385 공유물분할 사건의 확정판결

신 청 취 지

창원지방법원 진주지원 2016 가단 4385호 공유물분할 청구사건의 확정된
판결에 의거한 공유물 분할 및 배당을 위하여 별지목록 기재 부동산에 대한

323

경매 개시결정을 한다.

라는 결정을 구합니다.

신 청 이 유

별지목록기재 부동산은 각 신청인이 2분의 1 지분을, 상대방 윤주█가 2분의 1 지분으로 공유하고 있습니다.

신청인은 상대방을 상대로 귀원 2016 가단 4385호 공유물분할 청구의 소를 제기하여 2017. 3. 21. 변론종결 및 2017. 5. 30. 판결이 선고되어 2017. 6. 22. 최종 확정되었는 바. 위 공유부동산을 경매에 붙여 경매비용을 공제한 나머지 금액을 각 지분 비율로 분배하여야 합니다.

따라서 신청인은 위 확정된 판결에 의거하여 공유물을 분할하고자 이사건 형식적 경매를 신청하게 되었습니다.

소명방법 및 첨부서류

1. 국토교통부 개별주택가격확인서(과표산정용)   1통
1. 송달,확정증명   1통
1. 판결정본   1통
1. 부동산등기사항증명서   2통

2017. 7.   .

위 신청인 이다█

창원지방법원 진주지원   귀중

2017 타경 5302 (임의) 공유물분할을위한경매		매각기일 : 2018-01-15 10:00~ (월)		경매4계 055-760-░░░	
소재지	(52437) **경상남도 남해군 남면 당항리 ░░** [도로명] 경상남도 남해군 남면 우양로░░번길 16 [당항리 ░░]				
용도	주택	채권자	이○○	감정가	45,711,600원
토지면적	387㎡ (117.07평)	채무자	윤○	최저가	(100%) 45,711,600원
건물면적	70.74㎡ (21.4평)	소유자	윤○	보증금	(10%)4,571,160원
제시외	55.5㎡ (16.79평)	매각대상	토지/건물일괄매각	청구금액	8,050,000원
입찰방법	기일입찰	배당종기일	2017-10-02	개시결정	2017-07-12

기일현황

회차	매각기일	최저매각금액	결과
신건	2018-01-15	45,711,600원	매각
정○○/입찰4명/낙찰48,120,000원(105%)			
	2018-01-22	매각결정기일	허가
	2018-02-28	대금지급기한 납부 (2018.02.12)	납부
	2018-03-19	배당기일	완료
배당종결된 사건입니다.			

[건물] 경상남도 남해군 남면 당항리 ░░

순위번호	등 기 목 적	접 수	등 기 원 인	권리자 및 기타사항
11	공유자전원지분전부이전	2018년2월14일 제2162호	2018년2월12일 공유물분할을위한경매로 인한 매각	소유자 정성░ 611108-******* 경기도 용인지 기흥구 사은로1░░ 309동 ░░░░░(모닝사이드1차아파트)
12	10번임의경매개시결정등기말소	2018년2월14일 제2162호	2018년2월12일 공유물분할을위한경매로 인한 매각	
13	소유권이전	2022년1월10일 제380호	2021년12월13일 매매	소유자 이옥░ 661029-******* 전라남도 여수지 지정로 ░░ ░░ 1002호 (선원동, ░░░░) 매매목록 제2022-27호

이것이 진짜 부동산 소송이다 I

제1판 1쇄 2023년 8월 9일

지은이 이종실
펴낸이 한성주
펴낸곳 ㈜두드림미디어
책임편집 최윤경, 배성분
디자인 디자인 뜰채 apexmino@hanmail.net

㈜두드림미디어
등 록 2015년 3월 25일(제2022-000009호)
주 소 서울시 강서구 공항대로 219, 620호, 621호
전 화 02)333-3577
팩 스 02)6455-3477
이메일 dodreamedia@naver.com(원고 투고 및 출판 관련 문의)
카 페 https://cafe.naver.com/dodreamedia

ISBN 979-11-982681-6-7 (03320)